W0178688

Über das Buch Zwischen Indien, China, Byzanz und den westlichen Barbarenreichen des Mittelalters fügt sich im Anschluß an den Niedergang der antiken Imperien bis zur Entfaltung des modernen Staates der Renaissance eine große Zivilisation ein: der Islam. Lombard markiert die Epoche vom 8. bis 11. Jahrhundert als den Höhepunkt einer langen Geschichte und zugleich Ausgangspunkt einer neuen Entwicklung, die zum Aufstieg Europas im Spätmittelalter führt. So erscheint die Islamische Welt nicht mehr nur als Bindeglied zwischen Antike und Moderne, sondern als die überlegene wirtschaftliche und kulturelle Macht der damaligen Zeit.

Mit einem völlig neuartigen Forschungskonzept, nämlich der gleichzeitigen Untersuchung von Raum und Zeit in Verbindung mit sozialen und wirtschaftlichen Faktoren, stellt Lombard erstmals die Epoche der ersten großen Blütezeit des Islam vom 8. bis 11. Jahrhundert dar.

Thema ist der gewaltige wirtschaftliche und soziokulturelle Aufschwung der Islamischen Welt in der frühen Abbassidenzeit und seine historischen und anthropo-geographischen Voraussetzungen, seine Bedeutung im Rahmen der Weltgeschichte. Der erste Teil befaßt sich mit den in drei Zonen aufgeteilten Ländern des islamischen Raums, dem sich entwickelnden Welthandel und den sprachlichen Verhältnissen. Der zweite Teil analysiert die neuen Geldströme, die dadurch ausgelöste Urbanisierungswelle und die neuen Formen sozialer städtischer Organisation. Der dritte Teil befaßt sich mit den Waren, den Händlern und Kaufleuten und schließlich mit den Warenströmen, die die einzelnen Märkte verbinden.

Bei aller Detailfülle zeichnet sich die Darstellung durch klare Strukturierung und Übersichtlichkeit aus. Die Verwendung von Karten und schematischen Darstellungen unterstützt darüber hinaus das Vorstellungsvermögen des Lesers und erschließt ihm zusätzliche Perspektiven.

Das erstmals 1971 in Frankreich erschienene Buch, das inzwischen ins Arabische und ins Englische übersetzt wurde, gilt nicht nur als Standardwerk moderner Orientwissenschaften, sondern auch der Historiographie.

Der Autor Maurice Lombard (1904–1965) gehörte zur historischen Schule um die französische Zeitschrift *Annales* und war lange Jahre Maître de Conférences an der École Pratique des Hautes Études und an der École Normale Supérieure in Paris. Fernand Braudel bezeichnete ihn als »den brillantesten Historiker unserer Generation«. Zu seinen Lebzeiten veröffentlichte er nur wenige Aufsätze, kein einziges Buch. Erst posthum wurde sein Werk von ehemaligen Kollegen und Schülern der Öffentlichkeit zugänglich gemacht. Das hier vorliegende Buch gilt als sein wichtigster wissenschaftlicher Beitrag.

Der Übersetzer Jürgen Jacobi (1943–1990) war Orientalist, Privatgelehrter und freier Übersetzer. Diverse Veröffentlichungen zur Wirtschaftsgeschichte des Islam in einschlägigen Fachzeitschriften. U. a. Übersetzung des Standardwerkes *Arabische Wirtschaftsgeschichte* von Abdalaziz Duri.

Maurice Lombard

Blütezeit des Islam

Eine Wirtschafts- und Kulturgeschichte
8.–11. Jahrhundert

Aus dem Französischen von Jürgen Jacobi

Fischer
Taschenbuch
Verlag

Lektorat: Walter H. Pehle

Deutsche Erstausgabe
Veröffentlicht im Fischer Taschenbuch Verlag GmbH
Frankfurt am Main, Mai 1992

Die französische Originalausgabe erschien unter dem Titel ›L'islam dans sa première grandeur (VIIIᵉ–XIᵉ siècle)‹ in der von Fernand Braudel herausgegebenen Reihe ›Nouvelle Bibliothèque Scientifique‹ bei Flammarion, Paris 1971
© Flammarion, 1971
Für die deutsche Ausgabe:
© Fischer Taschenbuch Verlag GmbH, Frankfurt am Main 1991
Übersetzung des Vorworts von Caroline Gutberlet
Redaktion: Caroline Gutberlet
Umschlaggestaltung: Buchholz/Hinsch/Hensinger
Umschlagabbildung: Händler-Szene, Miniatur, 13. Jh., aus ›The World of Islam‹, London 1976, S. 47
Satz: Jung Satzcentrum GmbH, Lahnau
Druck und Bindung: Clausen & Bosse, Leck
Printed in Germany
ISBN 3-596-10773-3

Inhaltsverzeichnis

Hinweise zur Transkription

Für orientalische Namen und Begriffe wird die wissenschaftliche Umschrift verwendet, sofern sie nicht in deutscher Schreibung gebräuchlich sind. In diesen Fällen ist die Transkription im Index angegeben. In der arabischen Namensform bedeutet *Abū* ›Vater des . . .‹, *Ibn* ›Sohn des . . .‹. Der arabische Artikel *al-* wird an Zischlaute, Dentale und an l, n, r assimiliert (z. B. ar-Raschid).

Folgende Zeichen sind zu beachten:

ʼ	fester Stimmeinsatz (wie im Deutschen vor anlautenden Vokalen, z. B. ›ʼanʼecken‹)
ʻ	stimmhafter Kehlpreßlaut
č	tsch (wie in ›klatschen‹)
ḏ	weicher Interdental (wie th in engl. ›this‹)
ḍ	emphatisches d, am Obergaumen gebildet
ǧ	weiches dsch (wie in engl. ›Jim‹)
ġ	schnarrender Kehllaut (wie deutsches, nicht gerolltes Zäpfchen-r)
gh	entspricht ġ
ḥ	stimmloser Kehllaut, liegt zwischen deutschem h und ch
ḫ	hartes ch (wie in ›lachen‹)
q	gutturales k
š	scharfes sch (wie in ›schon‹)
ṣ	emphatisches s, am Obergaumen gebildet
ṯ	scharfer Interdental (wie th in engl. ›bath‹)
ṭ	emphatisches t, am Obergaumen gebildet
y	j (wie in ›Jagd‹)
z	weiches s (wie in franz. ›zéro‹)
ẓ	emphatisches ḏ, am Obergaumen gebildet

ā, ī, ū sind Langvokale

Vorbemerkung zur französischen Ausgabe

Dieses Buch ist ein posthumes Werk. Es enthält einen Teil der Auffassungen, die Maurice Lombard von 1957 bis 1960 als Lehrer an der 6. Sektion der École Pratique des Hautes Études und an der École Normale Supérieure vertrat.

Das Manuskript wurde mit Hilfe eines nachgelassenen Textes druckfertig gemacht; alle Karten und Diagramme zeichnete das Kartographische Labor der 6. Sektion der École Pratique des Hautes Études nach Lombards eigenen Skizzen. Eine Liste der Quellen, eine Bibliographie und eine Zeittafel der Geschichte der Islamischen Welt werden später publiziert.[1]

Es handelt sich nicht um ein Werk, dem Maurice Lombard selber die endgültige Form gegeben hat. Daran möge sich der Leser erinnern.

Bemerkungen zur deutschen Ausgabe

Das Manuskript der deutschen Fassung lag abgeschlossen vor, als Jürgen Jacobi im März 1990 unerwartet starb. Seine Arbeit an dem Werk Lombards hat sich nicht auf die Übertragung des Textes beschränkt. Er hat die französische Ausgabe, der man in Rezensionen zahlreiche Fehler und Versehen vorgeworfen hatte, überprüft und korrigiert, ein Register mit Erläuterungen angefertigt und einige Anmerkungen hinzugefügt. Sie sind mit dem Zusatz (Anm. d. Ü.) versehen; Zusätze im Text stehen in eckigen Klammern. Ich habe das Manuskript meines Mannes redaktionell überarbeitet und die Korrekturen gelesen, jedoch keine wesentlichen Änderungen am Text vorgenommen. Der Stil der Übersetzung ist der oft sehr lockeren Syntax des Originals angepaßt und kommt ihm so nahe, wie es die deutsche Sprache erlaubt.

Renate Jacobi

1 Mittlerweile erschienen: Maurice Lombard, *Monnaie et histoire d'Alexandre à Mahomet,* Paris, Den Haag 1971 (Études d'économie médiévale I).

Vorwort

Hier liegt uns ein ebenso begeisterndes wie bewegendes Buch vor. Begeisternd, weil es Intelligenz mit Geschichte versöhnt durch die Genauigkeit der Kenntnisse, die Weitläufigkeit der Betrachtungen, die tiefgründige Sorge um Wahrheit, schließlich durch die Nüchternheit der Schreibweise. Und es ist bewegend, weil der Autor das Buch nicht in seiner endgültigen Form gesehen hat und es dank der Bewunderung einiger Schüler und Kollegen von Maurice Lombard, der frühzeitig im Jahre 1965 verstarb, als posthumes Werk erscheinen konnte. Dieses Buch ist demnach eine Zusammenstellung von Materialien einer Vorlesung, nach Art vieler Werke aus der Vergangenheit, insbesondere über den Islam, die zunächst einmal als Lehrstoff dienten, bevor sie zu klassischen Werken avancierten.

Die *Blütezeit des Islam* muß im Zusammenhang mit einer Reihe anderer posthumer Werke Lombards gesehen werden, denen es voransteht. In Verbindung mit ihnen und insbesondere mit dem Werk *Espaces et réseaux du haut Moyen Age* [bisher nicht in Dt. erschienen, Anm. d. Ü.], bildet es ein kohärentes Ganzes und ist Ausdruck eines einzigen und unerschöpflichen Forschens. Was war das Ziel dieses Forschens? Unsere Kenntnisse über jene zwischen der Antike und der Moderne zwischengeschaltete Epoche zu vertiefen und deren Bereich zu erweitern. Ausgehend von genauestens abgesteckten Problemstellungen, wie beispielsweise des Geldes, der Straßen, des Holzes, der Jagd, der Metalle, hat Lombard eine sehr weitläufige Vision der historischen Dynamik erarbeitet, wo sich alle großen Zivilisationsräume einfügen. Lombard, ein Historiker für Technik und Austausch? Lombard, ein ökologischer Denker? Oder vielleicht etwa Ingenieur für Zivilisationen, der seine ganze Kraft daransetzt, Brükken zwischen ihnen zu errichten, die Routen für sie zu markieren, sie zusammenzuführen, ohne sie miteinander zu vermischen? Seine Verzükkung angesichts der Aufgabe der Menschen, der wilden Natur Herr zu werden, ist so offensichtlich, daß einen die Nostalgie der Zeit packt, in der das Verhältnis des Menschen zur Erde sich weder als das des machtlosen Tieres noch als das des Raubtieres, das er nunmehr geworden ist, darstellt. Die Unterschiede zwischen den einzelnen Gesellschaften waren groß genug, daß sich eine Geschichte aufbaute, und dort, wo eine kleine Insel Hochkultur sich festzusetzen vermochte, ruhte sie auf der Grundlage von einer Leistung gigantischen Ausmaßes, welche stets bedroht und zerbrechlich war. So zeigt sich mir die fundamentale Eingebung von Lombard, mit der es ihm gelang, einen Lebenshauch, eine Seele zu vermitteln, und die ihm das Prädikat des Genies verleiht, das im Fach Geschichte so selten anzutreffen ist.

Lombard ist insofern ein Welthistoriker, der, wenn man es so sagen kann, spezialisiert ist auf die Verknüpfungslinien zwischen Räumen, aber auf der vertikalen Ebene auch zwischen historischen, traditionell voneinander unterschiedenen Epochen. Sein Sinn für das Räumliche ermächtigt ihn hierzu ebensosehr wie der universelle Charakter seiner Information: daher ein die Kontinente und die Zeiten durchquerendes und überschreitendes Werk. Sein Blick reicht von Verdun nach Basra und nach Balch, aber auch von den Achämeniden zu den Sāmāniden. Diese vielgestaltige, fast tentakelartige Orientierung des Gesamtwerkes von Lombard findet sich in dem vorliegenden Buch wieder. Mit dem entscheidenden Unterschied, daß die Islamische Welt, ein in seinen anderen Werken immer vorzugsweise, aber nicht ausschließlich behandeltes Thema, hier für sich und in sich selbst untersucht wird. Indem er dieses frühe Mittelalter, das eine eurozentristische Geschichtsschreibung zum Erstarren gebracht hatte, wiederbelebte, hat er das Licht der Forschung auf das gerichtet, was einst dessen Zentrum war: das riesige, von den arabischen Eroberungen abgedeckte Gebiet. Und er macht davon die Bestandsaufnahme, vernachlässigt dabei die Ereignisgeschichte, konzentriert sich im Gegenteil auf die Analyse der tiefgreifenden Strukturen.

Jenem Islam, den die abendländische Tradition der Kontroverse und der Feindseligkeit häufig als eine Macht des Partikularismus dargestellt hat, die sich mit der ganzen Gewalt ihrer Andersheit dem Intimsten widersetzte, was das Abendland besaß, gibt Lombard seine wahre Identität als weiterführender Nachkomme des Alten Orients zurück, dessen verstreute Gebiete der Islam verschweißen, das er vereinen und gleichzeitig verjüngen sollte. Die Landstriche, aus denen der islamische Raum zusammengesetzt war, umfaßten nichts Geringeres als Ägypten, Syrien-Palästina, Mesopotamien, Persien und Transoxanien, Länder antiker Kulturen und Hochkulturen, die vom Hellenismus gezeichnet waren und an die großen Religionen wie Christentum, Zoroastrismus, Buddhismus wieder angeschlossen wurden, die einst aus ihnen hervorgegangen waren. Agrargesellschaften, Handelsgesellschaften und verstädterte Gesellschaften, die der islamische Staat in einem riesigen Gebilde wieder zusammenführen sollte. In seiner drei Jahrhunderte währenden Bemühung um Selbst-Aufbau wird der so erweiterte, durch junge Kräfte neu belebte islamische Orient zum zivilisatorischen Schmelztiegel und fundamentalen Begegnungszentrum der gesamten *Ökumene.*

Es bedurfte einer weitreichenden Kenntnis der historischen Geographie, aber auch Fingerspitzengefühls in der Art und Weise, die Quellen zu hinterfragen, um dieses räumliche Gebiet des Islam zutage zu fördern, das in seine vielfältigen Landschaften zerlegt wird, ohne dabei in platte Beschreibung zu verfallen, ohne der abstrakten Phraseologie der scheinbaren Gegensätze zwischen der Welt der Nomaden und der Welt der Seßhaften, zwischen Stadt und Land, zwischen den See- und den Wüstenflanken zu unterliegen. Der Autor stellt uns sehr wohl eine reale Islamische Welt dar, er zeichnet ein Gemälde, in dem unermüdlich der Geschichtssinn präsent bleibt. Zuerst Arabien, das seiner Bewohner entleert wurde und in materieller Hinsicht so wenig zum Aufschwung des Islam beigetragen hat, aber die Wiege, der Schoß des Islam und in allererster Linie Stätte der Pilgerfahrt war, die sich ihre Wege von den äußersten Grenzen der Islamischen Welt bis dorthin bahnte. Da ist Ägypten, das im historischen Augenblick seiner Fāṭimidenherrschaft festgehalten wird, mit seinen beiden großen Produktionssektoren Leinen und Getreide, das mit seiner fortwährend entrichteten Annona Mekka, und nicht länger Bagdad, ernährt, in dem das Zuckerrohr und dann die Baumwolle eingeführt werden, ein dicht besiedelter Bienenkorb, in dem sich die Kongruenz des unerschöpflichen Reservoirs an Fellachen in einer Linie hinzieht: »Straße von Städten, schmales langes Band längs des Nils.«

Da ist auch das Länderpaar Syrien-Mesopotamien, das Herz des großen Kalifats, ein Kranz fruchtbarer, stets von Versteppung bedrohter Oasen: eine semitisierte Welt, mit einer Prise Iranisierung für den Irak. Landschaften mit Anbau verschiedenster Getreidesorten, durch Euphrat und Tigris bewässert – »Hydraulik« im besten Sinne –, bald darauf eine auf Sklaven aufbauende Wirtschaft in den Plantagen der *al-baṭā'iḥ,* der Sümpfe im Besitz von Ahwās. Der Autor geht pointillistisch vor, in Anspielungen bezieht er sich auf das gesamte Gefolge der arabischen Quellen, Geographen, Chronisten, Juristen, denen er volle Bedeutung, nicht nur durch die Verwendung von Karten, beimißt, sondern auch, weil er ungleichartige Informationen zu verbinden weiß. Jenseits dieser Region der Isthmen zeichnen sich im Osten die iranische Welt mit ihren Ausläufern nach Zentralasien und Indien ab, im Westen Nordafrika, das seinerseits zweifach projiziert wird, nämlich nach dem sudanesischen Afrika und nach Europa. »Der Iran ist ein gewaltiges Gebiet von Salzwüsten, Trockensteppen und kahlen Bergketten, mit wenigen fruchtbaren Ebenen, Oasen, in denen sich Gartenkulturen und städtisches Leben blühend entfalten.« Der Iran ist ein Grundbaustein des islamischen Gebäudes, das Gegenstück Arabiens, der zweite Pol einer arabisch-islamischen Kultur, die man arabisch-iranisch zu nennen versucht ist! Der Autor teilt es in seine verschiedenen Länder auf: Aserbaidschan, Fars, Chusistan, Dschibal (das ehemalige Medien), die Wüsten von Kerman und Sidschistan, vor allen Dingen Chorassan, ein neues Territorium, das mit dem Islam zusammen von nun an die bedeutendste Rolle spielt. In diesem tausendjährigen Persien, das seine Identität zutiefst bewahrt hat, fließen sämtliche Aufrufe von außen zusammen und verschmelzen miteinander. An seinen Toren drängen sich die Barbaren aus Zentralasien und den eurasiatischen Steppengebieten. Durch ihn ist der Islam den Einflüssen aus Indien und China ausgesetzt.

Dies alles führt dazu, daß der Islam in seiner klassischen Form stärker auf die Tiefen seiner kontinentalasiatischen Gebiete ausgerichtet blieb als auf seine Mittelmeerflanke. Denn zu jener Zeit galt zwar der islamische Okzident als neue Welt, die aufgrund ihrer Beziehungen zum christlichen Europa und zu Schwarzafrika mit Sicherheit von Bedeutung war – ihrerseits von Vielfalt gekennzeichnet –, aber er blieb dennoch von Grund auf peripher. Wie war es möglich, daß im Laufe weniger Jahrhunderte so viele verschiedene Gegenden eine gemeinsame Zivilisation hervorbringen konnten, die sich in ihrer Ausprägung so deutlich von anderen Zivilisationen unterscheidet? Dem Werk Lombards fehlen die spirituelle Dimension, Überlegungen zum Kulturprojekt des Islam und Untersuchungen seiner staatsbildenden Kräfte. Aber dies lag nicht in seiner Absicht. Er hatte sich der Forschung verschrieben, nicht nach dem vereinenden Prinzip, sondern der Kräfte, die an der Basis wirken, und er sah sie im Kommunikationsnetz der Städte, in der Verknotung der Straßen, in den marginalen Handelsgemeinschaften, in den Vorstellungen von Produktion und Konsum. Er stellt die Zusammenhänge her, spürt die kontinuierlichen Phänomene auf, fängt die Kreisläufe des Austauschs ein. Im Innern des islamischen Raumes selbst, das liegt auf der Hand, aber auch zwischen dem Islam als der entscheidenden Drehscheibe und den anderen Weltpartnern. Denn der Islam stand nicht alleine da. Aber er war der einzige, der mit allen anderen in Kontakt stand, weil er offen war für vielfältigen Austausch, weil er die verschiedensten Produkte in Unmengen verschlang, und weil er schließlich aufgrund seiner monetären Stärke faktisch eine Vormachtstellung innehatte. Wenn man Lombard liest, behält man den Eindruck, daß der islamische Raum die gesamte Weltwirtschaft nach sich zog, daß alle bis dahin von der Geschichte an den Rand gedrückten Völker sich in ihm ergossen, egal in welchem Kontakt sie zu ihm standen. Mittels der – von innen betrachteten – Geschichte der materiellen Strukturen des Islam, mittels Bestandsaufnahme der Ressourcen und der kreativen Aktivität dieser Zivilisation, verwendete Lombard viel Arbeit darauf, Verbindungen herzustellen, sei es auf der Handelsebene wie auch auf der Ebene der Techniken. Er fordert uns auf zu einer Reise durch die Klippen des Taurus und von Derbend, er lädt uns zu einer Fahrt auf den Flüssen Euphrat und Wolga ein ... Er läßt uns den Spuren der Wege folgen, die Baumwolle, Reis, Zuckerrohr, Orangenbaum, Papier, Seide bis hin zu musikalischen Weisen genommen haben. Ein gigantischer Transfer von Menschen und Techniken, dessen Ausmaß und Potential an neuen Errungenschaften bei weitem das übertrifft, was die klassische Antike des Mittelmeerraums geleistet hat. Die Welt vereint sich in gleichem Maße, wie sich die Herrschaft des Menschen über die Natur immer mehr bestätigt. Was über die Zerstäubung der Vorstellung des Mittelalters – als Parenthese oder, an der Welt gemessen, als absurder Absturz – hinaus aus diesem anhaltenden Gedanken von den Verbindungen zum Vorschein kommt, ist weniger die Vorstellung von der Größe des Islam in seiner ersten Phase als vielmehr die Vorstellung von einer dynamischen und offenen Zivilisation, die Leben und Geschichte hervorbringt ... Ein privilegierter Augenblick der Weltgeschichte? Oder vielleicht die natürliche Expansion der Dinge durch das Vergehen der Zeit allein? Auf jeden Fall ist eines sicher: der Primat des Austauschs vor dem Sichverschließen, der Kontinuität vor der Diskontinuität und am Ende dessen die Verlagerung der Antriebszentren, die Inversion der Strömungen. Lombard theoretisiert nicht, zum Glück, aber er macht Vorschläge und gibt zu denken. In seinen Augen war der Islam zum Scheitern verurteilt, weil er sich über einen verbrauchten Raum ausbreitete, auf Gebiete, die vor Geschichte erstarrt waren, und weil es ihm auf dramatische Weise an Rohstoffen fehlte. Seine Rolle wird um 1050 zu Ende gehen, wenn die Horden von Barbaren über seine schönen Städte herfallen. Der Okzident wird ihn wieder ablösen, seinen Aufstieg verdankt er jedoch jenem historisierenden und mediatorischen Islam. Lag es ihm jemals nahe zu glauben, daß die Zentren zivilisatorischer Hochspannung ziellos umhertrieben, unstet und migratorisch, in einem Wort nomadisch und unbeständig waren? Durch die Tragweite der aufgeworfenen Probleme ruft das Buch von Lombard Fragen und Kritik hervor.

Der klassische Islam als letzte Inkarnation der Alten Welt etwa? Sicher. Aber darüber hinaus, abgesehen davon, daß Lombards Insistieren auf den synthetischen Charakter der islamischen Zivilisation allzu stark im Vordergrund steht, stellt sich heute mehr und mehr die Frage nach der Vorstellung des Niedergangs des postklassischen Islam, das heißt des Islam nach 1050. Unser Autor, der seine Aufmerksamkeit auf die Kontinuitäten richtet, exponiert sich auch gleichzeitig, indem er die Originalität des islamischen Impulses ertränkt, ebenso wie er die Rolle der Araber beim Aufbau des Kalifats minimalisiert. In der Tat war die arabische Eroberung des 7. Jahrhunderts ein rein arabisches Phänomen, geplant von einem durchorganisierten Staat, dem Staat von Medina nämlich, gefolgt von dem der Omayyaden. Die Araber sind bei weitem nicht mit den eroberten Völkern verschmolzen, im Gegenteil, sie haben ihre Identität bewahrt, den Grundstein für das Modell des islamischen Staates gelegt, ihre Sprache und ihre Religion verbreitet. Das ist die wichtigste Berichtigung, die an der Darstellung Lombards vorzunehmen wäre. Und andererseits: kann der Niedergang des Kerns des Islam, Irak-Syrien-Iran, auf die ökologische Zerbrechlichkeit des Terrains oder etwa der Institutionen zurückgeführt werden, oder ist die Invasion der Barbaren dafür nicht glaubwürdiger? Aber das Paradoxe daran ist, daß diese Barbaren, Türken und besonders Mongolen, den Islam und seine Zivilisation selbst angenommen haben und neue Imperien darauf aufbauten, die nicht minder mächtig waren als die vorhergehenden. Ein Historiker wie Hodgson *(The venture of Islam)* geht sogar so weit, sich zu fragen, ob die Apotheose des Islam nicht vielmehr nach 1300 anzusiedeln wäre. Es ist allerdings auch eine Tatsache, daß es sich hierbei um Zersplitterungen des Islam handelt und daß auf die vereinte islamische Zivilisation unterschiedliche national-islamische Gebiete folgten. Die Hauptanziehungszentren verlagern sich, ebenso wie die Handelsrouten. Aber auch wenn die erste Blütezeit unübertroffen bleibt, so folgten doch andere Höhepunkte, wie es die Kunst der Mongolen aus Indien und der Moscheen von Istanbul nachdrücklich zum Ausdruck bringt. Hier müßten doch die Bemühungen von Lombard fortgesetzt werden durch ein Weitergehen in der Zeit, ergänzt durch eine kulturelle und spirituelle Forschung, entsprechend seiner Methode, wonach ein von größter Geduld getragener Realismus mit der Kraft der Vision einhergeht.

Vergessen wir nicht, daß das Konzept der hier vorgestellten Arbeit vor mehr als zwanzig Jahren angelegt wurde, in einer Zeit, in der eine Geschichtsschreibung des Islam – ohne dabei ungerecht werden zu wollen[1] – so gut wie nicht existierte. Damals gab es allenfalls eine Philologie und eine Islamologie. So ist es nicht verwunderlich, daß es einige Punkte gibt, die berichtigt, einige Ideen, die neu überprüft werden müßten bzw. Verallgemeinerungen, die angreifbar wären. Im großen und ganzen jedoch hat die Forschung das Wesentliche dessen bestätigt, was Lombard in seinem bahnbrechenden Werk auf überwältigende Weise empfunden und dargestellt hat. Die Forschung von morgen hingegen könnte sich ihrerseits in vielzähligen Bereichen davon inspirieren lassen: Untersuchung der Urbanisierung, der Gesellschaften, der Straßen, der Produktionsformen. Besser noch: die Arbeit Lombards, die nun der Öffentlichkeit preisgegeben und bereits ins Arabische übersetzt ist, bedeutet das Ende eines

1 Gegenüber Historikern wie Wellhausen, Gibb, Massignon, Claude Cahen, J. Sauvaget.

bestimmten Orientalismus, die Angliederung des islamischen Raums an die Geschichtswissenschaft. Sie fordert die Muslime auf, sich auf die Suche nach ihrer Vergangenheit zu begeben, von der sie nichts wissen, und die Abendländer, den Islam in das authentische und ernsthafte Kenntnisfeld zu integrieren.

Man weiß, daß Maurice Lombard verkannt und fast unbekannt starb. Wenn er, von dem Fernand Braudel behauptete, daß er »der begabteste, der brillanteste Historiker unserer Generation war, der einzige, der unumstritten vom Format eines Marc Bloch gewesen ist«, die ganze Kraft seines Genies in die Erforschung seiner Zivilisation eingebracht hätte, wäre er an Berühmtheit Marc Bloch oder Lucien Febvre in nichts nachgestanden. Aber der Weg, für den er sich entschied, war der schwierigere: der Weg der einsamen Navigateure, der Forschungsreisenden ferner Länder, der Gründer. Indem er das Risiko einging, sich auf ein bis dahin den religiösen Studien vorbehaltenes Gebiet zu begeben, das er der echten Geschichte zu erschließen beabsichtigte, blieb ihm nichts anderes übrig, als sich selbst zur Einsamkeit zu verurteilen. Und doch liegt das Ergebnis vor: in der Rückführung des Islam in die universelle Historizität und vielleicht in das moderne historische Gewissen. Wie und wo hat er die Kraft gefunden, die Vorurteile seiner Zeit zu transzendieren? Damals nämlich lag der Islam am Boden. Und Lombard hat sich nicht aus mystischen Überlegungen, weil er seine innere Wahrheit verfolgen wollte, auf den Weg gemacht, sondern aus Wißbegierde. Als solcher nimmt er seinen Platz inmitten der wenigen Abendländer ein, die von der Sorge um Universalität und um Wahrheit gleichermaßen getragen sind wie beispielsweise Toynbee oder Joseph Needham, weit entfernt vom Provinzialismus, von dem die noch so beachtlichen Werke des Abendlandes erstickt werden.

Wenn die *Blütezeit des Islam* den Durchbruch zu einem breiten Lesepublikum finden und so zu einem Klassiker der Geschichtsschreibung werden würde, dann könnte dies wirklich zu einer Änderung der Perspektive bei der Betrachtung der Weltgeschichte führen. Dies ist ein wichtiges Buch, das zu lesen und zu bedenken sich lohnt. Ein außergewöhnlich reichhaltiges Werk.

Prof. Hichem Djaït, Universität Tunis

Vorführung und Perspektive

Auf allen Gebieten und in allen seinen Erscheinungen ist das frühe Mittelalter – von der Gründung Konstantinopels im 4. Jahrhundert bis zur großen Bewegung der Kreuzzüge seit dem 11. Jahrhundert – eine orientalische Periode der Geschichte. Das gilt ganz besonders für die drei Jahrhunderte, die von der Mitte des 8. bis zur Mitte des 11. Jahrhunderts reichen und der Glanzzeit der Islamischen Welt entsprechen. Die Antriebszentren des wirtschaftlichen und kulturellen Lebens liegen jetzt im islamischen Orient; das Abendland ist nur eine weite Öde, die auf Wiederbelebung wartet, nachdem sich das kommerzielle und intellektuelle Leben seit dem Niedergang Roms und den Einfällen der Barbaren aus diesem Raum zurückgezogen haben.

Allerdings muß man den Blick auf die Epoche der Eroberungen – Mitte des 7. bis Mitte des 8. Jahrhunderts – zurückwenden, um die Wirtschaft der Islamischen Welt in ihrer Glanzzeit zu begreifen. Denn damals gewann diese Welt ihre charakteristischen Züge.

Die Zeit der Eroberungen

Diese Eroberungen sind in erster Linie das Werk der Araber der Arabischen Halbinsel, beduinischer Kameltreiber, die die erste Streitmacht des Islam unter dem Befehl der quraischitischen Clanchefs von Mekka bilden, die ihrerseits handeltreibende Städter sind und große Karawanen ausrüsten. Sobald die Araber jenseits der Wüste und der Weidegebiete der Arabischen Halbinsel ankommen, zielen sie auf die Länder des Fruchtbaren Halbmonds: Mesopotamien, Syrien und Ägypten. Dann öffnen sich die Armeen des Islam neben dem arabischen Element für Kontingente, die aus den unterworfenen Völkern ausgehoben wurden und nun die ursprüngliche Bewegung weitertragen: So stoßen die Iraner nach Zentralasien vor, die Syro-Ägypter nach Nordafrika und die Berber Nordafrikas nach Spanien und Sizilien.

Die Invasoren, ob Araber oder Nichtaraber, bildeten aber immer nur eine Minderheit im besetzten Land. Ihre historische Rolle bestand darin, ein riesiges, religiös-politisches Herrschaftsgebiet zu schaffen und die disparaten Territorien und unterschiedlichen Völker in einem großen Imperium zu einigen, dann aber mit den alten Völkern, die sie unterworfen hatten, zu verschmelzen und in ihnen aufzugehen. Hinter dem Schleier des Kalifats und des Islam läuft das Leben der alten Gesellschaften des klassischen Orients bruchlos weiter. Die Araber richten sich, nachdem sie ihre Wüste verlassen haben, in Gebieten mit dichter Bevölkerung ein: in Mesopotamien, Iran und Ägypten, Ländern mit Oasen oder großen Städten, mit alten seßhaften Bevölkerungen und Überlieferungen, die bis in die Antike zurückreichen. Eine lange städtische Tradition hat in diesen Ländern des Orients, Träger einiger der ältesten Zivilisationen der Welt, tiefe Wurzeln geschlagen.

Das arabische Element war hier auf eine einzige Welle von Invasoren beschränkt, die aus der Wüste kamen, nicht aus einem Hinterland von Wäldern und gerodeten Lichtungen (Mitteleuropa) oder von Steppen und Weiden (Asien), den beiden Reservoiren, aus denen schon immer Welle auf Welle barbarische Eindringlinge heranrollten, die sich dann im bäuerlichen, waldreichen und dünnbesiedelten Okzident niederließen. Hier, im Orient, wird die Handvoll Eroberer schnell absorbiert; sie verschwindet in den städtischen Massen der überlegenen Zivilisation. Die Araber ziehen in die Städte oder in die Lager, die diesen Städten gegenüberliegen und selbst zu Keimen künftiger Städte werden, wie Kufa, Fusṭāṭ und Kairuan. Dieses Phänomen erklärt sich aus der Notwendigkeit, in Gruppen zusammenzubleiben, aber auch aus dem Gefallen, das der urbane arabische Kaufmann ebenso wie der herumstreunende Beduine an der Stadt findet und das mit der Verachtung des Pflugs und der bäuerlichen Seßhaftigkeit einhergeht. Alle diese Leute möchten im Grunde genommen die Freuden der Stadt genießen. Wer sich darauf nicht einlassen will, wird prompt in die Wüste zurückgeschickt oder in bestimmten Steppenregionen konzentriert: Das beste Beispiel sind die beduinischen Banū Hilāl, die aus der arabischen Wüste nach Sinai wandern, von dort nach der Cyrenaika und dann weiter nach dem Maghreb.

Angesichts der arabischen Invasion behaupten sich die alten Völker des klassischen Orients, Aramäer, Perser und Ägypter. Welche Rolle haben dann aber die Eroberer gegenüber diesen Völkern gespielt?

Politisch drückte sich die Eroberung darin aus, daß ein gewaltiger Raum geschaffen wurde, der islamische Staat, den das Kalifat symbolisierte. Religiös pflanzte sie den Islam ein, eine Religion, die aus der Offenbarung des Korans an Mohammed hervorging. Sprachlich zog sie die Ausbreitung des Arabischen nach sich. Wirtschaftlich schließlich war die grundlegende Konsequenz dieses historischen Phänomens die Vereinigung verschiedenartigster Territorien zu einem weiträumigen Ganzen. Als die Eroberung jedoch vollendet war, verschwanden die Araber; sie verschmolzen mit den alten Völkern, die schon vor ihnen dort gelebt hatten: Iranern, Semiten, Ägyptern, Berbern und Iberern. Genauso wird es dann in der zweiten Phase sein. Mit Recht wurde die geringe Zahl der effektiv vorhandenen syrischen Kontingente und der berberischen Bevölkerung im islamischen Spanien des 10. Jahrhunderts unterstrichen.[1]

Wie soll man die Leichtigkeit und Schnelligkeit einer Eroberung erklären, die von einer so kleinen Zahl vollzogen wurde? Die Araber hatten in der Tat alle Chancen auf ihrer Seite, von den alten Bevölkerungen der semitischen Welt Syriens und Mesopotamiens und von den Ägyptern als Befreier begrüßt zu werden. Abgesehen von der ethnischen und sprachlichen Verwandtschaft, die einige dieser Völker mit den Arabern verband, waren sie seit langer Zeit von Rom, dann von Byzanz im Westen, vom Persischen, dann vom Sassanidischen Reich im Osten unterdrückt worden. Sie befanden sich in einem Zustand permanenter Revolte gegen die Verwaltungsapparate von Konstantinopel und Ktesiphon, einer Revolte mit religiösem Anstrich und sozialem Hintergrund, wie immer im Orient. Der byzantinische Raum wird von Häresien erschüttert; vor allem Nestorianer und Monophysiten widersetzen sich der herrschenden Orthodoxie. Im sassanidischen Raum gewinnen Judentum, Christentum und Manichäismus an Boden, alles Bekenntnisse, die sich gegen die Staatsreligion, den Mazdaismus, wenden.

Nun kamen aber die demokratischen, egalitären und kosmopolitischen Tendenzen der islamischen Botschaft diesen Bewegungen sozialer und religiöser Revolte entgegen. Daher, zumindest zu einem Teil, die Leichtigkeit der arabischen Eroberung. Auch die Sorge um Ruhe und Ordnung treibt die Bevölkerungen in den Städten dazu, sich mit den Eroberern zu verbünden, von denen sie Schutz vor Anarchie und vor der Ausplünderung durch die Nomaden erwarten. Der einzige, verbissene Widerstand kommt schließlich von den Berbern, die, wie sie sich einst gegen Karthago und gegen Rom erhoben hatten und sich später gegen die Türken erheben werden, nun gegenüber der islamischen Herrschaft immer eine Haltung offener oder latenter Resistenz bewahren.

Die Beziehungen zu den unterworfenen Völkern wurden auf jeden Fall durch die Toleranz der Invasoren erleichtert, die in religiöser Hinsicht ziemlich gleichgültig, wenn nicht skeptisch waren. Daher auch keine Verfolgungen und Zwangsbekehrungen. Die einzige Forderung, die die Sieger stellen, ist fiskalischer Art: Ein Kapitulationsvertrag, der mit den religiösen Autoritäten ausgehandelt wurde, garantiert in aller Form die

1 Evariste Lévi-Provençal, *L'Espagne musulmane au Xe siècle. Institutions et vie sociale.* Paris 1932, S. 8f.

Freiheit des Kultus und den Weiterbestand der Wirtschaft, im Austausch gegen die Einhebung der Steuern durch die Notabeln der verschiedenen religiösen Gemeinschaften.

Die Eroberung ging so schnell vonstatten, daß es nicht nur keinen Bruch, keinen Einschnitt gab, sondern vielmehr das Vorhandene auf allen Gebieten bewahrt wurde: Institutionen, Verwaltungsapparate und -personal, Diensthandlungen, Dienststellen, Steuern und schließlich Münzwesen blieben erhalten. Bis zum 8. Jahrhundert zirkulieren die beiden Hauptmünzen – der *direm,* die sassanidische Silbermünze, und der *denarios,* die byzantinische Goldmünze – weiter. Auf wirtschaftlichem Sektor bestehen Städte und Handelsnetze, die beiden wesentlichen Strukturen, ohne jede Änderung fort. Die *annona* Ägyptens, eine Naturalabgabe in Getreide, die zuerst nach Rom, dann, seit der Verlegung des imperialen Zentrums, nach Konstantinopel verfrachtet worden war, wird von den muslimischen Autoritäten nicht abgeschafft, sondern einfach umgeleitet: zunächst über das Rote Meer zu den Heiligen Stätten Arabiens, dann nach Damaskus, der Hauptstadt des omayyadischen Kalifats. Auch die Steuern wurden beibehalten, jedoch zugunsten der muslimischen Gemeinde. Die ausschließliche Besteuerung von Nichtmuslimen stellt somit einen der wirtschaftlichen Aspekte der Eroberung dar, bis zu dem Zeitpunkt, als das Kalifat eine gemeinsame Steuer für Muslime und Nichtmuslime schaffen mußte, weil durch das Spiel mit dem Religionswechsel ein immer bedeutenderer Teil des Steueraufkommens verlorenzugehen drohte.

Die Eroberung bedeutete außerdem keineswegs Zerstörung. Es hat keine abgebrannten oder ausgeraubten Städte gegeben, mit der einzigen nennenswerten Ausnahme der Plünderung der sassanidischen Paläste, die große Goldschätze bargen. Daher also auch keine allgemeine Auflösung: Die unterworfenen Bevölkerungen stellten ganz selbstverständlich die Verwaltungskader, jenes geistige Werkzeug kultivierter Völker, zur Verfügung. Die christlichen, jüdischen oder persischen Konvertiten, die *Mawālī* (Klienten), wie sie nun heißen, werden bald eine entscheidende Rolle beim Aufbau dieser synkretistischen, ›islamischen‹ Zivilisation spielen. Selbst an der Kodifizierung der arabischen Grammatik und der Erstellung des endgültigen Korantextes werden sich die Nichtaraber beteiligen, Söhne der alten Völker des Orients, denen intellektuelle Arbeitsweisen vertraut waren.

Der islamische Orient, das heißt die ehemals sassanidischen (Mesopotamien und Iran) und byzantinischen Territorien (Syrien und Ägypten), stellt sich somit dar als Schmelztiegel einer Zivilisation, die durch Synthese entstanden ist und sich dann über das gesamte Gebiet des Islam ausbreitet: im Osten nach Zentralasien, im Westen nach *Ifrīqiya* (Tunesien und Ostalgerien), dem *Maġrib al-aqṣā* (Äußersten Westen), der Berberei, Spanien und Sizilien. Daher im Osten dieser Welt, den früheren byzantinischen und sassanidischen Territorien, eine kontinuierliche Entwicklung, jedoch verstärkt, ein Aufstieg, wenn man will, und im Westen ein wirklicher Neubeginn. Im genauen Gegensatz zur berühmten These von Henri Pirenne[2] hat das Abendland, wie wir glauben, nur dank der islamischen Eroberungen den Kontakt mit den orientalischen Zivilisationen wieder aufnehmen können und dadurch Anschluß gefunden an die großen Weltströme des Handels und der Kultur. Während die großen Einfälle der Barbaren im 4. und 5. Jahrhundert die wirtschaftliche Regression des merowingischen, dann karolingischen Okzidents nach sich zogen, hatte die Schaffung des neuen islamischen Imperiums in diesem selben Okzident eine erstaunliche Aufwärtsentwicklung zur Folge. Wenn die germanischen Invasionen den Verfall des Okzidents beschleunigten, provozierten die islamischen Invasionen den Wiederaufbruch der abendländischen Zivilisation. Kurz gesagt, die Frage von wirtschaftlicher Kontinuität oder Regression, die im Okzident aus Anlaß der Ankunft der Barbaren aufgeworfen wurde, muß für den Fall der arabischen Eroberung und für das gesamte Gebiet der Islamischen Welt ganz eindeutig beantwortet werden: Es hat nicht nur keinerlei Zusammenbruch gegeben, sondern – im Gegenteil – einen phantastischen Aufschwung.

Islamisierung, Arabisierung, Semitisierung

Drei Probleme muß man klar und sauber trennen: Islamisierung, Arabisierung und Semitisierung.

Islamisierung heißt Übertritt der alten Bevölkerungen zur neuen Religion, dem Islam, ein Übertritt, den fiskalische Vorteile begünstigten, die die Konvertiten durch diesen Schritt erlangten, nämlich die Erlassung der *Ǧizya* oder Kopfsteuer.

Arabisierung ist einzig und allein im sprachlichen Sinne zu verstehen. Einen nennenswerten Zufluß von ›arabischem‹ Blut hat es nicht gegeben. Sehr wenig eigentlich ›arabische‹ Traditionen haben in den eroberten Ländern Wurzeln geschlagen. Was man häufig – zu Unrecht – Arabisierung nennt, ist Semitisierung, Orientalisierung, das heißt die Übernahme einer Gesamtkonzeption von moralischen Vorstellungen, von Tabus, von

2 Vgl. Henri Pirenne, *Mahomet et Charlemagne,* 4. Aufl. Paris–Brüssel 1937 (Dt. Ausgabe: *Mahomet und Karl der Große,* Übers. von Paul Egon Hübinger, Frankfurt und Hamburg 1963). Ferner die Aufsatzsammlung *Bedeutung und Rolle des Islam beim Übergang vom Altertum zum Mittelalter,* Hrsg. P. E. Hübinger, Darmstadt 1968 (Wege der Forschung, Bd. 202).

Kosmogonien, von geistigen und praktischen Bezugssystemen. Diese Gesamtkonzeption ist diejenige der semitischen – oder besser gesagt semitisierten – Völker von Syrien-Mesopotamien und vor allen Dingen des treibenden und führenden Teils dieser Völker, der Städter. In den Städten hatten sich seit der ältesten Antike alle Zivilisationen Schicht um Schicht übereinandergelagert. Sie hatten ein Erbe von Eleganz und Raffinement hinterlassen, intellektuelle und kommerzielle Techniken, das Bedürfnis nach einer festen Ordnung, aber auch den Mangel an ›kriegerischen Tugenden‹ – unter den Völkern der Spätantike ja ganz allgemein verbreitet –, was den Rückgriff auf Söldner notwendig machte. Die islamischen Eroberungen, das sind zunächst die siegreichen Schlachten der Beduinen Arabiens, die auf längst vorgezeichneten Wegen ihre Wüsten verließen und sich über die wimmelnden Ballungsgebiete der ganzen Umgebung hermachten: dichte Ansammlungen von Städtern, mit einem Ring von Fellachen, die für ihre Bedürfnisse sorgten. Die späteren Eroberungen sind das Werk der Berber, Nomaden vom Stamm der Ṣanhāǧa oder handfester Bergbewohner wie der Kutāma, und dann der Türken, Kurden und Dailamiten. Aus diesem Reservepotential von kriegerischen Söldnern hat der Islam seine militärische Kraft geschöpft.

Die Semitisierung ist etwas ganz anderes: Es ist die Expansion der städtischen Zivilisation des alten, synkretistischen Orients – des Perserreichs, dann der hellenistischen Königreiche – außerhalb des semitischen Raums, die über mehrere Wege und verschiedene Mittel erfolgte. Zunächst einmal über den Dolmetscherdienst der arabischen Sprache: der religiösen Sprache des Koran, der Regierungs- und Kanzleisprache, der Sprache des Groß- und Fernhandels, der Sprache der literarischen und wissenschaftlichen Bildung. Die Ideen der Griechen, Iraner, Inder und Chinesen wurden uns zum großen Teil durch arabische Übersetzungen vermittelt, das heißt durch ein semitisches Instrument. Die Semitisierung erfolgte auch über die Straßen der levantinischen kommerziellen Diaspora, die von der Region der Isthmen (Landbrücken) ausgehen; ihr kommt, im ganzen gesehen, die Zerstreuung und Wanderung kleiner, aktiver Einheiten und die Gründung von religiösen Gemeinschaften an den strategischen Punkten des Großhandels zugute. Nach und nach vergrößern sich diese kleinen Gruppen von Pionieren durch Neuankömmlinge. Gleichzeitig vermehren sie sich, stoßen vor, werben und gründen neue Zentren, wobei sie hinter der Front gesicherte Auffangstellungen halten, mit denen sie mehr oder minder enge Verbindungen pflegen. Mitunter werden diese Verbindungen durch Schismen unterbrochen, dann wieder neu geknüpft durch Umgruppierung oder Aufnahme der alten Bindung an ein und dasselbe Zentrum. So entstehen die jüdischen Gemeinden, deren Schriftsprache Hebräisch oder Aramäisch und deren gesprochene

Sprache Arabisch ist, und die nestorianischen Gemeinden, die syrisch schreiben und arabisch sprechen.

Halten wir schließlich fest, daß diese drei Prozesse, die wir soeben kurz analysierten – Islamisierung (Religion), Arabisierung (Sprache) und Semitisierung oder Orientalisierung (Zivilisation) –, zuerst in den Städten auftreten und sich entwickeln. Aufgrund einer gewissermaßen vorgegebenen Harmonie ist das städtische Milieu ihnen günstig, und von hier breitet sich das Neue im umgebenden flachen Land aus wie ein Ölfleck. Die Islamische Welt vom 8. bis zum 11. Jahrhundert ist Zentrum einer phantastischen urbanen Bewegung. Diejenigen Regionen, in denen das städtische Leben am intensivsten ist, sind zuerst und am tiefsten davon betroffen. Andere Gebiete bleiben lange Zeit am Rand oder außerhalb; manche wird diese Bewegung nie erreichen, so Teile Nordafrikas, wo ein Antagonismus herrscht zwischen den arabophonen, orientalisierten Städten und den berberisch sprechenden Gebirgsgegenden, die die Islamisierung nur sehr oberflächlich berührt hat.

Die eroberten Räume: die Islamische Welt

Die geographische Ausdehnung der Eroberungen von Zentralasien bis Spanien verbindet im islamischen Raum – innerhalb seiner Grenzen oder in seinem Einzugsbereich – die Gebiete, die das Herz der Alten Welt gewesen waren. In wirtschaftlicher Hinsicht hatten diese Gebiete die größte Bedeutung, aufgrund der Erzeugnisse ihrer Landwirtschaft, ihrer Industrie und ihres Bergbaus, aber auch aufgrund der Organisation ihres Handels – Versorgung mit Häfen und Karawanenstraßennetz – und schließlich dank der regen Aktivität ihrer Bewohner. Alle diese Ressourcen wurden nun in den Dienst erweiterter kommerzieller Kreisläufe und weitreichender wirtschaftlicher Unternehmungen gestellt.

Die Länder mit den fruchtbarsten Böden: Mesopotamien und Ägypten, Länder uralter Bewässerungssysteme und Oasen, aber auch die weiten Ebenen Nordafrikas, die Getreide und Olivenöl produzieren, und Andalusien. Die Bergbaugebiete: der kaukasisch-armenische Raum, Nordafrika und Spanien. Zur eigenen Produktion fügt die Islamische Welt die Kontrolle über die Straßen hinzu, die zu den wichtigsten Goldminen der Welt führen: nach Südostafrika, Sudan und Zentralasien. Ferner die Zentren entwickelter handwerklicher Industrie: Iran, Mesopotamien, Syrien und das ägyptische Delta.

Dann die großen Häfen, die der Islamischen Welt Schiffe, Werften und seefahrende Besatzungen liefern. Hier lassen sich drei große Einheiten unterscheiden. Zum einen die Schiffahrt auf dem Persischen Golf und dem Roten Meer, der die arabischen und persischen Seeleute den Indischen Ozean geöffnet haben, ergänzt durch die Flußschiffahrt auf Euphrat und Tigris. Zum zweiten die Häfen des ägyptisch-syrischen Komplexes, mit Alexandria an erster Stelle, verlängert durch die Nilschiffahrt, und schließlich die Häfen der Straßen von Gibraltar und Messina, denen die Flußschiffahrt des Guadalquivir angeschlossen ist. Karawanenstädte mit ihrer Transportorganisation beherrschen die Straßen Mesopotamiens (nach Syrien im Westen, nach Iran und Zentralasien im Osten) und Arabiens sowie die Pisten des Transsaharahandels in der Berberei: Dieses Karawanensystem setzt eine ganze Infrastruktur voraus, mit Lasttieren (Kamelen, Dromedaren, Pferden, Maultieren, Eseln) und einer ganzen Palette spezialisierten Personals, Eskorten, Führern, Kaufleuten und Ausrüstern von Karawanen. Die handeltreibenden Völker des Orients, damals *Syri* (Levantiner) genannt, die Nachfolger der Phönizier, waren traditionell die Herren des Welthandels.

Nicht zu vergessen die Goldschätze, die aus den sassanidischen Palästen und den byzantinischen Kirchen kommen und die wirtschaftliche Macht der Islamischen Welt verstärken, was ihr nebenbei das Monopol des Transithandels zwischen dem Fernen Osten, dem Indischen Ozean und dem Okzident einerseits und zwischen Zentralafrika und dem Mittelmeer andererseits sichert. So nimmt der Islam eine Schlüsselposition ein an der Kreuzung der großen Handelsstraßen der Zeit. Eine einzige Straße entgeht ihm: die Steppenroute, die vom Fernen Osten über die Mongolei nach Zentralasien und von dort zu den ungarischen Ebenen führt; eine Nomadenstraße, eine Ausweichstrecke im Norden der alten asiatischen und mediterranen Kulturen. Ebenso bleibt ein einziges großes Handelszentrum außerhalb des islamischen Raumes: Byzanz.

Damit ist die Bedeutung der Lage der Islamischen Welt, im Zentrum der Alten Welt, deutlich geworden. Der Islam ist nicht eine Kultur, die plötzlich von irgendeinem Stern auf die Erde gefallen wäre, sondern er ist eng verbunden mit der Geschichte aller Räume, die seine Wiege umgaben und in denen er sich mehr oder weniger verbreitet hat. Für die Schwarze Welt wird der Herrschaftsantritt des Islam vom Sudan bis zur ostafrikanischen Küste einmal einer der wesentlichen Züge der Geschichte des modernen Afrika sein. Über den Indischen Ozean wird die Islamisierung bis Indonesien Raum gewinnen. In Zentralasien werden die türkische Welt und China denselben Stoß erleiden: Die erste islamische Druckwelle wird durch die Islamisierung der Türken angezeigt, die dann ihrerseits den Ausgangspunkt des chinesischen Islam bilden werden, der heute[3] möglicherweise mehr als 30 Millionen Menschen umfaßt.

3 Um 1960. (Anm. d. Ü.)

In Richtung Byzanz und des christlichen Abendlandes schließlich wird der Islam die Wege betreten, die vom Mittelmeer nach Zentraleuropa und zu den Ostseeländern führen: ein neuer Ausgangspunkt von Begegnungen und Überlagerungen, wenn man an die skandinavische Expansion denkt, die dann umgekehrt auf die Länder des Schwarzen und des Kaspischen Meers zielt.

Für den Islam stellen alle diese Länder ebenso viele wirtschaftliche Horizonte dar, die auszubeuten sind. Überall wird er seinen Stempel hinterlassen, sei es in religiöser Hinsicht in Form von Islamisierung oder auf der Ebene des Handels, wie es die islamischen Münzfunde bezeugen. Aus allen diesen Weltgegenden importiert er Waren verschiedenster Art. Aus diesen Quellen entstehen große Handelsströme.

Das Zentrum der Islamischen Welt liegt in der Region der Isthmen, zwischen dem Persischen Golf, dem Roten Meer, dem Mittelmeer, dem Schwarzen und dem Kaspischen Meer. Es liegt also im Verbindungsgebiet zweier wirtschaftlicher Großräume: dem des Indischen Ozeans und dem des Mittelmeers. Beide Großräume, die in der hellenistischen Epoche vereint waren und sich dann in zwei rivalisierende Welten, die römisch-byzantinische und die parthisch-sassanidische, trennten, werden durch die islamische Eroberung in einem neuen und gewaltigen Wirtschaftsraum wieder vereint.

Diese Einheit beruht auf weiträumigen Handelsbeziehungen über Karawanenpisten und Meeresrouten, auf einer dominierenden Münze, dem islamischen Dinar, und auf einer internationalen Handelssprache, dem Arabischen. Erleichtert wird sie aber auch durch die Entstehung einer neuen Welt, die für den Austausch technischer Verfahren durchlässig ist, den Vergleich byzantinischer und orientalischer Techniken begünstigt und ihre Verbreitung in der Islamischen Welt ermöglicht.

Schließlich wird die Einheit, von der wir oben gesprochen haben, dadurch gefördert, daß die großen Verbrauchszentren des westlichen Mittelmeers sich wieder in den Welthandel eingliedern, sei es in der Form neugegründeter Städte wie Kairuan, Tunis und Fes oder wiederaufstrebender alter Gründungen wie Sevilla, Cordoba und Palermo. Diese neuen städtischen Zentren des islamischen Westens unterhalten enge Verbindungen zu ihren orientalischen Partnern, alten hellenistischen Gründungen, wie Alexandria und Antiochien, oder Neugründungen, wie Kairo und Bagdad.

Der letzten Tatsache kommt fundamentale Bedeutung zu: Das urbane Netz, das die jetzt entstandene Islamische Welt neu knüpft oder repariert, gibt ihr wirtschaftlich, sozial und kulturell Zusammenhalt. Ein ganzes System von Beziehungen spannt sich von Stadt zu Stadt; die Städte bilden einmal mehr die Knotenpunkte, die Antriebszentren des wirtschaftlichen

Lebens. Die vorrangige Stellung der Stadt in der Islamischen Welt des 8. bis 11. Jahrhunderts ist eine der wesentlichen Konstanten der Epoche, die hier untersucht wird. Von Samarkand bis Cordoba ist die islamische Kultur eine städtische Kultur von bemerkenswerter Homogenität, mit einem breiten Austausch von Menschen, Waren und Ideen, eine synkretistische Kultur, die die alte, regionale Grundschicht, sei sie nun bäuerlich oder nomadisch, überlagert.

Die Islamische Welt erscheint demnach als eine Reihe kleiner, urbaner Inseln, die über verschiedenste Handelskanäle miteinander verbunden sind. Dieser ganzen schönen städtischen Ordnung versetzen dann die Krisen, Revolten und Invasionen der zweiten Hälfte des 11. Jahrhunderts einen tödlichen Stoß. Sie werden die großen Handelsströme unterbrechen und auf diese Weise den Verfall der Städte auslösen. Die Islamische Welt wird nicht mehr geeint sein, sondern geteilt: Ein türkischer, ein persischer, ein syrischer, ein ägyptischer und ein maghrebinischer Islam werden entstehen. Was man dann erleben wird, ist das Auseinanderbrechen der einen und einzigartigen islamischen Kultur. Regionale Partikularismen werden wieder an die Oberfläche stoßen, in denen die – nunmehr verschiedenen – islamischen Kulturen Gestalt annehmen.

Unsere Absicht ist demnach, die Islamische Welt zunächst ›Land für Land‹ vorzuführen. Wir werden diese Länder jedes für sich sowohl vom geographischen Gesichtspunkt aus untersuchen, die natürlichen Bedingungen, den physikalischen und menschlichen Rahmen, wie auch unter wirtschaftlichem und sozialem Aspekt: soweit sie Erben der versunkenen Kulturen sind, die auf demselben Boden, auf dem sie sich einst entwickelten, weitergeführt werden, von denselben Völkern und mit denselben Techniken, mit denselben geistigen Bezugsrahmen, häufig denselben Glaubensrichtungen, von neuen Faktoren mehr oder minder beeinflußt. Nach der Periode des ökumenischen Kalifats – des omayyadischen Kalifats, das genau in der Mitte des 8. Jahrhunderts endet – treten die Partikularismen wieder zutage und nehmen in Staaten und Dynastien Form an, die man mehr oder minder ›national‹ nennen könnte, vorausgesetzt, man gibt diesem Wort nicht einen zu modernen Sinn: in Spanien die Omayyaden, in Ägypten Ṭūlūniden und Fāṭimiden, im östlichen Iran Ṭāhiriden und Sāmāniden.

Diese Bewegung der erneuten Differenzierung hat man – wie wir glauben zu Unrecht – »das Auseinanderfallen des abbassidischen Kalifats« genannt. Man sollte sie besser den Aufbau der Islamischen Welt nennen, den Übergang vom Kalifat *(ḫilāfa)* zum Reich des Islam *(bilād al-Islam)*.

Erster Teil

Die Territorien des Islam
Großräume und Verkehrsnetze

Kapitel 1

Die Region der Isthmen (Landbrücken)

Die ersten Länder, die wir zu betrachten haben, sind Arabien, von der Wüste geprägter Ausgangspunkt des Islam, und die Gebiete, die als erste unterworfen wurden: Ägypten, Syrien und Mesopotamien.

Arabien

Um die gleichzeitig positive und negative Rolle Arabiens in der Islamischen Welt zu verstehen, muß man sich die verschiedenen sozialen Elemente der vorislamischen Zeit vergegenwärtigen und sie in den geographischen Rahmen von Oasen und Wüsten einordnen, wobei die Wüsten mehr oder minder als Weideflächen genutzt wurden. In den Oasen des Nordwestens, wie Yaṯrib (Medina), lebt die seßhafte, ackerbautreibende Bevölkerung, unter der Mohammed seine ersten Gläubigen rekrutierte, die dann zunächst seine Truppen bilden: die *Anṣār* oder ›Helfer‹. Dann kommen die Städter von Mekka, Taif und Dschidda, die Quraisch, Bankiers und Herren des Karawanenhandels, und weiter die Herren des Seehandels des Südens, des Jemens und von Oman. Schließlich die Beduinen, die sich in dem Teil der zentralen Wüste aufhalten, in dem man noch leben kann, Viehzüchter, Organisatoren und Begleiter von Karawanen, allesamt beseelt von kriegerischen Tugenden.

Die *Anṣār* wurden von der reichen mekkanischen Bourgeoisie schnell ausgestochen, da diese Bourgeoisie die Bedeutung der neuen Religion für ihren Handel gleich begriff und sich in tragende Positionen des Islam eintrug. Der wichtigste Clan, die Omayyaden, ältester quraischitischer Adel, stützt sich bei den Eroberungen auf die kriegerische Kraft der Beduinen, bewaffnet sie und überläßt ihnen die Beute, verschafft sich aber andererseits mit ihrer Hilfe die Möglichkeit, seine politische Macht bis Damaskus auszubreiten und zu festigen und von dort aus End- und Ausgangsstationen des Handels zu beherrschen. Auf diese Weise leeren sich die Hauptlandschaften Arabiens (Hidschas und Nedschd), ihre Bewohner ziehen weg, und das wirtschaftliche Potential läuft aus. Die Beduinen versinken immer tiefer in den alten städtischen Kulturen des Orients, in denen die alteingesessenen Diwansekretäre, die weiterhin *pehlewi* [Mittelpersisch] und griechisch schreiben, die politische Macht innehaben.

Unter den Omayyaden herrscht noch einiges Kommen und Gehen zwischen den neuerdings eroberten Ländern und Arabien. Die Beduinen, soweit sie unbezähmbar sind, werden in die Wüste zurückgetrieben. Am Anfang des 8. Jahrhunderts deportiert ʿAbdalmalik die Banū Hilāl und die Banū Sulaim in den Isthmus von Suez, wo sie als Karawanenbegleiter dienen und ein Leben des Herumstreunens und Plünderns führen. Ihre Abkömmlinge werden in der Mitte des 11. Jahrhunderts von den Fāṭimiden auf Ifrīqiya losgelassen werden. Auf der anderen Seite pflegen die Omayyaden gefühlsmäßige Bindungen zum Wüstenleben, ihre Umgebung bringt sie dazu, aber auch die Attraktivität, die von der vorislamischen arabischen Poesie mit ihren Schilderungen des Lebens in der Wüste ausgeht. Die Omayyaden besitzen Paläste aus Stein, aber auch palastartige Zelte, die sie bei ihren häufigen Aufenthalten in der *bādiya,* der Syrischen Wüste, benutzen. Mit dem Aufstieg der Abbassiden und ihrer neuen Gefährten, der Chorassanier, die aus dem Osten des Iran kommen, werden diese Bindungen abbrechen.

Arabien, eine Provinz, die die neue Dynastie der Abbassiden vergessen wird, fällt vom 8. Jahrhundert an in politische Bedeutungslosigkeit. Dieselbe Erscheinung auf kommerziellem Gebiet: Mekka und Medina sind von nun an nicht mehr die Zentren des großen Karawanenhandels. Aufgrund der Eroberungen und der Tatsache, daß die Ausgangs- und Endstationen der Karawanenwege in Syrien und Mesopotamien den Byzantinern und Sassaniden weggenommen wurden, hat das Gebiet seine Vermittlerrolle, seine Bedeutung als Drehscheibe verloren. Als Herren der Route über das Rote Meer und den Persischen Golf lassen die Kalifen vom 8. Jahrhundert an den kontinentalen Mittelweg über Arabien links liegen. Unter den Omayyaden war das Getreide aus Ägypten noch im Hafen von Dschidda gelöscht worden, aber die Arabische Halbinsel geriet nach und nach in den toten Winkel; in der Abbassidenzeit ist sie isoliert. Das ägyptische Getreide gelangt nicht mehr zu den Heiligen Stätten des Hidschas, es wird von nun an nach Mesopotamien und Bagdad umgeleitet; Arabien wird auf dem Roten Meer und dem Persischen Golf umschifft und das Korn zum Hafen von Basra gebracht. Dennoch und trotz dieser negativen Bilanz hält sich eine gewisse periphere Aktivität dank der Nähe der großen Handelsstraßen.

Insbesondere auf einem Gebiet spielt Arabien auch weiterhin eine positive Rolle: Es bleibt – mit den Heiligen Stätten, mit Mekka und dem Heiligtum der Kaaba, mit Medina und dem Grab des Propheten – das religiöse Zentrum des Islam. Über das Netz der Straßen, die sternförmig in Mekka zusammenlaufen, fließen aus Ägypten, Syrien und Mesopotamien, vom Indischen Ozean und aus Äthiopien sehr verschiedene Gedankenströme: mazdaitisches, jüdisches, christlich-orientalisches, buddhistisches Gedankengut und fetischistische Vorstellungen aus Afrika haben Einfluß auf den Koran genommen. Über dieselben Straßen hat die Eroberung angefangen. Nun führen sie die Pilger zu den Heiligen Stätten des Islam. Zur Pilgerfahrt (Haddsch) kommen die Völker aus dem Maghreb über Kairo und die Landenge von Suez, aus Iran über Bagdad und Kufa, aus Jemen und von Oman angereist. Dieser gewaltige Zustrom von Pilgern schafft nun ein neues Straßennetz und ganz spezifische wirtschaftliche Ströme: einen auf die Pilgerfahrt ausgerichteten Handel, der Verpflegung und Transport der Gläubigen gewährleistet, die Lieferung des *Iḥrām* garantiert, des großen, ungenähten Stücks Stoff, das den Pilgern als rituelle Kleidung dient, und mehr oder minder wertvolle Souvenirs vertreibt, wie die Türkise, die an Ort und Stelle geschnitten werden. Dieser Zustrom ruft aber auch einen Handel ins Leben, der nicht für, sondern von den Pilgern selbst betrieben wird; sie ziehen aus dem Haddsch Nutzen und machen ihre Geschäfte auf der großen Messe in der Nähe von Mekka, die im Monat Muḥarram, dem Monat der Pilgerfahrt, stattfindet. Hier vertritt ein Gouverneur den Kalifen und zieht die Steuern ein. Das ist also die fiskalische Ausbeutung der Pilgerfahrt durch den Staat, die auch die Beduinen wirtschaftlich ausbeuten. Das ist die positive Bilanz der Rolle Arabiens, dem politische Ausbeutung nicht beschieden ist. Die geistliche Autorität hat ihren Sitz nicht hier: Der Kalif, das religiöse Oberhaupt, residiert in Bagdad oder in Kairo. Die Städte des Hidschas sind nur Heilige Stätten.

Einen weiteren positiven Beitrag Arabiens bildet der Handel mit Sklaven aus Äthiopien, dem Gebiet der Somali und dem der Bantu (Zanǧ). Der Import von schwarzen Sklaven über die arabischen Häfen, der schon vor dem Islam eingesetzt hatte, besteht fort. Anfang des 9. Jahrhunderts wird im Jemen unter der Dynastie der Ziyādiden (819–10. Jh.) die Stadt Zabīd als Großmarkt für schwarze Sklaven gegründet. Medina wird eines der Ausbildungszentren für Sklaven der oberen Preisklasse, Sänger, Musiker und Tänzerinnen, von denen manche großes Renommee gewinnen, beispielsweise die hochgebildete Išrāq. Selbst slawische und indische Sklaven werden nach Medina in die Schule geschickt, damit sie dort den ›medinensischen Gesang‹ lernen, der am Abbassidenhof hohes Ansehen genoß. Es handelt sich dabei um eine Form von Gesang, der mit dem *Qaḍīb,* einem Holzstück, rhythmisch begleitet wird, eine Art Schlagzeugmusik, die sich über die ganze Islamische Welt verbreitet und durch die Vermittlung des andalusischen Gesangs am Ende zum *cantus mensurabilis* des Okzidents führt.

Schließlich beginnt im günstigen Klima der Hochebenen des Nedschd mit der Kreuzung von berberischen und iranischen Pferden die arabische Pferdezucht.

Die Rolle Arabiens in der islamischen Zeit läßt sich also in einigen charakteristischen Zügen zusammenfassen: Arabien ist nicht mehr das wichtige, große Transitgebiet, es nimmt nur noch peripher am Welthandel teil. Es besitzt seinen eigenen Handelskreislauf, der über die Pilgerstraßen der Heiligen Stätten fließt. Es ist ein Zentrum für Import und Ausbildung von Sklaven. Schließlich ist es ein Zentrum der Zucht reinrassiger arabischer Pferde, deren Pedigrees fünf Generationen ausweisen.

Ägypten

Man hat von Ägypten gesagt, es sei ein Geschenk des Nils; man sollte hinzufügen: und der Arbeit der Fellachen. Der geographische Rahmen erweist sich hier als besonders wichtig. Das Niltal erlebt die unaufhörliche Arbeit der Bauern, die ein ungeheures Bewässerungssystem aufbauen und unterhalten, ein System, das kollektive Dienste, sehr genau geregelte Fronarbeiten und ständig verfügbare Arbeitskraft erfordert. Dieses System von staatlichen Anforderungen, von ›Leiturgien‹ in der byzantinischen Zeit, setzt sich bis in die Zeit nach den islamischen Eroberungen fort. Die Aphrodito-Papyri haben zahlreiche Aufforderungen zum Frondienst bewahrt, die an mobile bäuerliche Arbeitskräfte gerichtet sind, eine Masse jederzeit verfügbarer Fronarbeiter.

Die beiden Hauptprodukte des Landes sind Getreide und Leinen. Ägypten, eine der Kornkammern der Alten Welt, schickt sein Getreide von jetzt an zu den islamischen Heiligen Stätten und nach Bagdad. Das Leinen, dessen Qualität schon Plinius gelobt hatte, hält seinen guten Ruf. Es sei nebenbei angemerkt, daß die Baumwolle, die in Syrien wächst, in Ägypten nicht vor dem 9. Jahrhundert erscheint, das heißt viel später, als die Zuckerrohrkultur im Niltal eingeführt wird.

Die außerordentlich dichte Besiedlung des Niltals frappierte alle Besucher im Frühen Mittelalter. Es ist eine »Straße von Städten«, sagt einer von ihnen, ein schmales langes Band längs des Nils. Die alten urbanen Zentren wachsen, dauernd werden neue Städte gegründet, beispielsweise, um nur das Gebiet von Kairo zu erwähnen: Fusṭāṭ (7. Jh.), al-ʿAskar (8. Jh.), al-Qaṭāʾiʿ (9. Jh.) und al-Qāhira (10. Jh.); ihren Höhepunkt erreicht die Stadt Ende des 10. Jahrhunderts mit ungefähr 500 000 Einwohnern. Es gibt aber noch andere bevölkerungsreiche Zentren längs des Stroms: Qūṣ, Qifṭ und Assuan (etwa 100 000 Einwohner) am ersten Katarakt.

Der Nil bildet die Hauptschlagader. Vom Delta bis Assuan finden sich

Aufschüttungen, die ›Mauer der Alten‹ *(ḥā'iṭ al-'ağūz)*: eine Karawanenstraße, auf der lange Züge von Lasteseln und Lastkamelen einander ohne Unterbrechung folgen, begleitet den Strom. Die Hauptverbindung bleibt natürlich der Nil selbst mit seiner enormen und aktiven Schiffahrt, so vielen Barken, sagen die Zeitgenossen, wie in Bagdad und Basra zusammen. Es sind die alten Barken, mit quadratischem Segel, oder neue, mit ›Lateinerrah‹, die im 9. Jahrhundert aufkommt und erlaubt, sich näher am Wind zu halten, was für die Flußschiffahrt sehr wichtig ist.

Die Nilschiffahrt wie auch die Schiffahrt der Küsten von Mittelmeer und Rotem Meer erfordern ungeheure Mengen Holz für den Schiffbau. Das byzantinische Ägypten besaß zwei Werften: eine in Alexandria für die Mittelmeerflotte und eine andere in Clysma für die Flotte des Roten Meers. Das islamische Ägypten besitzt dann acht: die beiden genannten, ferner drei in Fusṭāṭ (die Insel Roda, Fusṭāṭ und al-Maks im Norden), eine in Damiette, eine in Rosette und eine in Ṣāliḥiyya am Ostarm des Nils. Daher großer Bedarf an Holz für die Werften, aber auch an Bauholz für den Städtebau und an Brennholz für bestimmte Industrien, die mit Feuer arbeiten, wie Glasbläsereien, Keramikmanufakturen und vor allem Zuckerrohrsiedereien. Das Klären des Zuckers wird in Ägypten durchgeführt, dem alten Zentrum der hellenistischen Alchemie. Diesen unaufhörlich wachsenden Bedarf an Holz kann Ägypten allein nicht decken. Alle Bäume inklusive der Palmen werden zwar vom Staat registriert. Ein staatliches Monopol reserviert jeden Baumstamm und jedes Stück Holz, das zum Schiffbau verwandt werden kann, für die Flotte. Dennoch muß man ständig auf den Fernhandel zurückgreifen: Er liefert indisches Teakholz über das Rote Meer und Bauholz aus den tiefen Wäldern der Adria mit Hilfe der venezianischen Blockadebrecher.

Der Zivilisation Ägyptens fehlt es nicht nur an Holz, sondern auch an Eisen; sie muß daher für die Bewaffnung auf die Schwerter Indiens und des Landes der Franken *(Firanğa)* zurückgreifen. Da sie in starkem Maße auf Außenhandelsbeziehungen angewiesen ist, ist sie konjunkturabhängig: Die arabische Zivilisation hätte ohne ihre Goldüberschüsse nicht überleben können, denn Eisen und Holz waren damals für jede städtische Zivilisation lebensnotwendig.

Die Bevölkerung Ägyptens besteht zu einem wesentlichen Teil aus Kopten *(qubṭī)*, vom griechischen *aigyptios*. Das alte ägyptische Wort für Ägypten ist *miṣr*, hebräisch *miṣrayim*. Im Mittelalter sagte man *bilād Miṣr* für Ägypten und *miṣr* für die Hauptstadt. Der physische Typus des Ägypters besitzt eine erstaunliche Stabilität. Um das festzustellen braucht man nur den heutigen Typus mit den Darstellungen der Pharaonengräber zu vergleichen; und jeder kennt die Anekdote vom »Dorfschulzen *Scheich*

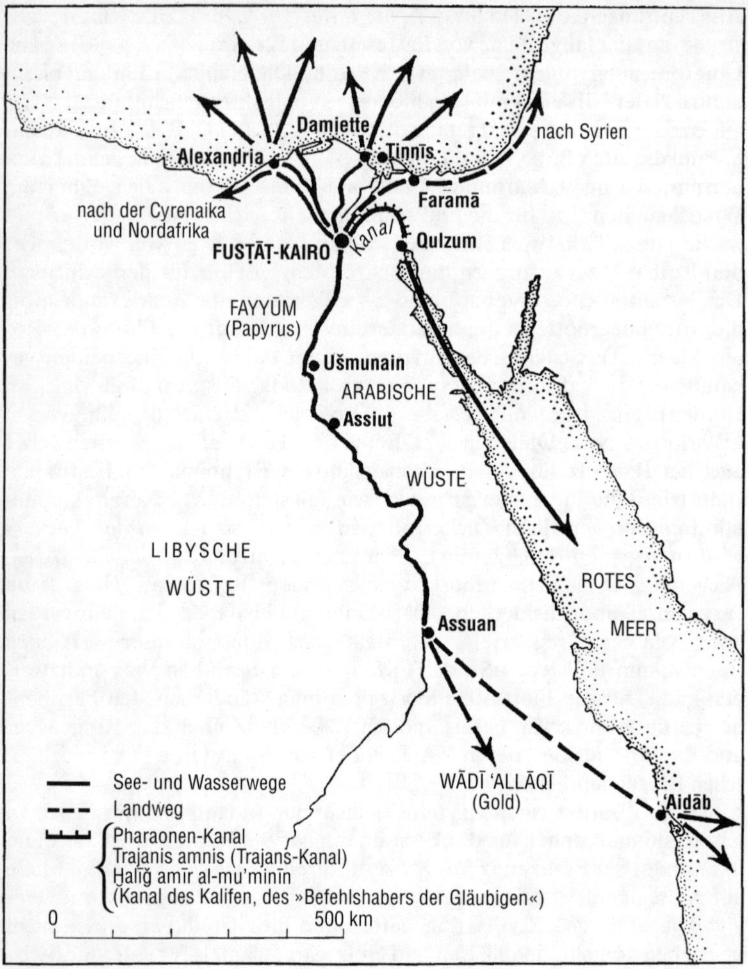

1. Der ägyptische Raum

al-balad«[1]. Die Sprache ist das Altägyptische – erst hieroglyphisch, dann hieratisch, demotisch und schließlich koptisch. Das koptische Alphabet besteht aus etwas umgeformten griechischen Buchstaben und einigen zusätzlichen Zeichen. Die ägyptische Bevölkerung bleibt unter sich. Das griechische Element konzentriert sich vor allem in Alexandria, einem Fremdkörper, wie angeklebt an Ägypten. Als die Stadt 643 von arabischen Truppen eingenommen wurde, ergriffen die Garnison und die großen griechischen Familien die Flucht. So verschwand also dieses aufgesetzte Element. Im Gegensatz dazu halten sich starke jüdische Kolonien, die sich weder assimilieren noch mit der koptischen Bevölkerung vermischen, in Alexandria, in Bilbais, d. h. dem östlichen Teil des Deltas, dem Endpunkt der Straße, die aus Syrien kommt, ferner auf der Nilinsel Elephantine in Assuan, dem Ausgangspunkt der Karawanenstraße nach Nubien, Äthiopien und dem Roten Meer und gleichzeitig der Endstation der Nilschiffahrt, und ebenso in Fusṭāṭ.

Auch wirtschaftlich und sogar religiös gesprochen bleibt die Regsamkeit der ägyptischen Bevölkerung ungebrochen. Die zahlreichen Übertritte zum Islam hatten häufig das Ziel, sich der Besteuerung, das heißt der Zahlung der Kopfsteuer oder *Ǧizya,* zu entziehen, die die Nichtmuslime hart traf. Unter Muʿāwiya, in der zweiten Hälfte des 7. Jahrhunderts, erbrachte die Kopfsteuer nicht weniger als 5 Millionen Dinar, dann unter Harun ar-Raschid, am Anfang des 9. Jahrhunderts, 4 Millionen, und wenig später nur noch 3 Millionen. Wiederum ohne allzu große Erschütterungen verkraftet Ägypten später den Übergang vom sunnitischen zum alidischen (schiitischen) Islam der Fāṭimiden.

Der koptische Grundstock wurde durch die arabischen Einsprengsel wenig verändert, im ganzen bloß eine Handvoll Eindringlinge, die übrigens von der gesamten levantinischen Welt als Befreier empfangen wurden, mit einem Gefühl der Erleichterung und des Neubeginns. Die Völker, die Byzanz unterstanden, befanden sich in einer Revolte gegen die Regierung, einer Revolte, die in Ägypten und Syrien religiöse Färbung angenommen hatte: als monophysitische Häresie, die sich der byzantinischen Orthodoxie widersetzte. Das Nationalgefühl dieser Völker war gewissermaßen negativ. »Es war für uns nicht nur ein kleiner Vorteil, von der Grausamkeit der Byzantiner befreit zu werden, von ihrer Bösartigkeit, ihrer Wut, ihrem grausamen Eifern gegen uns, und endlich Ruhe zu haben«, schreibt später der syrische Historiker Michael der Große. Einen ernsthaften ›nationalen‹ Widerstand gegen das Kalifat hat es in Ägypten

1 Als eine altägyptische männliche Plastik bei einer Ausgrabung zum Vorschein kam, soll einer der umstehenden Arbeiter ausgerufen haben: »Aber das ist doch unser *Scheich al-Balad* (Bürgermeister).« (Anm. d. Ü.)

nicht gegeben. Die Revolte der Kopten des Deltas im Jahre 829–830 gegen den Kalifen al-Ma'mūn wurde von Steuerproblemen hervorgerufen und gehört in den Zusammenhang der großen sozialen Bewegungen, die von den neuen wirtschaftlichen Bedingungen, die damals in der Islamischen Welt Gestalt annahmen, ausgelöst wurden.

Ägypten, ein Land sehr alter Kultur, dessen anthropologische Gegebenheiten fast unverändert bleiben, kommt nun also unter islamische Herrschaft. Ägypten mit seinen ungenügenden Ressourcen an Holz und Eisen, aber auch mit seiner Agrarproduktion – Getreide, Flachs und Papyrus –, die weltweite Bedeutung besitzt. Es bringt seine eigenen Techniken der Stoff- und Teppichweberei ein und auch sein Verfahren der Produktion von Papyrus, bis sich im 9. Jahrhundert der Gebrauch von Papier allgemein durchsetzt. Ägypten bringt aber schließlich und vor allen Dingen das Gold ein, das in beträchtlichen Mengen in den Pharaonengräbern lagert, nun erneut in den Geldkreislauf eingeleitet wird und dann später zur Prägung der schönen ägyptischen Dinare dient, von denen nach Nasir-i Chosrau am Anfang des 11. Jahrhunderts drei soviel wert waren wie dreieinhalb Dinare aus Nischapur.[2]

Mesopotamien und Syrien

Das Gebiet, das sich wie ein Halbkreis um den Norden der Arabischen Wüste legt und Syrien und Mesopotamien entspricht, wird häufig als ›Fruchtbarer Halbmond‹ bezeichnet. Es ist keine homogene Zone, sondern in Wirklichkeit ein Band von Oasen, unterbrochen von Schotterflächen und Trockensteppen, die häufig in Wüste übergehen, zwischen dem Saum des anatolischen Hochlands (Taurus und Antitaurus), dem Hochland von Iran (Zagros-Gebirge und Lūristān) und dem Meer nach der syrisch-palästinensischen Seite. Die Oasen sind mehr oder minder großflächig, gedeihen dank Bewässerung und erfordern ungeheure Arbeit. Ohne ständige Pflege versumpft der Boden sehr schnell oder wird zur Wüstensteppe; das geschieht in Zeiten der Unsicherheit, und in diesen Öden tritt dann das Nomadentum wieder in sein Recht.

In der Epoche, mit der wir uns befassen, bringt Untermesopotamien infolge der Arbeiten, die während der Sassanidenzeit kontinuierlich durchgeführt worden waren, den vollen Ertrag. Dank der neuerdings angelegten Bewässerungskanäle und Drainagegräben dehnen sich die An-

2 *Safer Nameh – Relation du voyage de Nassiri Khosrau en Syrie, en Palestine, en Egypte, en Arabie et en Perse, pendant les années de l'Hégire 437–444 (1035–1042),* Publié, traduit et annoté par Charles Schefer, Paris 1881 (Publications des langues orientales vivantes, 2e série, I.) [Nachdruck Amsterdam 1970], S. 152.

baugebiete aus, besonders südlich von Kufa am Rand der großen ›Sümpfe‹ *(al-baṭā'iḥ)*, in denen sich der Euphrat verliert und die noch heute ein Schilfmeer bilden. Die *Zuṭṭ* [Zigeuner] mit ihren Wasserbüffeln deportierte man von den Ufern des Indus in diese Sumpfzone: Sie blieben einige Zeit, machten dann einen Aufstand und wurden daraufhin nach Syrien und den anatolischen Grenzmarken verschleppt (8. Jahrhundert). Hierher, in die großen Sümpfe, flüchten im 9. Jahrhundert die revoltierenden schwarzen Sklaven, *Zanǧ;* hier leisten sie Widerstand auf flachen Barken und in Hütten, die mitten im Schilf versteckt sind. Die Regierung verfolgt eine Politik der inneren Kolonisation, der die Juristen der Abbasidenzeit wie Abū Yūsuf Ya'qūb (gest. 798) den Weg bereiten. Abū Yūsuf gesteht Steuerfreiheit und das Eigentumsrecht am Land jedem zu, der *arḍ mawāt* (totes Land) erschließt, daher eine Expansion des Bewässerungsfeldbaus und die Kultivierung der eroberten Territorien. Das gilt vor allen Dingen für den *Sawād* mit seinen Anschwemmungsböden, die der Fluß abgesetzt hat, schwarzer, fruchtbarer Erde, bedeckt mit den Nutzungsfluren, die für die Ernährung der sich in den Städten drängenden Bevölkerung erforderlich sind.

Untermesopotamien, das Zentrum des abbassidischen Kalifats, erfuhr damals einen außerordentlichen städtischen Aufschwung. Einige seiner Metropolen, wie Bagdad, Basra, Kufa, Wāsiṭ oder Samarrā, zählten Hunderttausende von Einwohnern. Dank seiner Fruchtbarkeit, aber auch, wie in Ägypten, dank der unermüdlichen Arbeit der Fellachen, die Bewässerungsbau und Landwirtschaft betreiben, liefert der Boden des *Sawād* wenigstens einen Teil der Lebensmittel für diese enormen Menschenmassen: Datteln, Weizen, Gerste und auch Reis, der hier seit der Sassanidenzeit bekannt ist und in der islamischen Zeit im Mittelmeerbekken eingeführt wird. Allerdings muß man auch auf Produkte anderer entfernter Länder zurückgreifen, auf Getreide aus Ägypten und Mehl aus Syrien.

Mesopotamien stellt aber, wie wir sagten, nicht eine ununterbrochene Kette von Oasen dar. Es zerfällt vielmehr in verschiedene Regionen mit charakteristischen Unterschieden. An erster Stelle Chusistan, die alte Susiana, der südöstliche Teil Untermesopotamiens, der die Becken des Kārūn und der Karcha umfaßt: Dort hatten die Sassaniden schon große Arbeiten ausführen lassen, wie den Bau von Talsperren und die Anlage von Bewässerungskanälen, auf denen Schiffe fahren konnten. Seit dem Ende der Sassanidenzeit ist diese Provinz Zentrum des Anbaus von Zuckerrohr, einer Pflanze, die aus Indien kam und sich in der islamischen Zeit weit nach Westen ausbreitet. Chusistan war immer der Hauptzuckerlieferant für den ganzen Orient, ob es sich um braunen, nicht gebleichten Zukker handelte, unseren Farinzucker, oder, nach der technischen Weiter-

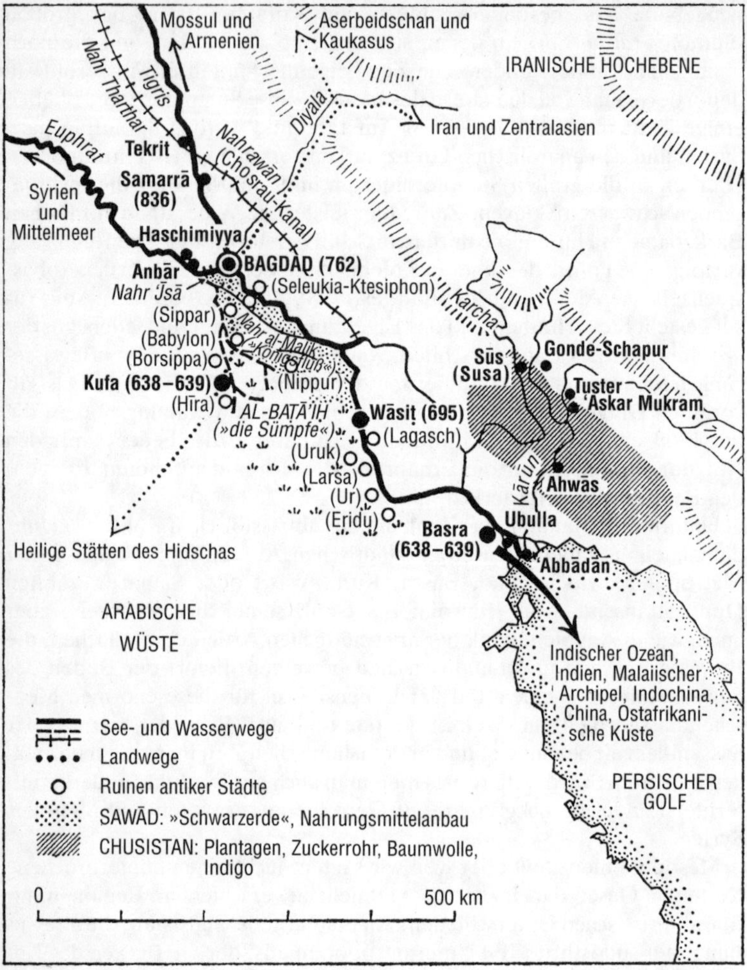

2. Der mesopotamische Raum

entwicklung in Ägypten, um durchsichtigen Zucker, *qand,* unseren ›Kandis‹-Zucker. Die Arbeitskräfte der Plantagen stellten hauptsächlich die *Zanǧ*-Sklaven, also Bantus von der ostafrikanischen Küste, die über Südarabien, Oman und Mekran-Kerman an der iranischen Küste nach Chusistan gebracht wurden.

Daran schließt sich der *Sawād* an, das Gebiet zwischen den ›Sümpfen‹ *(al-baṭā'iḥ)* und einer Linie, die sich von Tekrit bis Hīt erstreckt: eine Landschaft voller Weizen-, Gersten- und Reisfelder und Dattelpalmenhaine. Schließlich Obermesopotamien (die Dschesira-›Insel‹), das einen Kranz von Oasen längs des Tigris – von Mossul bis Āmid/Diyār Bakr – sowie die Region vom Chabur bis zum Euphrat-Knie umfaßt. Heute ist hier eine öde Steppe, die Hirtennomaden durchziehen; damals gab es riesige Agglomerationen von Seßhaften. Für die arabischen Geographen war die große Spezialität der Dschesira die Baumwolle vom Chabur, die nach Mossul (daher ›Musselin‹ aus Baumwolle) exportiert wurde, nach Bagdad (daher *baġdādī*-Stoffe, farbige Seidenstoffe auf Baumwollbasis ›aus Bagdad‹), oder nach Aḫlāṭ und den anderen Zentren der armenischen Textilindustrie. Die Baumwollkulturen wurden mit Hilfe großer, unterirdischer Wasserstollen *(qanāt)* bewässert, deren System man aus Zentralasien übernommen hatte. Nachdem die Konstituierung des großen, vereinten Raumes der Islamischen Welt einmal das Hindernis der Grenze zwischen dem Byzantinischen und dem Sassanidischen Reich aufgehoben hatte, wurde Baumwolle auch in Nord- und dann in Südsyrien heimisch. Dieses letzte Gebiet entwickelte sich im Mittelalter zum Hauptbaumwollieferanten für den gesamten Mittelmeerraum.

Vom Euphrat-Knie bis zum syrischen Küstenrelief führt der Weg – das, was man das mesopotamisch-syrische Gelenk nennen könnte – angenehm über eine große, geneigte Tafel, die von Weidesteppen bedeckt ist. Nach Süden wird die Landschaft mehr wüstenähnlich – *bādiyat aš-Šām* (Syrische Wüste), aber Tierzucht bleibt aufgrund der betriebenen Wanderweide zwischen dem Rand der *bādiya* (im Sommer) und dem Zentrum (im Winter) immer möglich; hier werden Kamele und Transportpferde gezüchtet. Diese Gegend stellt sich als eine regelrechte Drehscheibe dar, auf der vielerlei Kontakte stattfinden und von der ein Wegenetz sich fächerartig ausbreitet. Hier treffen die Ausläufer der See- und Flußrouten, die vom Indischen Ozean über Tigris und Euphrat Nordsyrien erreichen, und die kontinentale Route aufeinander, die den Iran und Bagdad über das Euphrattal ebenfalls mit Syrien verbindet.[3]

Syrien setzt sich wie Mesopotamien aus einer Reihe reicher und frucht-

3 Vgl. die Karten bei René Dussaud, *Topographie historique de la Syrie antique et médiévale,* Paris 1927.

barer Oasen zusammen; sie bestehen aus Anschwemmböden, die durch die Erosion der Regenströme, die die Abhänge auswaschen und entforsten, den felsigen Massen der Reliefs entrissen werden. In Kilikien ist durch Bewässerungsbau die Anlage tropischer Kulturen wie Zuckerrohr und Baumwolle möglich. In der Biqā'-Ebene, der ›Boquée‹ der Kreuzfahrer, wächst das Getreide. Im *Ġaur* (Bodensenkung), einer Grabensenke, in der Seen, der Jordan und das Tote Meer aufeinanderfolgen, findet man wiederum tropische Kulturen wie Zuckerrohr, Baumwolle und außerdem Reis, der hier in der islamischen Zeit eingeführt wurde. Die Oase Damaskus, die von den Flüssen und Bächen des Antilibanon und des Hermon bewässert wird, ist ein riesiger Garten, die *Ġūṭa,* eine Art Plantage mit Nuß-, Oliven-, Feigen- und anderen Obstbäumen. Im Mittelalter waren die Konfitüren aus Damaskus weltweit renommiert, sie wurden aus Damaszener Früchten und syrischem Zucker hergestellt. Auch an der Küste zieht sich eine Kette von Gartenoasen hin, allerdings nur von kleinem Ausmaß, da die zerklüfteten Felsblöcke steil ins Meer abfallen. Diese Gegend ist eine Kette von Strandebenen, die von vorspringenden Bergen oft unterbrochen wird. Dort bieten Häfen Schutz – die ›Stapelplätze der Levante‹ –, die nacheinander von phönizischen, hellenistischen, römischen, byzantinischen und schließlich islamischen Flotten aufgesucht wurden und deren Arsenale die Holzbestände Nordsyriens und des Libanon verbrauchen. Es ist die Mittelmeerflanke der Länder des Persischen Golfs.

Vom demographischen Standpunkt aus sind die Völker Syriens und Mesopotamiens so etwas wie die Verlängerung der Semiten Arabiens – allerdings eher eine semitisierte als eine semitische Welt, gemessen an den Sitten wie an der Sprache und der Art zu denken. Diese Völker bilden den äußersten Rand der arabischen Welt, einen riesigen Schmelztiegel, in den sich mehrere semitische Wellen aus Arabien ergossen haben, wobei die letzte Welle der Eroberung des 7. Jahrhunderts entspricht. Hier findet man Seite an Seite alte, nichtarische Völker, arische Neuankömmlinge, die aus dem gebirgigen Halbkreis des Nordens (Kleinasien, Armenien, Iran) herabsteigen, und schließlich alle Rassen Asiens und Afrikas. Denn das Land ist offen, eine Durchgangszone, die mit ihren großen Städten eine große Anziehungskraft ausübt, ein Gebiet uralter städtischer Zivilisation, exogam und polygam, das Sklaven und Söldner jeder Hautfarbe und Sprache brauchen kann, Schwarze, Türken und Slawen. Die Grundströmung ist also semitisch, aber zahlreiche Zuflüsse wurden unaufhörlich angezogen und assimiliert; die Vermischung der Rassen wird in der islamischen Zeit noch bunter.

Die Sprache bleibt der ausschlaggebende Faktor, und hier muß man gleich die Tatsache in Rechnung stellen, wie leicht man von einer semitischen Sprache zu einer anderen wechseln kann, da die drei bedeutungtragenden Radikale häufig gleichbleiben, auch wenn die Vokalisierung wechselt.

Die *Syri* des Frühen Mittelalters, denen der Osten durch die sassanidische ›Mauer‹ versperrt war, so daß sie ihre Aktivitäten dem barbarischen Okzident zugewandt hatten, bis dessen Goldreserven erschöpft waren, diesen ›Syrern‹ öffnet sich nun im Osten erneut ein großes Wirtschaftsgebiet unter der einzigartigen Herrschaft der Islamischen Welt. Die Diaspora nimmt den Weg nach Mesopotamien wieder auf. Hier treten wie am Indischen Ozean Jakobiten und Nestorianer miteinander in Konkurrenz. Die aramäische Welt vom Persischen Golf bis zum Mittelmeer ist wieder zusammengelötet und knüpft nach Osten und Westen ein mächtiges Netz von Gemeinschaften, die miteinander in Verbindung stehen, Aktionszellen sowohl wirtschaftlicher wie kultureller Art. Allerdings vollzieht sich diese Annäherung zwischen dem syrischen und dem mesopotamischen Teil weder harmonisch noch frei von Rivalität und Kampf.

Die Hauptstadt des omayyadischen Kalifats ist Damaskus, am Rand der *bādiyat aš-Šām,* der ›Syrischen Wüste‹. Daher wird nun Mesopotamien unablässig von Revolten der Bevölkerung seiner Zentren Kufa und Basra geschüttelt. Der letzte Fürst der omayyadischen Dynastie, Marwān II. (744–750), hat die Absicht, die Hauptstadt von Damaskus nach Ḥarrān in Obermesopotamien zu verlegen, an die Grenze zwischen der syrischen und der babylonischen Aramais. Seit dem Triumph der Abbassiden kommt Damaskus, wo die letzten Vertreter der Omayyaden gesessen hatten, als Hauptstadt nicht mehr in Frage. Die iranischen Einflüsse, die Truppen aus Chorassan, die Barmakiden, die Ratgeber aus dem östlichen Iran, sie alle tragen zur Entscheidung zugunsten Mesopotamiens bei, an der Schwelle des Iran, auf aramäischem Gebiet zwar, wo jedoch bestimmte iranische Traditionen schon in der Sassanidenzeit Wurzeln geschlagen hatten. Nach einigen Versuchen, vor allem des ersten Abbassidenkalifen Abū l-ʿAbbās aṣ-Ṣaffāḥ, eine neue Hauptstadt zu gründen – alle in Mesopotamien, bei Anbār, wo der Nahr Īsā (Jesus-Kanal) in den Euphrat mündet –, gründet der zweite Abbassidenkalif, Manṣūr, im Jahre 762 Bagdad am anderen Ende des Nahr ʿIsā, nämlich dort, wo er in den Tigris mündet. Das Gelände weist damals nur einige Dörfer und ein nestorianisches Kloster auf. Die Bevölkerung wird aus allen Himmelsrichtungen des islamischen Imperiums zusammengekarrt, aber ihr Fundament bleibt aramäisch. Über den Nahr ʿIsā und den Euphrat einerseits und die Straße, die von Bālis, dem ›Hafen der Syrer‹, aus erst Antiochien, dann Damaskus und Jerusalem erreicht, andererseits, wird die Verbindung zwischen den beiden Zentren der Islamischen Welt, Mesopotamien und Syrien, vollzogen.

Kapitel 2
Die iranische Welt

An der Grenze der semitischen Welt, die arabisch und aramäisch spricht und den schnellen Sieg des Arabischen erlebt hat, an der Grenze dieser Region der Landengen, die zu allen Zeiten den Kampf zwischen den Straßen des Persischen Golfs und des Roten Meers gesehen hat – einen Kampf, der im 20. Jahrhundert zwischen Ägypten–Syrien und Irak–Jordanien wieder aufbrechen wird –, erscheint die iranische Hochebene wie eine andere Welt, bewohnt von anderen Völkern, mit einer anderen Sprache und einer ganz anderen Kultur.

Entwicklung der Rolle des Iran

In der Sassanidenzeit bildeten der Iran und Mesopotamien eine Einheit. Die Hauptstadt des neuen Imperiums, Seleukia-Ktesiphon, lag auf aramäischem Gebiet, aber zahlreiche Wechselbeziehungen – in Schrift, Wortschatz, Techniken und Ideen – hatten zwischen beiden Regionen schon stattgefunden. Die arabische Eroberung war ein schneller Ritt auf der Jagd nach dem letzten Sassanidenherrscher, über die große Straße Mesopotamien–Iran–Zentralasien. Der Besetzung der Pässe und Schluchten des Zagros folgte die Einnahme der Oasenstädte längs der Karawanenstraße, die dem Tal des Diyāla folgt, dann die Schlacht von Nihawend im Jahre 642 und schließlich die Ermordung des letzten Sassaniden, Yazdağird III., 652 in Merw.

Die Zeit des omayyadischen Kalifats erlebte die Verwurzelung der neuen Eroberer, eine regelrechte Militärkolonisation mit Hilfe der *ağnād* (Heere), militärisch organisierter Einheiten, die sich anfangs in Lagern neben den alten Städten niederließen; daraus wurden richtige kleine Satellitenstädte mit eigener Befestigungsanlage, eigener Moschee und eigenem Markt. So entsteht eine Art Doppelstadt: auf der einen Seite der iranische Teil, die alte, autochthone Stadt mit vier Toren (pers. *šahristān,* arab. *madīna)*, und auf der anderen Seite ein neuer Vorort (pers. bīrūn, arab. *rabaḍ)*, die Stadt der Eroberer. Der Charakter der Zwillingsstadt tritt vollkommen klar hervor, besonders in Chorassan und Transoxanien bei Merw, Buchara und Samarkand. Diese Abkapselung führt sogar zur Trennung, wie in Balch, wo eine zweite Stadt, Barūqān, einige Kilometer von der alten Stadt entfernt gebaut wird.

Die ersten Parteigänger der abbassidischen Dynastie und die Ratgeber ihrer ersten Kalifen in der Mitte des 8. Jahrhunderts kamen aus dem nordwestlichen Iran, aus Chorassan und Transoxanien. Das bedeutet das Ende der militärischen Kolonisation; eine Bewegung in umgekehrter Richtung zeichnet sich ab. Der Iran entwickelt sich zu einem mächtigen Zentrum, dessen Einflüsse im ganzen islamischen Orient spürbar sind. Persische Sprache und persische Literatur erleben einen neuen Aufstieg: Ende des 10./Anfang des 11. Jahrhunderts schreibt Firdausī sein *Schahname* (Königsbuch). Man kann sogar unter den Türken Zentralasiens und Indiens eine ›Persifizierung‹ in sprachlicher Hinsicht feststellen, die sich bis zur Epoche der Großmoguln fortsetzt.

Dieser Prozeß der Iranisierung der semitischen Eroberer drückt sich auch in der Anlage der Städte aus. Er bedeutet das Ende der Zweiteilung der Städte und die Verschmelzung der beiden Zentren, die bisher nebeneinander lagen. Der *šahristān* wird wieder Regierungszentrum, Verwaltungszentrum (Gouverneurspalast, Verwaltungsbüros) und Zentrum des wirtschaftlichen (Märkte, ›Sūqs‹) und religiösen Lebens (Hauptmoschee). Um ihn herum und von ihm abhängig, als wäre das alte Zentrum endlich wiedergefunden, entstehen dicht bevölkerte, neue Vorstädte. Die Dynastien der Emire, die von Bagdad mehr oder minder unabhängig sind, entwickeln sich durch ihre glänzenden Höfe zu ebenso vielen Ausstrahlungszentren der Iranisierung. Von nun an kann man von einer wirklichen iranischen ›Diaspora‹ sprechen, die sich längs der Karawanenrouten nach Westen, Osten und Süden verbreitet.

Die Teillandschaften

Der Iran ist ein gewaltiges Gebiet von Salzwüsten, Trockensteppen und kahlen Bergketten, mit wenigen fruchtbaren Ebenen, Oasen, in denen sich Gartenkulturen und städtisches Leben blühend entfalten. Das ist der *Firdaus,* das ›Paradies‹, der Gegensatz zur Steppe. Im Herzen der Oase liegt die große Stadt, umgeben von Mauern und einem Strahlenkranz gepflegter Felder und Gärten, die mit Hilfe von Wasserstollen *(qanāt)* bewässert werden, unterirdisch angelegt, um die Verdunstung des Wassers in diesen Gegenden sengender Sonne zu vermeiden. In der Abbassidenzeit, in der die großen Unternehmungen der Sassaniden fortgeführt wurden, nehmen die bewässerten Flächen beträchtlich zu, wodurch der Aufschwung der Städte erhalten und noch verstärkt wird. Die Technik dieses iranischen Bewässerungssystems erreicht über die Wüsten und Oasen hinweg selbst Südalgerien, als *foggara,* und Südmarokko, als *ḫaṭṭāra.* Die Tuareg nennen diese Technik ›persische Arbeiten‹[4].

Die persischen Oasen verlieren sich am Fuß des inneren Saums der peripheren Bergketten oder der zentralen Bergkette, die das Land längs einer schräg verlaufenden Linie in zwei Wüstensenken teilt. Das Wasser, das aus den Bergen entspringt, wird unmittelbar und sorgfältig aufgefangen, um es in den Dienst der umliegenden bewohnten Gegend stellen zu können, einer Kette von Städten, die als Relaisstationen der Karawanenstraßen dienen. Auf diesen Straßen ziehen die großen, zweihöckrigen baktrischen Kamele, die in der Gegend von Balch, einer der Hauptstädte Chorassans, gezüchtet werden, und auch die starken iranischen Pferde, die die schwer bewaffneten Panzerreiter *(asāwira)* zu tragen imstande sind, wie sie oft auf den sassanidischen Flachreliefs zu sehen sind. Die Pferdezüchter – Kurden und Luren – beherrschen den Rand des Hochlandes, das nach Mesopotamien hin abfällt. Kurdistān und Lūristān, beides Nomadenländer, bleiben immer unabhängig von den großen bürokratischen Staaten der Ebene, von Achämeniden, Seleukiden, Parthern, Sassaniden und Kalifen. Obwohl die bewaffnete Macht der Ebene sie in Schach hielt, haben sie diese Ebene doch immer mit ihren Überfällen bedroht. So schob sich eine breite Pufferzone hirtennomadischen, wilden Lebens damals wie heute zwischen die mesopotamische Ebene und das iranische Hochland.

Drei Breschen öffneten sich in dieser Zone, drei Routen, die von den Streitkräften bewacht wurden. Zunächst in Richtung Armenien, wo die Täler von Tigris und Bitlis über Ǧazīrat Ibn ʿUmar zu den Städten Bitlis und Aḫlāṭ führen. Zweitens in Richtung Iran die große Straße von Bagdad durch das Tal des Diyāla nach Kermanschah und Hamaḏān (Ekbatana) und dann über Zanǧān und Aserbeidschan nach Armenien und Trapezunt oder nach Arrān, Derbend und Itil an der Wolgamündung; oder aber auch, nach Überquerung von Dschibal, den ›Bergen‹, nach Rayy (Teheran) und von hier aus durch Chorassan nach Zentralasien. Schließlich führte ein Reiseweg von Bagdad nach Chusistan (Dizfūl) und nach Fars (Schiras).

Eine analoge Pufferzone mit wilden, nomadisierenden Bergvölkern, Afghanen und Belutschen, die die Sassaniden aus Zentralasien hergeführt hatten, begrenzte den Iran nach der südöstlichen Seite. Auch hier waren die Straßen für Handel und Verkehr nur schmale Bänder, die von Festungen wie Balch, Herat, Qandahār und Kābul abgesichert wurden.

4 Henri Goblot, *Dans l'ancien Iran. Les techniques de l'eau et la grande histoire.* In: Annales, Economies, Sociétés, Civilisations 1963, S. 499–519.

Man muß im Iran also folgende Gebiete unterscheiden: den gebirgigen Rand und die zentrale, von Hirtennomaden bevölkerte Faltungszone, die Wüstensenken und die peripheren Oasen, die sich einerseits am inneren Saum des Gebirges hinziehen, andererseits an einem äußeren Saum, d. h. die ›äußeren‹ Gebiete des Iran: Chusistan, Arrān (Transkaukasien), Tabaristan (Südufer des Kaspischen Meeres), und endlich die Oasen Zentralasiens: Transoxanien und Choresmien (das Oxusdelta am Aralsee).

In den Marken hatte das sassanidische Imperium vier große zivile oder militärische Regierungen eingerichtet. Das waren: im Nordwesten Aserbeidschan (Atropatene), im Südwesten Fars (Persis), im Südosten Sidschistan (Sakostene), im Nordosten Chorassan. Sie entsprechen vier großen Ausfallstraßen: der aserbeidschanischen Pforte, die sich nach Armenien und dem Kaukasus öffnet, der Zagros-Pforte nach Mesopotamien, der Pforte von Qandahār nach Indien und der Pforte von Chorassan nach der turanischen Steppe, nach Zentralasien und nach China. Diese Großeinteilung des Iran wurde unter den Abbassiden beibehalten.

Aserbeidschan

Aserbeidschan ist ein gebirgiges Land; es stellt die Fortsetzung von Armenien dar und bildet den Übergang zum iranischen Hochland. Das Zentrum dieser Gebirgszone ist trocken, dennoch gibt sie Feuchtigkeit an die Senken ab, die fruchtbar werden, sobald man sie bewässert. Aserbeidschan ist auch ein Durchgangsgebiet, das die Straßen kreuzen, die über Armenien nach Trapezunt, über Hamaḏān nach Mesopotamien und über Rayy nach Zentralasien führen. Seine kommerzielle Bedeutung ist beträchtlich. In Täbris finden große Messen statt. Weiter nördlich bildet Barḏa'a in Arrān den vorgeschobenen westlichen Verteidigungsposten des Iran in Richtung auf den Paß von Derbend. Bāb al-Abwāb, das ›Tor der Tore‹, öffnet sich in einer Befestigungsmauer, deren Blöcke mit Blei verbunden sind und die die Angriffe der Chasaren und der Völker Turans abwehren soll.

Südufer des Kaspischen Meers

Eine schmale, aber hohe Barriere trennt den Iran vom Süden des Kaspischen Meeres: das Elburs-Massiv, wo ein erloschener Vulkan, der sich über Falten erhebt, der Demawend, fast 6000 Meter erreicht. Die Südseite des Elburs wird von Oasen eingefaßt, die alle Relaisstationen entlang der großen Route sind, die über Zanǧān, Qaswin, Rayy, Dāmġān und Bisṭām führt. Die wichtigste dieser Stationen ist Rayy. Ein Fluß, der Harhāz, entspringt im Gebirge, durchquert es und mündet ins Kaspische Meer; ihm zur Seite verläuft die Straße, die vom Hochland über Āmul (am Kaspischen Meer) zu dessen Hafen führt. Rayy ist der große Stapelplatz, Ausgangs- und Endstation der Karawanen nach Chorassan, Bagdad und Fars. Die Stadt ist berühmt für ihre Keramiken und besitzt erhebliche Bedeutung. Nach der mongolischen Invasion im 13. Jahrhundert siecht sie dahin und wird später von Teheran, ihrer Vorstadt, ausgestochen. Aber vom 8. bis 11. Jahrhundert spielt sie eine Hauptrolle, die Ibn Churdadhbih für die Mitte des 9. Jahrhunderts bezeugt: Rayy ist die Stadt, in die die Händler der *Rūs,* d. h. Slawen und Skandinavier, ihre Schwerter, Pelze und Sklaven bringen. Diese *Rūs* oder *Mağūs* [Normannen] führen auch die Raubzüge nach dem Süden an, denen 913 und 944 Barḏa'a zum Opfer fällt.

Im Norden des Elburs zieht sich ein schmaler Saum von Schwemmland hin, der an das Kaspische Meer grenzt. Hier gibt es wegen der Versandung nur wenig gute Häfen. Das Klima ist feucht, warm, ungesund; es macht Tabaristan zum ›Fieberland‹. Genauso Ğilān, Māzandarān und Dailam. Die wild wuchernde Vegetation von Wäldern und Dschungeln wird von Tigern und Leoparden bevölkert. Dailam bildet lange Zeit ein Reservoir von Menschen – Sklaven und Söldnern – für die Garde des Kalifen. Der Islam beginnt dort erst gegen Ende des 9. Jahrhunderts Wurzeln zu schlagen, insbesondere unter der Einwirkung der alidischen Propaganda. Seit dem Ende der Sassanidenzeit waren hier verschiedene Kulturpflanzen eingeführt worden, wie Reis, Baumwolle, Zuckerrohr, Orangen- und Maulbeerbäume (für die Seidenraupenzucht). Das islamische Kalifat gibt diesen landwirtschaftlichen und industriellen Bereichen, und damit der Urbanisierungsbewegung, einen neuen Impuls. Es sei daran erinnert, daß dieses Gebiet eine Station in der Übermittlung der Seidenraupenzucht von Zentralasien nach Aserbeidschan, Arrān und Armenien darstellte, während ein anderer Weg diese Technik unter Justinian im 6. Jahrhundert nach Nordsyrien und von dort aus in der islamischen Zeit in alle geeigneten Gebiete der Mittelmeerwelt verbreitete.

Chorassan

Chorassan umfaßt mehrere Gebirgsketten, die sich vom Elburs bis zum Pamir hinziehen, allerdings von sehr viel geringerer Höhe, weniger als 3000 Meter hoch. Zahlreiche Senken folgen einander zwischen den Faltenzonen der Gebirge, der Übergang ist hier leicht, vor allen Dingen längs der großen Seidenstraße nach Zentralasien, die ja auch die Einfallsstraße der großen Invasionen aus dem Osten (Türken und Mongolen) ist. Chorassan schützt den Iran im Osten wie Aserbeidschan im Westen. Die militärische Organisation der *Marzbāne* (Markgrafen) ist straff. Von hier nimmt um die Mitte des 8. Jahrhunderts, getragen von einer chorassanischen Armee, die abbassidische Bewegung ihren Ausgang. Am Fuß der Gebirge ziehen sich Oasenstädte hin, die von reichen Kulturen umgeben sind, vor allem Reis, Baumwolle und Getreide. Westchorassan, die Gegend von Nischapur und Ṭūs (Meschhed), ist der Kornspeicher für ganz Ostiran. Hier liegen wichtige Städte, darunter die drei ersten, die nach der iranischen Tradition, die Firdausī im *Schahname* aufgenommen hat, von Ohrmazd gegründet wurden: Balch (Baktria), Merw (Margiane) und Herat (Aria). Zu diesen dreien muß man Nischapur hinzufügen, Nēv Šāpūr (die neue [Stadt] Schapurs).

Balch liegt an den Straßen, die über den Oxus (bei Tirmiḏ oder Kālif) ins Land jenseits des Oxus führen, nach Transoxanien (*mā warā' an-nahr* – was jenseits des Flusses ist). Es liegt auch vor den Hindukusch-Pässen von Bāmiyān, Kābul und Peschawar, die über Gandhāra und Kapisa, gräko-buddhistische Königreiche, in denen sich indische und iranische Einflüsse vermischen, den Zugang nach Indien bilden. Die Handelsstraßen, die hier durchführen – einerseits nach dem Iran, andererseits nach Turan und Indien – bringen aber auch Missionare und Einflüsse unterschiedlichster Art ins Land. In diesem Gebiet verläuft einer der Hauptwege, auf denen sich von Indien her der Buddhismus ausbreitet; in umgekehrter Richtung wandern chinesische Pilger wie Hiuentsang (629 – 645). Am Paß von Bāmiyān sind riesige Buddha-Statuen aus dem Fels herausgehauen. An dieser selben Straße, und zwar wiederum in Balch, lag auch eine regelrechte buddhistische Mönchskolonie (pers. *nawbahār,* von sanskr. *nōva vihāra:* ›Neues Kloster‹), unter der Leitung eines Oberen mit dem Titel *parmak* [sanskr.: ›Vorgesetzter, Oberhaupt‹]. Nach der islamischen Eroberung konvertierte dieser *parmak* zum Islam und säkularisierte die Güter seines Klosters. Das war der Ursprung der Familie der Barmakiden, der Ratgeber der ersten abbassidischen Kalifen. Mit ihnen dringen ostiranische, indische und chinesische Sitten in Bagdad ein. Papier wird offiziell in den staatlichen Büros durch den Barmakiden Dschafar eingeführt, der 794 – 795 unter Harun ar-Raschid in Bagdad die erste Papierfabrik gründete, der Anfang einer langen Kette von Fabriken, die sich durch die ganze Islamische Welt ziehen wird. Das erste ägyptische Papier wird 796 erwähnt.

Merw (Antiochia Margiane), eine Oase mitten in der Wüste, ist eine wichtige Station auf der Karawanenroute zwischen Iran und dem Oxus, so etwas wie ein Gegenstück zu Palmyra. Der Āmū Daryā, der ›Fluß von

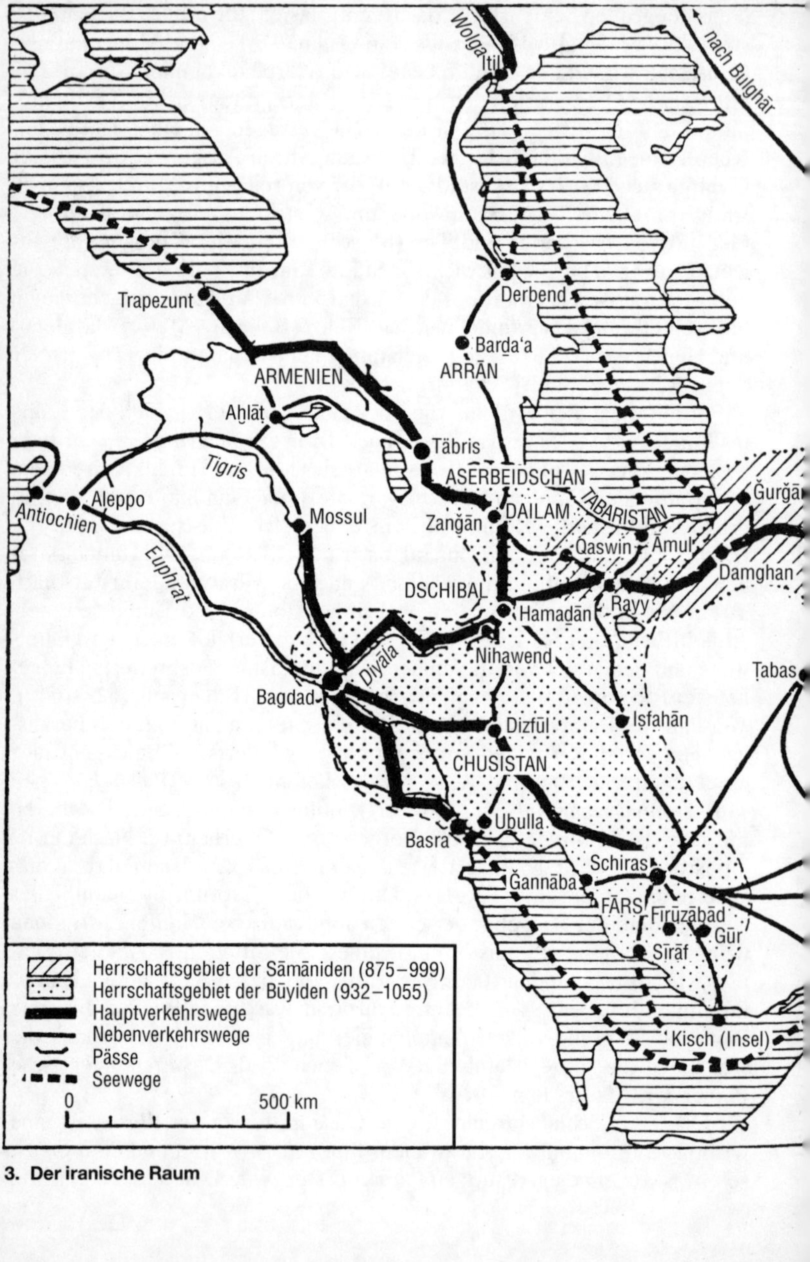

3. Der iranische Raum

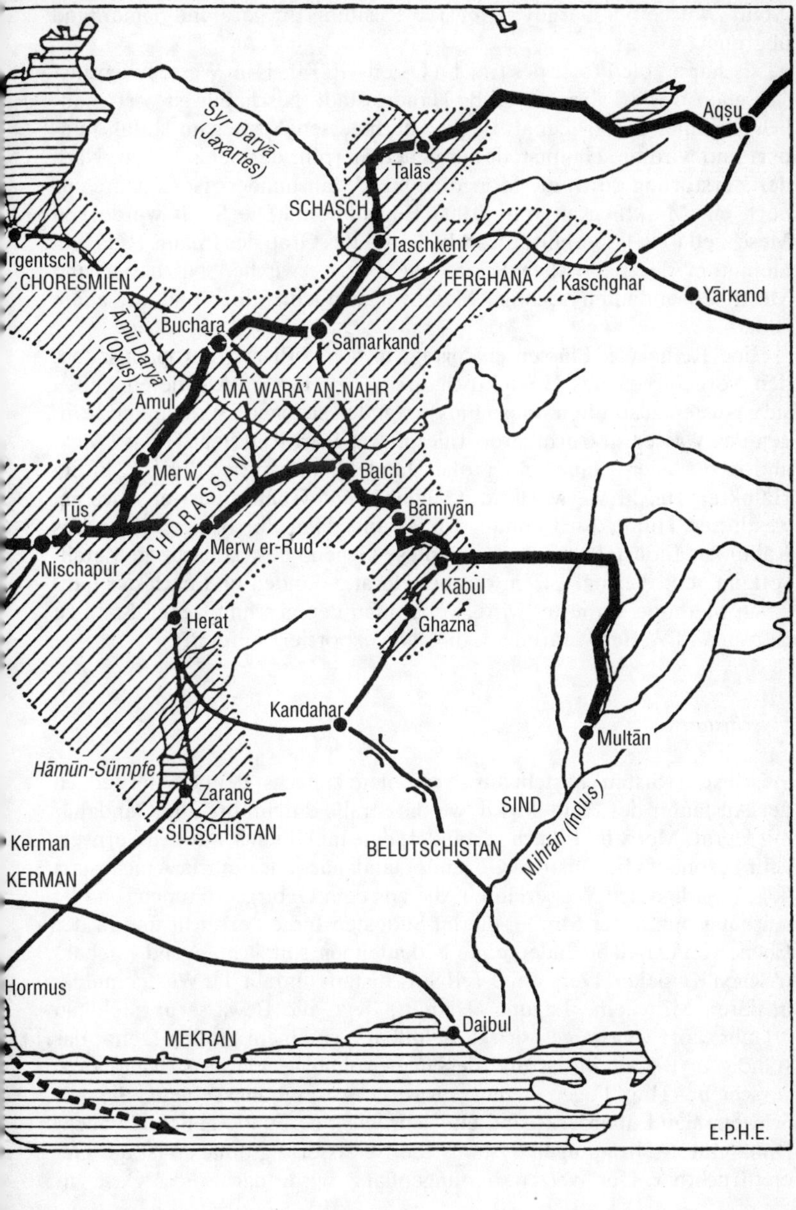
Syr Daryā (Jaxartes)
Aqṣu
Talās
SCHASCH
Taschkent
FERGHANA
Kaschghar
Yārkand
rgentsch
CHORESMIEN
Āmū Daryā (Oxus)
Buchara
Samarkand
MĀ WARĀ' AN-NAHR
Āmul
Merw
CHORASSAN
Balch
Bāmiyān
Tūs
Nischapur
Merw er-Rud
Kābul
Ghazna
Herat
Kandahar
Multān
Hāmūn-Sümpfe
Zaranğ
SIDSCHISTAN
SIND
Kerman
KERMAN
BELUTSCHISTAN
Mihrān (Indus)
Hormus
Daibul
MEKRAN
E.P.H.E.

Āmul‹, wurde bei Ǧarǧuy (Āmul) in Richtung Buchara und Samarkand überquert.

Nischapur, die Pforte des Iran im Osten wie Täbris im Westen, bewährt sich ebenso wie Täbris als große Handelsstadt. Nischapur ist wirtschaftlich wichtiger und größer als Bagdad nach dessen Abstieg im 11. Jahrhundert und wird die Hauptstadt der neuen Herren, der Seldschuken. Nach der Zerstörung durch die Mongolen im 13. Jahrhundert ist es heute nur noch ein Marktflecken von 10 000 Einwohnern. Die Stadt wurde von Meschhed (Ṭūs) überholt; Meschhed birgt das Grab des Imams Riḍā, ein Heiligtum der persischen Schia. Die Berge zwischen Nischapur und Meschhed enthalten wichtige Metallvorkommen: Silber und vor allem Blei.

Eine Reihe von Flüssen entspringt in den östlichen Paropamisaden, den Vorgebirgen des Hindukusch, trockenen Bergen, zu deren Füßen sich Wüsten ausbreiten; diese Flüsse wenden sich nach Westen und bringen das Wasser zu fruchtbaren Tälern. Am Harī Rūd liegt Herat (Alexandria in Asien), eine sehr große Handelsstadt an der Straße, die im Halbkreis Balch, Merw, Herat, Qandahār und Ghazna passiert, sich am westlichen Hindukusch entlangwindet und dann durch die Becken des Kābul das Industal erreicht. Auch diese Gegend besitzt wichtige Metallvorkommen, diesmal Eisen, das bei Herat gefunden und nach der indischen Methode verhüttet wird, wobei man den geschmolzenen Stahl zu Barren und Waffen verarbeitet, die dann exportiert werden.

Sidschistan

Sidschistan (Sīstān) besteht aus zwei Teilen: zunächst dem Gebiet südlich der Ausläufer des Hindukusch, wo die Straße durchführt, die Qandahār mit Herat, Merw und Balch verbindet, eine im Hinblick auf den Fernverkehr besonders begünstigte Gegend; Qandahār (Alexandria Arachosias) liegt zwischen den Wasserläufen, die aus dem Gebirge kommen, und ist Ausgangspunkt der Straße, die im Südosten Indien erreicht und in der Ebene von Qandābīl endet, einer bedeutenden Aufzuchtgegend von baktrischen Kamelen. Der zweite Teil Sidschistans umfaßt die Wüstenmulde, in deren Mitte eine Lagune (Hāmūn) liegt, die Bewässerungsfeldbau erlaubt; dort verzweigen sich die Flußläufe zu einem großen Delta, das ständig in Bewegung ist und dessen bewohnbare Fläche sich immerzu verschiebt. Hier liegen bemerkenswerte Ausgrabungsgebiete, die mit Schwemmland überdeckt sind und sehr wichtige Funde geliefert haben. Dank eines weiträumigen Systems von Bewässerungsanlagen ist das Gebiet fruchtbar. Der Weizen, der angepflanzt wird, macht diese Oase zur

Kornkammer des südöstlichen Mittleren Orients. Große Weideflächen gestatten die Zucht des indischen Zebu-Rindes. Rund um Zaranǧ war das Land blühend und bevölkert, aber Tamerlan zerstörte 1384 die Stadt und ruinierte das Wasserversorgungsnetz. Sofort verfiel das Land. Daran erkennt man, wie zerbrechlich der Wohlstand ist, der sich auf ein Bewässerungssystem stützt, das regelmäßige, notwendigerweise kollektive und streng kontrollierte Arbeit voraussetzt.

Mekran

Mekran im äußersten Süden, am Gestade des Golfs von Oman, ist ein Wüstenland und fast unbrauchbar. Eine Reihe von kaum überwindlichen Bergkämmen trennt das Hinterland von den wenigen kleinen Fischerhäfen, Zwischenstationen der Seefahrt vom Persischen Golf nach Nordindien. Diese Küstenoasen, in denen Palmen und Baumwolle gedeihen, spielten als Etappen auf dem Weg des Zuckerrohranbaus von Indien nach Mesopotamien eine wichtige Rolle. Hinter dem Gebirgswall verläuft im Landesinnern die Straße, die von Fars zum unteren Tal des Indus führt, durch trockenes und kaum berührtes Land mit einer wilden Bevölkerung, den Belutschen. Dennoch ziehen hier die ersten arabischen Armeen durch, um im Industal einzufallen. Nach der Eroberung von Kerman und Sidschistan im Jahre 634 – 644 richtete sich eine erste, ergebnislose Unternehmung gegen Daibul. 712 aber nimmt eine siegreiche Expedition unter dem Kommando von Muḥammad Ibn al-Qāsim, ausgesandt von Haddschadsch, dem omayyadischen Gouverneur des Irak, die Route durch Mekran bis Daibul und zieht den Mihrān (Indus) hinauf bis Multān. 872 wurde Sind an das Gebiet angeschlosen, das Ya'qūb Ibn Laiṯ aṣ-Ṣaffār (der Kupferschmied) schon besaß, nämlich Transoxanien, Chorassan, Sidschistan und Kerman. Diese Gruppierung umfaßte folglich ganz Ostiran, Transoxanien und Sind, ein Gebiet, das damit für einige Zeit einer von Bagdad fast unabhängigen Dynastie unterworfen war.

Kerman

Zwischen Mekran und Fars werden die Gebirgsfaltungen, die den Südrand der iranischen Hochebene bilden, feiner und senken sich, so daß sie einen bequemen Durchgang nach dem Innern freilassen: Das ist Kerman, ein Gebiet, das von Oman, der Ecke der arabischen Tafel, durch die Straße von Hormus getrennt wird, die übersät ist mit Inseln und Häfen. Die Insel Kisch (Qais) ist der Haupthafen des Persischen Golfs, vor allem seit dem 11. Jahrhundert, als sie die Nachfolge von Sīrāf antrat, das durch ein schreckliches Erdbeben anfangs jenes Jahrhunderts zerstört worden war. Von Hormus gehen Straßen ins Hinterland: nach Schiras und nach Fars, nach der Stadt Kerman und weiter nach Ṭabas und Nischapur, nach Zaranǧ und von dort nach Herat und Balch. Das 11. Jahrhundert ist die große Zeit von Hormus und Nischapur. Für die Portugiesen werden später Aden im Jahr 1513 und Hormus im Jahr 1515 die strategischen Punkte des Handels auf dem Indischen Ozean.

Kerman, Carmana oder Carmania bei Ptolemäus und Strabo zeigt die immer gleiche Anordnung von Oasen am Fuß langer, gebirgiger Faltungen, die das iranische Plateau in schräger Richtung absperren: eine warme Oasenzone, in der Kulturen geschützt unter Palmen gedeihen, und zwar Reis, Henna und Indigo. Die Dattelpalme dringt nach Norden bis zur Oase von Ṭabas vor, wo damals 100 000 Palmbäume gezählt werden. Man betreibt Kamelzucht, mit Herdenwanderung von den Weideflächen in der Wüste (im Winter) bis zu den kälteren Gegenden der Höhen (im Frühling). Metallvorkommen an der Seite des Gebirges ziehen eine große handwerkliche Aktivität nach sich. Eisen, Blei und Kupfer werden gewonnen und verarbeitet. Tamarisken liefern die Kohle, die zum Schmieden und zur Herstellung indischen Stahls nötig ist, der hier nach derselben Methode wie in Herat produziert wird. Marco Polo spricht von den ›ondanischen‹ (*hindawānī* – ›indischer‹ Stahl) Minen Kermans, die für die Waffenfabrikation wichtig sind.[5] Die Textilzentren der Gegend verarbeiten die Wolle der Schafherden und die Felle der Ziegen. Mit Hilfe gravierter Holzblöcke werden Stoffe bedruckt, nach einem chinesisch-indischen Verfahren, das man auch in den großen Zentren des benachbarten Fars anwendet.

Fars

Die Berge von Fars setzen das Zagros-Gebirge fort, erreichen aber nicht so große Höhen und sind auch nicht so stark gegliedert. Lange, abgeschlossene Täler liegen zwischen parallelen Kämmen, die man über hohe Pässe überwinden kann. In Fars muß man drei Regionen unterscheiden. Erstens das Küstengebiet, wo eine feuchte, entsetzliche, ungesunde Hitze herrscht und das von einem verpesteten Strand voller Kiesel und öligem Sand begrenzt wird. Einige Häfen, die zum Landesinnern nur schlechte Verbindung haben, dienen dem Handel des Persischen Golfs als Stapel-

5 Marco Polo, *The Description of the World,* Ed. und übers. von Arthur Christopher Moule und Paul Pelliot, London 1938, Bd. I, S. 118, K. 35.

plätze: die Insel Kisch (Qais), Sīrāf und Ǧannāba; Sīrāf vor allem ist der große Umschlagplatz zwischen Mesopotamien und Indien, eine wichtige Werft, auf der große Handelsschiffe aus importiertem Holz erbaut werden, Teakholz von der Westküste Indiens, auf das dann die Flotten des Persischen Golfs, Südarabiens, des Roten Meers und auch ein Teil der ägyptischen Flotten zurückgreifen, um ihren Bedarf an Baumaterial zu decken. Die Hauptaktivität des Hafens von Sīrāf fällt ins 10. Jahrhundert, nach Basra und noch vor Hormus. Die Verlagerung der großen Hafenzentren des Persischen Golfs – vom Komplex Basra-Ubulla-ʿAbbādān nach Sīrāf, dann nach Hormus, dann auf die Insel Kisch – steht mit den politischen und wirtschaftlichen Wechselfällen in Zusammenhang, mit der Qarmaṭenbewegung, der Auseinandersetzung Sāmāniden-Qarluqen, dem Abstieg von Bagdad und dem Aufstieg von Nischapur.

Über der Küste erhebt sich das Land der Schluchten, das von Bergnomaden bewohnt wird, Pferde- und Kamelzüchtern und Karawanenunternehmern, aber auch Schafhirten, die die Textilzentren von Fars mit Wolle versorgen. Auch hier bestimmt die Jahreszeit den Rhythmus, in dem die Herden auf der Suche nach Weiden umherwandern, von den warmen Gegenden der Küste über das Land der Schluchten bis zu den Gebieten des eigentlichen Fars. Fars besteht nur aus Senken, die in großer Höhe liegen und durch den paradiesischen Anblick ihrer bewässerten Oasen einen Kontrast bilden zu dem öden Eindruck der Hochebene. Die Senke von Schiras hat im 13. Jahrhundert der Dichter Saadi in seinem *Gulistān* (Rosengarten) besungen: grüne Gärten voller Pflanzen, Früchte und Blumen, Weingärten, Reben, die renommierte Weine bringen und deren Stöcke, viel früher nach Spanien verpflanzt und dort akklimatisiert, den berühmten Wein von Jerez liefern sollten. Hier, in Fars, haben seit der frühen Antike die seßhaften Kulturen der Städte Persepolis und Pasargadae geblüht. Von hier, von dieser im engeren Sinne iranischen Persis aus, nahm die erste mittelalterliche Welle der Iranisierung, die die Sassaniden anführten, ihren Lauf. Die zweite Welle sollte aus Chorassan kommen, aus dem östlichen Iran, und zwar mit den Abbassiden, aber sie war schon mit anderen – indischen und chinesischen – Elementen vermischt und weniger rein als die frühere.

Fars ist vor allen Dingen ein großes Zentrum der Textilindustrie, zusammen mit Chusistan und dem ägyptischen Delta das bedeutendste der Islamischen Welt. Hier haben sich die alten iranischen Traditionen erhalten, vor allem die Technik der Nadelstickerei, die mit Metallstücken, Edelsteinen und Perlen arbeitet, das sogenannte *sūsanǧird*. Neue Techniken wurden jedoch in der islamischen Zeit aus Ägypten und Armenien eingeführt: Jetzt produziert man Dabīqī-Stoffe (nach Dabīq in Ägypten) und armenische Teppiche. Weit um Schiras sind eine ganze Reihe kleiner

Zentren der Textilindustrie verstreut, wie Fasā, Dārābǧird, Fīrūzābād (Gūr); die letztgenannte Stadt produziert auch ein Rosenwasser, genannt *gūrī* (aus Gūr), das in die ganze Welt exportiert wird.

Dschibal

Zu unserem Ausgangspunkt, dem Rand des Zagros, kommen wir nun zurück über eine dichte Gebirgszone, mehr als 1000 km lang und 200 km breit, eine Art dicken, großen Polsters aus gewaltigen parallelen Faltungen, die zur Abbassidenzeit den Provinznamen *al-Ǧibāl* (die Berge) führte. Durch eine Einbuchtung, die als Verbindungsweg zwischen dem iranischen Hochland und der mesopotamischen Ebene eine wichtige Rolle spielt, stößt ein einziger Fluß, der Diyāla, pfeilgerade aus dem Innern dieser Kette hervor. An der Mündung dieser natürlichen Straße liegt Bagdad, der iranische Brückenkopf im aramäischen Land, wie vorher Seleukia-Ktesiphon unter den Sassaniden, aber größer. In der Rundstadt öffnen sich vier Tore, deren Namen die Hauptrichtungen der Verkehrsverbindungen andeuten: im Nordosten das Chorassan-Tor, im Südosten das Basra-Tor, im Südwesten das Kufa-Tor, im Nordwesten das Syrische Tor. Die Straße, die von Chorassan herführt, ist der Triumphweg der neuen abbassidischen Dynastie. Es ist die alte, historische Straße, die an Kermanschah, dem Berg Behistun und Nihawend vorbeizieht, wo die Muslime gegen die persischen Truppen die entscheidende Schlacht schlugen (642), die ihnen erlaubte, den Vormarsch nach Hamaḏān (Ekbatana) zu erzwingen. Hinter Kermanschah nimmt sie den Paß von Zagha (2340 m), steigt dann den Rand des Gebirges nach Hamaḏān hinunter, auf eine Ebene, von der die Straßen nach Rayy und Zanǧān ausgehen. Steinige, öde Abhänge bilden den inneren Saum dieses gewaltigen, gebirgigen Polsters. Allerdings entstehen einige Oasen dort, wo die Wasserläufe aus dem Gebirge heraustreten: Hamaḏān und Iṣfahān, die durch Karawanenstraßen mit Fars im Süden und Rayy sowie Hamaḏān im Norden verbunden sind, beide an der großen Straße Chorassan–Mesopotamien.

Dschibal besitzt entscheidende Bedeutung für die Verkehrsverbindungen des Abbassidenkalifats mit dem Iran. Ibn Churdadhbih, der Postmeister *(ṣāḥib al-barīd)* von Dschibal unter dem Kalifen al-Mu'tamid (870 – 892) war, hat in seinem *Kitāb al-masālik wal-mamālik* (Buch der Wege und Reiche) die großen Straßen, die strahlenförmig von Bagdad ausgehen, beschrieben. Ein Postmeister war ein wichtiger Verwaltungsbeamter und zwangsläufig genau informiert; er kontrollierte die offiziellen Kuriere, überwachte mit Hilfe des Sicherheitsdienstes die anderen

Beamten und besaß direkten Zugang zu den zentralen Verwaltungsstellen. Das Werk von Ibn Churdadhbih, eine Kompilation für den Gebrauch seiner Untergebenen, erlaubt, das Wegenetz der damaligen Zeit sehr genau nachzuzeichnen.

Randzonen und Fernverbindungen

Die Drehscheibe Zentralasien

Die Drehscheibe Zentralasien bildet das kulturelle und wirtschaftliche Reservoir der Abbassidenzeit. Die Bedeutung Zentralasiens gründet sich auf die Straßen, die sich sternförmig von hier ausbreiten; die Religion des Islam hat zunächst keinen Nutzen von diesem Gebiet, lediglich der Wirtschaftsraum wird vergrößert. Die Oasenstädte Chorassans und Choresmiens mit ihren sorgfältig instand gehaltenen Bewässerungssystemen befanden sich schon unter den Sassaniden in voller Blüte; dort lebten reiche Kaufleute mit einem weitverzweigten Netz von Handelsbeziehungen. Ihre Sprache war eine Handelssprache, das Soghdische. Die Etablierung der Herrschaft des Islam spornte die kommerzielle Unternehmungslust weiter an. In Balch, Merw, Buchara, Samarkand und Kaschghar entstanden Kaufmannskolonien. Der Austausch von Menschen, Waren, Ideen und Techniken verdichtete sich. Die verschiedenen Einflüsse liefen nebeneinander her, mischten sich dann in den Oasenstädten des Iran, kleinen Inseln, die immer von Überfällen der Nomaden Turans bedroht waren. Lange Mauern von mehreren hundert Kilometern Umfang schützten die Oasen und ihre Kulturen, so seit der Sassanidenzeit in Buchara, Samarkand und Derbend – wie in China die große Mauer oder auf der Krim die Mauer Justinians. Aber diese Mauern sind unwirksam gegen die großen Invasionen. Im Vorfeld errichtet daher der Islam einsame Posten, die Ribāṭe, vorgeschobene Stationen für Angriff und Verteidigung, eine Art von Klöstern für die Kämpfer des Glaubens. Von hier aus nimmt die Islamisierung der Steppen mit Feuer und Schwert später ihren Anfang, was eine gewisse Analogie zu den Feldzügen der Deutschordensritter im slawischen Gebiet vorweist. Ferghana stand lange Zeit unter der Herrschaft der T'ang, die hier das Papier und die Technik des Holzblockdrucks einführten. Aber die Schlacht am Talās im Jahre 751 setzte der Sinisierung ein Ende. Gleichzeitig sickern türkische Stämme ein. Bald werden sie herrschen, aber schon jetzt kann man erleben, wie die Türkisierung wirklich und tatsächlich über die Sprache voranschreitet.

In Zentralasien machen sich kurzgesagt drei Einflüsse bemerkbar: chinesische in der Technik, islamische in der Religion und türkische in der Sprache. Im 8. bis 9. Jahrhundert hatten sich die Türken im Gebiet des Talās festgesetzt, in Schasch [Taschkent], Ferghana und Kaschgharien. Im 11. Jahrhundert überfallen sie Transoxanien, dann ganz Ostiran, stoßen nach Syrien und Anatolien vor und gründen das seldschukische Reich. Aber diese Türken waren iranisiert, und das, was sie bis an die westlichen Grenzen ihrer Eroberungen trugen, ist immer noch die iranische Kultur, allerdings mit einigen Einsprengseln der rein türkischen Reiternomadenkultur. Ohne danebenzugreifen, kann man von türkischen Stationen der Iranisierung sprechen.

Religiös betrachtet sind diese türkischen Eroberer bis zum Ende des 9. Jahrhunderts Schamanisten, Manichäer – wie die Uiguren – oder sogar nestorianische Christen – wie die Kerait am Anfang des 11. Jahrhunderts. Gegenüber den Religionen der alten iranischen Städte, die dem Buddhismus, Mazdaismus, Manichäismus, Nestorianismus oder Judentum treu bleiben, sind sie tolerant. Die Sāmāniden nehmen aber von der Mitte des 10. Jahrhunderts an die Islamisierung in Angriff.

Zwischen Iran und der türkischen Steppe, dem Gebiet, in dem nach der Schlacht am Talās der chinesische Einfluß vor dem Islam zurückweicht, finden viele wichtige Völkerbewegungen statt. Die buddhistischen Tibetaner ziehen nach Norden, die Türken – manichäische Uiguren, schamanistische Uiguren und Ghuzz – stoßen nach Süden bis Choresmien vor. Diese Völkerschaften sind noch nicht islamisiert und bilden ein reiches Reservoir für Sklaven, *bilād al-Atrāk* (das Land der Türken), in dem sich die Händler bedienen, in das aber auch von den Ribāṭen aus Razzien gestartet werden.

Mitte des 10. Jahrhunderts nimmt ein Clan der Ghuzz an den Ufern des Syrdaryā [Jaxartes] den Islam an und bildet die erste türkische Dynastie, die der Qarachaniden. Am Ende des 10. Jahrhunderts konvertiert ein zweiter Clan zum Islam; er errichtet das Sultanat der Seldschuken, das nach dem Fall der Sāmāniden die Herrschaft über Chorassan an sich bringt. Ein weiterer türkischer Clan, die Kiptschak, besetzt Südrußland (1054) und jagt die Petschenegen bis zum Balkan. Als Polovzer [Kumanen] blockieren sie dann die Handelsstraßen, die über die russischen Ströme führen.

Die Straßen der eurasiatischen Steppen

Die Verkehrsverbindungen zu den eurasiatischen Steppen gehen vor allem von Itil am Kaspischen Meer aus, laufen dann längs der Wolga, an der die Chasaren saßen, und außerdem über den Dnjepr, den die Kiewer Rūs hielten. Wenn man diese Flüsse hinaufzieht, erreicht man den großen nordischen Waldgürtel, an dessen Rändern die Bulgaren leben, eine türkische Völkerschaft, die noch nicht ganz seßhaft geworden ist. Ihre Hauptstadt Bulghār, am Zusammenfluß von Wolga und Kama, am Saum der Wälder aus Holz erbaut, ist nur Winterquartier. Nicht weit davon steht später Kasan. Bulghār (Hauptstadt von Großbulgarien) wurde schon früh zum Islam bekehrt.

Die Burṭās waren Halbnomaden wie die Bulgaren. Eine erste Islamisierung strahlt vom islamischen Viertel Itils – in der Nähe des künftigen Astrachan – aus. Der Chaqan der Chasaren konvertiert zum jüdischen Glauben. *Madīnat al-Burṭās* (die Stadt der Burṭās) ist wie Bulghār eine Mündungsstadt: Hier, am Rand der großen Wälder, mündet die Oka in die Wolga. Später wird an dieser Stelle Nischni Nowgorod entstehen.

Im Innern der großen Wälder leben Finnen, Finno-Ugrier und Slawen; es ist das Gebiet, das die Araber *bilād aṣ-Ṣaqāliba* (das Land der Slawen) nennen, das zweite große Reservoir von Sklaven, das sich bis zu den Waldgebieten Germaniens und Illyriens zieht. Abgesehen von Sklaven werden von hier importiert: Honig, Pelze, weiches, bulgarisches Leder, das zur Fabrikation von Reitstiefeln dient, und Produkte aus Ahornholz *(ḫalanǧ)*. Über Burṭās, Bulghār und Kiew führt der Weg über die Flüsse zurück nach Itil am Ufer des Kaspischen Meeres, dann nach Tabaristan und weiter nach Rayy. Eine andere Route erreicht von Burṭās und Bulghār aus durch die Steppe direkt Choresmien und Chorassan. Beide Straßen standen zueinander in Konkurrenz.

Die Beziehungen zu Indien und China

Die islamische Eroberung von Sind begann 712 von Süden her. Aber erst von 751 an, nach der Schlacht am Talās, drangen die Eroberer über die Pässe des Hindukusch nach Indien vor, und zwar sehr langsam. Das Gebiet hinter Balch, Tocharistan, eine gebirgige Sperre mit wilden Völkerschaften, wurde im 9. Jahrhundert abschnittweise in Angriff genommen: von den Ṭāhiriden, dann von den Ṣaffāriden, die sich schließlich in Kābul einrichteten. Von dieser Stadt aus beginnt die Islamisierung der Bergvölker von Kāfiristān (*Kāfir* bedeutet ›Ungläubiger‹, vgl. die ›Kaffern‹ in Afrika). Alle diese aufsässigen Völkerschaften bilden ebenfalls ein Reservoir von Sklaven. Aber nach und nach, ein Tal nach dem andern, werden immer mehr Übergänge beherrscht, beispielsweise der Paß von Ghazna auf der Straße von Kābul nach Qandahār. Hier setzen sich die Türken fest und bilden mit den Ghaznawiden 962 die erste unabhängige türkische Dynastie auf iranischem Gebiet. 1014–1025 erobern und islamisieren sie Nordindien; hierher werden sie sich dann zurückziehen, wenn der Druck der Seldschuken sie aus Zentralasien und Ostiran vertreibt.

Nach China boten sich vom Iran aus zwei Straßen an: eine nördliche über Taschkent, die Stadt Talās und den Aqṣu, und eine andere südlich über Ferghana, Kaschghar, Yārkand und Chotan. Beide treffen sich in Tuen-huang und bilden dann bis zur großen Mauer und der Hauptstadt der T'ang eine einzige Straße. Im 8. Jahrhundert wird der Landhandel durch Überfälle gestört, die die Tibetaner auf die Oasen der nördlichen Route veranstalten. Aber zu dieser Zeit hat die Seeroute nach China schon größere Bedeutung gewonnen, die vom Persischen Golf nach Kanton führt, wo sich seit dem 8. Jahrhundert Kolonien islamischer und jüdischer Händler gebildet haben. Im 9. und 10. Jahrhundert wird die Ordnung auch auf den Kontinentalrouten wieder hergestellt. Die Tibetaner kommen zur Ruhe und nehmen den Buddhismus an. Zwischen dem islamischen und dem chinesischen Kosmos übernehmen die türkischen Nomaden Begleitung und Bewachung der Karawanen. Der Handel lebt wieder auf. Al-Mas'ūdī schätzt [um 950] die Dauer einer Reise nach China auf vier Monate. In diese Epoche muß man den Ursprung der islamischen Gemeinden in Nordchina datieren.

Die Bedeutung der Verkehrsknotenpunkte: das Fürstentum der Sāmāniden

Schon vor den Sāmāniden hatte sich die Einheit Ostirans unter den Ṭāhiriden (820 – 872), die Kerman und Rayy besetzten, und unter den Ṣaffāriden (867–1003) skizzenhaft angedeutet, die es mit Ya'qūb Ibn Laiṯ (867– 879), der schon Gouverneur von Sidschistan ist, zwar schaffen, das Gebiet von Herat, Transoxanien und Fars an sich zu bringen, aber dann doch scheitern. In dieser Zeit kämpfen die Sāmāniden mit den Buyiden. Zwischen diesen vier Dynastien gibt es unaufhörlich Streitereien, die zwar selbst für die Ereignisgeschichte von geringem Interesse sind, aber die End- und Ausgangsstationen der Karawanenstraßen zum Gegenstand haben und mit der Beherrschung der kontinentalen Verbindung Asiens in Zusammenhang stehen. Das Fürstentum der Sāmāniden (875 – 999) ist ein Staat, der von der Beherrschung der Straßen und von der Sklavenjagd lebt.

Der Ahn der Sāmāniden, einer iranischen Adelsfamilie, ist Sāmān Ḫudāt, Gründer der Stadt Sāmān bei Balch. Die neue Dynastie versucht, über den Islam hinaus an die Sassaniden anzuknüpfen, ein Beweis für eine persische Renaissance; die westlichen Dynastien ihrerseits suchen dann ihre Verwandtschaft mit dem Propheten zu erweisen. Nachdem sie zum Islam übergetreten waren, stellten sich die Nachkommen Sāmāns in den Dienst der Abbassiden. Es sind vier Brüder, die 820 von al-Ma'mūn zu Gouverneuren ernannt werden, mit Sitz in Samarkand, Ferghana, Schasch und Herat. 892 ist Ismail I., Ibn Aḥmad, allein übriggeblieben, seine Hauptstadt Buchara stellt Samarkand in den Schatten. 893 nimmt er die Stadt Talās auf einem Kriegszug gegen die Türken. Im Jahre 900 zieht er in Chorassan ein. 902 nimmt er Tabaristan (Rayy, Qaswin) ein, das ihm den Weg zum Kaspischen Meer und nach Bagdad freimacht. Der Höhepunkt der Dynastie wird unter der Herrschaft Naṣr II. (913 – 942) erreicht, dessen Fürstentum sich bis Talās, Ferghana und Kaschgharien im Osten, bis Choresmien und Bulghār im Norden, bis Rayy und zum Kaspischen Meer im Westen und bis Sidschistan und Qandahār im Süden erstreckt. Stabilisierung und Beginn der Dekadenz folgen unter Nūḥ I. (943 – 954), der mit den Buyiden um den Besitz von Rayy kämpft.

Auch das Emirat der Buyiden (932 –1055) erhebt Anspruch auf sassanidischen Ursprung. Es stützt sich auf dailamitische Söldner und versucht seinerseits, die Straßen nach Zentralasien zu beherrschen. Einer seiner Emire nimmt Rayy, Iṣfahān, Schiras und Sīrāf ein, besetzt Dschibal und zieht schließlich 945 in Bagdad ein. Hier hält sich der buyidische *amīr al-umarā'* (Emir der Emire, Fürst der Fürsten) bis zur Ankunft der Seldschuken im Jahre 1055.

Mit dem Verlust der Straßen nach Westen, dann auch der nach Süden, beginnt der Abstieg der Sāmāniden. Die Ghaznawiden, lokale Häuptlinge, die sich auf türkische Söldner stützen, bemächtigen sich Kābuls und Tocharistans im Jahre 977. Mit ihnen beschützt nicht mehr ein iranischer, sondern ein iranisierter türkischer Staat die persischen Schriftsteller und setzt so die Rolle der Sāmāniden auf intellektuellem Gebiet fort. Es ist ein ›Straßenstaat‹, er bringt die Kontrolle über die Pässe des Hindukusch und von Chorassan an sich und erobert dann 1030 Choresmien, Ğurğān und Rayy, das er den Buyiden wegnimmt. Schließlich besetzen die Ghaznawiden Nordindien und ziehen sich nach dem seldschukischen Vorstoß dorthin zurück.

Die Basis des Reichtums der sāmānidischen Großstädte bildet der Sklavenhandel: Merw, Nischapur, Rayy, Balch, Buchara, Samarkand und Herat handeln mit slawischen Sklaven, die über Choresmien geliefert werden, mit indischen Sklaven, hauptsächlich über Kābul importiert, und mit türkischen Sklaven, die zum größten Teil über die zentralasiatischen Grenzstationen eingeführt werden. Viele dieser Sklaven werden, nachdem sie zu Eunuchen gemacht wurden oder eine militärische Ausbildung erhalten haben, weiterverkauft und erreichen Kommandoposten im Sāmānidenreich, bis dann ungezähmte Mamluken dessen Sturz herbeiführen. Die Gewohnheit, sich mit türkischen Sklaven und Garden zu umgeben, war ein iranischer Brauch. Die Barmakiden, vor allem Faḍl Ibn Yaḥyā [gest. 808], trugen dazu bei, diese Mode einzuführen, wodurch sich die Islamische Welt immer mehr türkischen Einflüssen öffnete. Unter al-Ma'mūn [813 – 833] muß der ṭāhiridische Emir von Chorassan als Tribut 2000 Sklaven stellen, die die Leibgarde des Kalifen bildeten. Unter diesem Kalifen werden ihnen Kommandostellen noch nicht anvertraut, aber unter al-Mu'taṣim (833 – 842) können sie Offiziere werden. Die Unruhen, die 70 000 Türken in Bagdad provozieren, veranlassen den Kalifen 836 zur Gründung Samarrās, um ihnen zu entkommen. Später kehrt al-Mu'tamid [870 – 892], da er doch wieder Gefangener der Türken geworden ist, nach Bagdad zurück. Aḥmad Ibn Ṭūlūn [868 – 884] ist der Sohn eines türkischen Sklaven, der aus Buchara gekommen war: in Ägypten gründet er die Dynastie der Ṭūlūniden [868 – 905]. 935 wird der Ichschid, Abkömmling eines türkischen Sklaven aus Ferghana, seinerseits in Ägypten Gründer der Dynastie der Ichschididen [935 – 969]. Die Bedeutung der Sklaven aus Ferghana für die Garde des Herrschers ist in Byzanz ebensogroß wie in Bagdad.

Seit der Etablierung der Sāmāniden gewinnt der Prozeß der Türkisierung an Umfang. Die Türken bilden in Buchara die Garde. Massive Sklaveneinkäufe werden an den Grenzen der rivalisierenden Clans getätigt. Von den *Ribāṭen* aus werden Überfälle auf die benachbarten Völkerschaften organisiert. Es melden sich aber auch Freiwillige, die Grenze zwischen Sklaven und Söldnern ist schwer zu ziehen. Die einen wie die anderen werden im Land selbst eingesetzt oder nach Westen geschickt, wobei beim Überschreiten des Āmū Daryā Zoll bezahlt werden muß. Im ersten Jahr dient der Sklave zu Fuß und lebt in der Kaserne; im zweiten Jahr gibt ihm der General *(ḥāğib)* ein Pferd; im dritten bekommt er einen besonderen Gürtel, eine Auszeichnung wie bei uns Kragenspiegel oder Sterne; im fünften einen Sattel und schönere Waffen; im sechsten eine Paradeuniform; im siebten erhält er das Kommando über ein Zelt und das Recht, besondere Insignien, d. h. die hohe Pelzmütze, zu tragen. Er kann als oberster *Ḥāğib* an die Spitze der Regierung treten. Aber das ist die theoretische Karriere, der in der Wirklichkeit häufig Intrigen entgegenarbeiten. Das Fürstentum der Sāmāniden ist eine iranisch-türkische Gesellschaft, aber seine Kultur ist iranisch. In Ostiran und in Transoxanien war das 10., das sāmānidische Jahrhundert ein bedeutender Augenblick für die Renaissance des Iran in Sprache, Literatur und Wissenschaften.[6]

6 Charles Adrien Casimir Barbier de Meynard, *Tableau littéraire du Khorassan et de la Transoxiane au IVe siècle de l'Hégire*. In: Journal Asiatique, 5e série, II 1853 und III 1854.

Weiterbestehen der iranischen Basis

Die ersten bekannten Texte, in denen die persische Literatursprache [der islamischen Zeit] voll ausgebildet erscheint, findet man in Chorassan. Diese Sprache, das Neupersische *(farsī)*, hat nicht einen autochthonen Dialekt zur Grundlage, sondern einen Dialekt der Provinz Fars, der hierher übertragen wurde. Zu welcher Zeit ist diese Wanderung von Fars nach Chorassan vor sich gegangen? Nach Christensen[7] seit der Sassanidenzeit, aber wahrscheinlicher während der ersten Jahrhunderte der islamischen Herrschaft. Ṭāhir Ibn al-Ḥusain [gest. 822], der Begründer der Dynastie der Ṭāhiriden, spielte bei der Übernahme und Entwicklung dieser Sprache ohne Zweifel eine Rolle. Die Sāmāniden schufen in ihrer Hauptstadt Buchara eine Bibliothek und zogen Literaten und Wissenschaftler an ihren Hof. Unter Naṣr II. (913–942) lebte Rūdakī, der erste persische Dichter, über den wir einige Informationen besitzen und von dem einige Fragmente erhalten sind, so die alte Hindu-Fabel von Kalila und Dimna, übersetzt in neupersische Verse. Diese Fabel war schon unter Chosrau Anuschirvan [531–579] ins Mittelpersische und unter den ersten Abbassiden von dem Perser Ibn al-Muqaffa‘ [gest. 756] ins Arabische übersetzt worden. Aber wenn auch unter den Ṭāhiriden und Ṣaffāriden schon lyrische Gedichte auf Neupersisch verfaßt worden sind, so nahm doch erst unter den Sāmāniden die neupersische Sprache ihren großen Aufschwung.

Ein zweites Problem ist der Ursprung der Form der neupersischen Poesie. Das iranische silbische Metrum unterwirft sich der quantitierenden Prosodie der vorislamischen Dichtung, die auf lange und kurze Silben gegründet ist. Das Vorbild ist also arabisch. Unter al-Manṣūr (961–976) übersetzt sein Wesir Belami die Annalen ins Persische, die Ṭabarī [gest. 923], ein Perser aus Tabaristan, arabisch geschrieben hatte. Das ist der Beginn der persischen Prosa. In Buchara schreibt Ibn Sīnā (Avicenna) seine großen wissenschaftlichen Werke auf Arabisch – das Arabische war immer die Wissenschaftssprache, wie das Lateinische bis zum 18. Jahrhundert in Europa –, aber auf Persisch verfaßt er eine Zusammenfassung seiner Philosophie.

Der sāmānidische Fürst Nūḥ II. (976–997) war ein Förderer der persischen epischen Dichtung. Alte sassanidische Annalen in Pehlevi [Mittelpersisch] mit zum Teil legendären Berichten, die aber sehr wichtig sind, weil sie Hinweise über alle möglichen Dinge enthalten, waren ins Neupersische übersetzt worden. Nūḥ II. veranlaßte den Dichter Daqīqī, davon

7 Arthur Christensen, *L'Iran sous les Sassanides*, 2. Aufl. Kopenhagen 1944 [Nachdruck 1971], S. 44f.

eine Übersetzung in Versen zu machen. Daqīqī wurde ermordet, kurz nachdem er die Arbeit begonnen hatte, sie wurde dann von Firdausī fortgeführt, der um 932–934 im Vorort von Ṭūs geboren war, einer Stadt, von der heute nur noch die Ruinen bei Meschhed erhalten sind. Die erste Redaktion des *Schahname* (Königsbuchs) wurde um 994 abgeschlossen. Überarbeitungen und Erweiterungen zogen die Beendigung bis 1010 hin; das gesamte Werk, 50 000 Distichen, ist achtmal so umfangreich wie die Ilias. Aber die Zeit ist unruhig, das Sāmānidenreich zerbricht. Firdausī wendet sich also dem neuen ›Haupt‹ der iranischen Kultur zu, Maḥmūd von Ghazna [998–1030], und widmet ihm seine 100 000 Verse. Maḥmūd brachte nicht den Mut auf, sie bis zu Ende anzuhören. Unzulänglich belohnt und verletzt setzt Firdausī daraufhin an den Anfang seines Werkes ein Gedicht statt der glorifizierenden Widmung und flüchtet.[8] Er stirbt dann vergessen in Ṭūs, zwischen 1020 und 1025. Diese literarische Anekdote ist bezeichnend: Die neuen türkischen Herren sind nur oberflächlich iranisiert. Dennoch dringen dank der Ghaznawiden persische Einflüsse in Nordindien ein.

Folglich kann man mehrere Phasen der Iranisierung unterscheiden. Eine erste iranische Diaspora findet kurz vor und auch nach der arabischen Eroberung statt. Von ihr ist nur wenig, und zwar durch das Echo bei den späteren Historikern und Geographen, bekannt. Parsengemeinden setzen sich an der westlichen Küste Indiens fest, in Gudscharāt und Bombay, vor allem seit dem 8. Jahrhundert. Schon vor der arabischen Eroberung gab es iranische Gründungen an der ostafrikanischen Küste, sie werden dann durch auswandernde Perser verstärkt. Die zweite iranische Diaspora folgt der abbassidischen Bewegung. Sie geht durch das ganze Islamische Imperium bis nach China und in den islamischen Westen. Persische Kapitäne *(nāḫudā)* werden in die syrischen Küstenstädte deportiert und bringen die maritimen Techniken des Indischen Ozeans mit. Der Schriftsteller Ya'qūbī [gest. 897] und vor allem Rustem, der Begründer der Dynastie der Rustemiden [761–909] in Tahert in Nordafrika, sind Perser. Die dritte iranische Diaspora ist dann das Werk der iranisierten Türken, der Ghaznawiden, später der Seldschuken, und breitet sich bis Anatolien aus.

8 Aus dem Gedicht zwei Zeilen:
»In Wahrheit dieser Maḥmūd, dieser Pilz
des Glückes ist kein König, nein ein Filz.«
Übersetzung Adolf Friedrich von Schack, *Heldensagen von Firdusi,* Stuttgart 1865, S. 68ff. (Anm. d. Ü.)

Kapitel 3

Der islamische Westen

In den alten Ländern des Ostens mit antiker Kultur, Iran, Syrien, Mesopotamien und Ägypten, läßt sich in der Entwicklung von Städten, Handwerk und Künsten keine Unterbrechung zwischen der byzantinisch-sassanidischen und der islamischen Epoche (8.–11. Jh.) feststellen. Islamisierung (Religion), Arabisierung (Sprache), Semitisierung und Iranisierung (geistige Bezugssysteme, Methoden, Techniken, Ideen, künstlerische Formen): Alle Bewegungszentren, alle Herde, von denen aus die Einflüsse nach Westen gelangen, liegen im Orient. Der islamische Westen, der diese Einflüsse aufnimmt – Ifrīqiya, der Maghreb, Sizilien und Spanien –, besteht dagegen aus barbarisierten, verbauerten oder ins Nomadentum zurückgefallenen Ländern, in denen die punische oder römische Vergangenheit überdeckt und an manchen Orten sogar ausgelöscht ist. Die Schrumpfung der Städte, die auf die große Krise des Spätrömischen Reiches folgt, wird durch die Invasion der Barbaren noch verstärkt. Einige städtische Zentren bleiben allerdings erhalten: Karthago, Volubilis, Tingis, Septem, Gades, Malaca, Hispalis, Corduba, Toletum, Caesarea Augusta, Panormus. Aber diese Städte, die sich ebenfalls in Regression befinden, werden in Spanien und Sizilien einerseits beschränkt durch die Ausbreitung des Bauerntums und der Formen des ländlichen Lebens und andererseits in Nordafrika durch die Ausbreitung des Nomadentums und die Vergrößerung der Gebiete, die die Kamelzüchter durchziehen. Wir werden den beschränkten Umfang, die Schwäche und den prekären Charakter der Wiedereroberung Justinians noch sehen.

Gegenüber den alten zivilisierten Ländern, die durch die sehr lange Ausbeutung ihrer Ressourcen erschöpft sind, bieten die jungen und verjüngten Länder des islamischen Okzidents neue wirtschaftliche Möglichkeiten, ein noch intaktes menschliches Potential und fette, vielversprechende Ressourcen. Diese neuen Länder ziehen die Orientalen an. Ihre Herren, die Omayyaden von Spanien, die Idrissiden des *Maġrib al-aqṣā* (Äußerster Westen), die Rustemiden des *Maġrib al-ausaṭ* (Mittlerer Westen), und die Aghlabiden und Fāṭimiden von Ifrīqiya versuchen ihr Glück hier in Gebieten echter, ferner Kolonisation. Zu ihren Höfen strömen Abenteurer jeden Schlages, Kaufleute, auch Literaten, die von den hohen Zuwendungen angezogen werden, die zu gewinnen sind, von den vakanten Stellen, die in diesen neuen islamischen Staaten des Okzidents zu besetzen sind, vor allem am Hof von Cordoba, wo noch keine autochthone intellektuelle Blüte existiert wie im Osten. Sie werden die Pioniere der orientalischen Kultur und bringen das Wissen des Orients in den Okzident.

Nordafrika

Die Jahrhunderte, die der islamischen Eroberung vorangingen, hatten in Nordafrika die städtische Zivilisation vor dem Nomadentum zurückweichen sehen. Dieser Prozeß war durch die Wiedereroberung Justinians nicht aufgehalten worden; etwas mehr als ein Jahrhundert der Wiedereinfügung (533 – 647), und zwar nur eines kleinen Teils des Landes, ins Byzantinische Reich konnte die zunehmende Drosselung des städtischen Lebens nicht aufhalten. Das Territorium der Städte, das umliegende ernährende Land, die Zufahrtswege zu den Castella, d. h. kleinen befestigten Posten, wurden immer stärker von den berberischen Nomaden eingezingelt. Razzien und Strafexpeditionen lösen einander ab. Die byzantinischen Heerzüge werden auf die Verbindungskorridore zwischen den Gebirgsmassiven beschränkt; in den Massiven selber werden die seßhaften Berber immer unabhängiger. Nie dringen die Byzantiner auf die Hochebenen und in die Wüste vor, wo die kamelzüchtenden Stämme frei umherziehen.

Dieser Verkleinerung des Gebiets, in dem die Wirkung der Stadt spürbar wird, entsprechen ganz natürlich eine Beschleunigung und Ausweitung des Prozesses der Entromanisierung und des Wiederauflebens der berberischen Vergangenheit – eine Entwicklung analog derjenigen, die wir in Syrien und Ägypten festgestellt haben, wo nach der Enthellenisierung die alten aramäischen und koptischen Formen wieder zum Vorschein gekommen waren. Während aber in der Levante die alte städtische, kulturelle Vergangenheit wiederersteht, blüht hier im Westen eine barbarische und nomadische Tradition wieder auf, wobei nur die Reit- und Lasttiere gewechselt werden: Das Dromedar wird neu eingeführt. Auch dieser Prozeß der Rebarbarisierung, der schon lange begonnen hatte, wird durch die byzantinische Rückeroberung nicht unterbrochen. Immer mehr Berber legen das Lateinische und das Punische ab – übrigens beide überwiegend Stadt- und Schriftsprachen – und kehren zum Berberischen zurück, einer hamitischen, altlibyschen Sprache, die mit den semitischen oder indogermanischen Sprachen nichts zu tun hat, vor allen Dingen mündliche Überlieferung kennt und keine schriftliche Literatur besitzt. Gleichzeitig kehren sie auch zu ihrem Gewohnheitsrecht *(qānūn)* und zu ihren eigentümlichen Strukturen zurück: dem Stamm und den demokratischen und egalitären Tendenzen. Der auf Unabhängigkeit gerichtete Geist der Berber, ihr Traditionalismus, ihr wütender Individualismus führen zur Zerbröckelung in kleine, konservative Gebirgsrepubliken oder nomadische Clans.

In den Zentren werden indessen das Lateinische und das Punische weiterbenutzt. Das Punische hält sich in einigen Teilen von Ifrīqiya, was vielleicht den schnellen Sieg des Arabischen in den Städten des nordafrikanischen Ostens erklärt. Latein wird noch lange in den Städten gesprochen. Die letzten lateinischen Inschriften aus Volubilis stammen vom Ende des 7. Jahrhunderts. Ya'qūbī berichtet Ende des 9. Jahrhunderts von *Afāriqa* (Afrikanern), die *ifrīqī* (afrikanisch) sprächen. Aber dieses Latein entwickelt sich zu einer echten romanischen Sprache weiter[9], und noch im 12. Jahrhundert gibt Idrīsī an, daß die Einwohner von Gafsa im Süden Tunesiens eine besondere ›latino-afrikanische‹ Sprache sprechen.

Die Städte haben allerdings die Eroberer gut aufgenommen. Widerstand wird in den Bergen geleistet, auf den Hochebenen und in den Wüsten. Mit der islamischen Herrschaft übernehmen die Bevölkerungszentren und die Verbindungskorridore zwischen den Gebirgsmassiven das Arabische, während die Bergbewohner und die Stämme in der Wüste weiterhin berberisch sprechen.

Parallel zu dieser Entwicklung geht das Christentum zurück, ein Rückzug, der demjenigen von Urbanisierung und Romanisierung entspricht. Die afrikanische Kirche, die im 4. Jahrhundert, zur Zeit des Berbers St. Augustinus, eine so große Rolle gespielt hatte, wurde durch die Verfolgungen der arianischen Wandalen schlagartig entmachtet. In einige Gebiete des Innern war die christliche Mission überdies nie vorgedrungen. Die byzantinischen Quellen des 6. Jahrhunderts sprechen von vielen Stämmen, die noch heidnisch waren oder es wieder wurden. Die Berber haben ein sehr großes religiöses Bedürfnis, das sich in den magisch-religiösen Praktiken der alten afrikanischen Kulte auslebt, die schon vor der Einführung der phönizischen oder römischen Gottheiten lebendig waren, und also auch vor dem Christentum und vor dem Islam. Viele Besonderheiten des berberischen Animismus kommen ohne Zweifel aus der Schwarzen Welt (oder ist es vielleicht umgekehrt?). In der fernen Antike stand die berberische Welt mit Nigritien in Verbindung, das sich bis in den Süden der *Ǧazīrat al-Maġrib* (Insel des Maghreb) ausdehnte und dann vor den kamelzüchtenden Berbern Stück um Stück bis zum Sudan zurück-

9 Tadeusz Lewicki, *Une langue romane oubliée de l'Afrique du Nord*. In: Rocznik Orientalistyczny, Bd. 17, 1953, S. 415 – 480.

wich. Diese animistischen und anthropolatrischen Überzeugungen konnten weder das Christentum noch der Islam vollkommen überdecken.

Auf der anderen Seite existierten im römischen Afrika jüdische Gemeinden, deren Kern die alten punischen oder phönizischen Elemente der Städte bildeten, die zum Judentum übergetreten waren. Durch die Vermittlung dieser städtischen Zentren und durch die Wanderung der Stämme, die seit dem Ende der Antike immer beweglicher werden, dringt das Judentum ins Innere des berberischen Landes vor, auf die Hochebenen und in die Gebirgsmassive ebenso wie in die Sahara: in Ǧarāwa im Aurès, in Nefūsa in Südtunesien, bei mehreren Stämmen des Atlas und in Südmarokko. Die Linien der Judaisierung gehen quer durch die Sahara. Gemäß der islamischen Tradition sind diese Juden schon Handwerker und Kaufleute. Als das afrikanische Christentum verschwindet, hält sich das Judentum und nimmt seine Verbindungen zu den orientalischen Zentren der offiziellen Synagoge wieder auf, die auch die Zentren des Welthandels sind. Das Itinerar der jüdischen Radhaniyya des 9. Jahrhunderts umfaßt Kolonien in Indien und China, die judaisierten Chasaren an den Wolgaarmen und jüdischgefärbte Gemeinden der nördlichen Sahara.

Die Masse der Heiden konvertiert nach und nach zum Islam. Die alten städtischen Knotenpunkte, die sich erhalten haben, sind die ersten Zentren der Islamisierung und Arabisierung, wie sie es bei Punisierung und Romanisierung auch gewesen waren. Dann gewinnt der Islam von den alten oder neuen Städten aus, die im 8. bis 11. Jahrhundert in voller Blüte stehen, langsam das Land entlang der Straßen und nimmt die Gebirgsmassive in Angriff. Dennoch wird ein Teil der Gebirgsregion bis zum 19. Jahrhundert unbekehrt bleiben, als die Islamisierung dann vor allem von seiten der französischen Kolonialpolitik in dem Bestreben, die Vereinheitlichung der Verwaltung herbeizuführen, betrieben wird. Nach der Bekehrung fallen die Berber dann eine Reihe von Malen wieder ab – nach Aussage Ibn Chalduns mindestens zwanzig Mal –, besonders während der ersten zweihundert Jahre der islamischen Eroberung. Der afrikanische Islam ist ein eigenartiges Gebilde. Häresien werden hier bereitwillig aufgenommen, wie der Charidschismus, der sich der Sunna der etablierten, zentralisierten und organisierten Macht entgegenstellt und gut zum berberischen Partikularismus paßt (Mzabiten). Selbst der sunnitische Islam, der von den berberischen Massen nach langem Widerstand angenommen wird, ist mit abergläubischen Praktiken befrachtet wie Heiligenkult (Anthropolatrie), Verehrung von Marabuts *(murābiṭūn)* und Glauben an die *baraka* (Segnung, Charisma).

Also: zähes Festhalten an der alten afrikanischen Basis, die sich zwischen dem 4. und 7. Jahrhundert mit immer mehr Kraft geltend macht; Brüchigkeit des römischen und christlichen Firnis in Nordafrika; langsamer Fortschritt der Islamisierung, dann aber an vielen Orten tiefes Eindringen einer Art von Islam, der durchtränkt ist mit den alten afrikanischen Glaubensvorstellungen.

Da er das Ergebnis der Verminderung der Anbauflächen von Olivenbäumen, Getreide und Weinstöcken und der Abnahme der Handelsströme ist, läßt sich der wirtschaftliche Rückgang durch die byzantinische Wiedereroberung nicht bremsen. Auf dem Gebiet, auf dem die islamische Herrschaft später Erfolg hatte, ist Byzanz gescheitert, nämlich Nordafrika, das in voller Rezession begriffen war, an die Hauptströme des Welthandels wieder anzuschließen.

Rückgang der Städte, Wiederauftauchen der alten, wenig zivilisierten berberischen Grundlagen, wirtschaftliche Rezession: Dennoch besitzt der Maghreb zwei mächtige Potentiale. Zunächst seinen Reichtum an Menschen. Während der ersten Kämpfe werden Sklaven in beträchtlichen Kontingenten nach Osten geschickt, später, nachdem die zugänglichen Gebiete zum Islam konvertiert sind – wodurch die Quellen der Sklaverei versiegen –, wird die Berberei ein Reservoir von Soldaten und Söldnern, mit deren Hilfe Spanien und Sizilien unter den Aghlabiden sowie Ägypten unter den Fāṭimiden erobert werden und die Sahara bis zum Sudan kolonisiert wird. Ist dieser demographische Schub der Berber im Frühen Mittelalter eine Konsequenz der Pax Romana? Das kann man schwerlich bejahen, da er sich heute genauso feststellen läßt. Im 8. und 9. Jahrhundert ist Nordafrika ein Reservoir für Streitkräfte, so etwas wie ein Dailam des Westens[10].

Das zweite Potential, das der Islam dann auszubeuten versteht, ergibt sich aus der Öffnung der berberischen Welt nach der Sahara und dem Sudan. Die Beherrschung des Handels Sudan-Berberei leitet das Gold und die schwarzen Sklaven nach dem Mittelmeer und dem Orient: das Gold, das die Macht des Handels begründet, und die schwarzen Sklaven, die die Arbeitskräfte der Plantagen stellen und deren kriegerische Eigenschaften im übrigen die Macht des berberischen Nordafrika noch verstärken.

Die einzelnen Länder

Die ›Insel des Maghreb‹ *(Ǧazīrat al-Maġrib)* besitzt durch ihre Lage, einerseits zwischen dem islamischen Spanien und dem islamischen Orient, andererseits aber auch zwischen dem Mittelmeer und dem Raum Sahara-Sudan, einen Vorteil ersten Ranges. Die drei wesentlichen Regionen des Maghreb, die die islamischen Eindringlinge bei der Ankunft aus

10 Vgl. S. 24, 48.

dem Osten zu unterwerfen versucht haben, sind Ifrīqiya, *al-Maġrib al-aqṣā* (der Äußerste Westen) und die Tingitana, der Saum der Sahara.

Ifrīqiya oder Afrīqiya (Africa Proconsularis) beherrscht die Meerenge von Sizilien. Es ist ein altes punisches Zentrum, ein strategischer Punkt, den zunächst die Wandalen, dann die Byzantiner hielten. Die Städte, vor allem Karthago, sind von Levantinern bevölkert. Angebaut werden Oliven, Getreide und Wein. Der Maġrib al-aqṣā und die Tingitana im Norden kontrollieren die Meerenge bei den Säulen des Herkules. Die Städte zu beiden Seiten – Tingis [Tanger], Septem [Ceuta], Lixus [al-'Arā'iš, Larache] und gegenüber Malaca [Malaga], Gades [Cadiz], Hispalis [Sevilla] – werden von levantinischen Kolonien und von Juden bewohnt. Hier liegt auch ein altes Zentrum des punischen Handels. Im Innern des Landes wird Volubilis (Ulīlī, Walīla) vor Fes die erste Hauptstadt der Idrissiden (Ende 8./Anfang 9. Jahrhundert). Africa [Proconsularis] und Tingitana, diese beiden Zonen mit alten städtischen Zentren aus punischer und römischer Zeit, Durchgangszonen nach Italien und Spanien, werden schnell islamisiert und arabisiert.

Anders am Rand der Sahara, am Fuß des Atlas, einer großen ost-westlichen Zone, in der sich die Transsahararouten verzweigen und sich die nördlichen Ausgangsstationen der Karawanenverbindungen nach dem Raum Sudan-Sahara aneinanderreihen. Dieses Gebiet ist auch das Wüstenrefugium der berberischen Nomaden des Hochplateaus, daher ist es notwendig, ihnen den Zugang nach dort abzuschneiden. Die arabischen Eroberer setzen alsbald dazu an. Sidi Oqba [gest. 693] führt mehrere Streifzüge vom Dscherid nach Ghadamès (dem alten Cydamus), nach *Sūs al-aqṣā* (dem ›entfernten Sūs‹) zum Wadi Draa und den Pisten längs des Atlantiks. Eine Tradition will, daß Oqba sein Pferd in den Atlantischen Ozean getrieben und bedauert habe, nicht weiterziehen zu können.

Das Relief des Maghreb umfaßt in seinem zentralen Teil Schichtstufen, die in ost-westlicher Richtung gerichtet sind, und zwar von Norden nach Süden, vom Mittelmeer zur Sahara: das Küstenvorland, das von Bergketten zerstückelt wird, den Tell-Atlas, die Hochebenen, den saharischen Atlas und die Wüste. An beiden Rändern entfalten sich die Küstenebenen: in Ifrīqiya (Tunesien) und dem *Maġrib al-aqṣā* (Marokko). Von hier aus kann man die Schwierigkeiten der Eroberer verstehen, die dieses Relief frontal angriffen, wie die Römer und Franzosen, und umgekehrt begreift man auch, wieviel leichter es die Eroberer hatten, die von Westen kamen, wie die Wandalen, oder von Osten, wie die Araber, indem sie den Weg der natürlichen Verbindungsstreifen nahmen, der zwischen den Bergzügen und zu ihren Füßen verläuft.

Zwei große Straßen bieten sich an. Die erste, über die Hochebenen, nimmt vom Dscherid ihren Ausgang, führt dann um den Aurès herum, dann durch die Senke des Hodna und erreicht später über Tāzā Nordwestmarokko. Nach der Befriedung der Gebirgszone des Zentrums von Ifrīqiya und der Gründung von Kairuan [670] verbindet ein Weg diese Stadt mit Tahert über die Senken des Tarf und des Hodna. Die zweite Straße, die der Qsur[11], verlängert vom Dscherid aus die Route, die über die Cyrenaika und Tripolitanien von Ägypten kommt. Sie folgt dem südlichen Saum des saharischen Atlas bis nach Südwestmarokko. Man kann die Bedeutung der Senken leicht erkennen: Sie unterbrechen die Kontinuität der Gebirgsketten, die sich in ost-westlicher Richtung hinziehen, und lassen Straßen in nord-südlicher Richtung durch, so daß die Route der Qsur, die der Hochebenen und die Küste des Mittelmeers miteinander verbunden werden. Solche Zonen der Kommunikation – mitunter gleichzeitig Zonen mit Städten, wie das Küstengebiet Ifrīqiyas – sind der Sahel von Ifrīqiya, die Hodna-Senke (in Richtung Tahert, Wargla, Sedrata und dem Mzab) und die Pässe des marokkanischen Atlas: Tīzī n'Telghemt (in Richtung Fes und Siǧilmāsa), Tīzī n'Teluet (in Richtung Aghmāt, Marrakesch und Siǧilmāsa) und Tīzī n'Test (Fes und Marrakesch in Richtung Sūs al-aqṣā und Nūl Lamṭa).

Der Dscherid einerseits, andererseits Sedrata, Wargla und der Mzab, schließlich Siǧilmāsa und Nūl Lamṭa sind die drei großen Gruppen von Ausgangsstationen der Karawanenstraßen, die nach dem Sudan führen, die Stationen, an denen dann das Gold und die schwarzen Sklaven ankommen und weiter nach dem Mittelmeer und dem Orient verteilt werden. Die Gründung dieser Relaisstädte fällt zwischen die Mitte des 8. und die Mitte des 11. Jahrhunderts. Sie sind eines der Elemente des städtischen Aufschwungs, den die Berberei damals erlebt hat. Die drei Straßenbündel im Osten, im Zentrum und im Westen sind der Einsatz in den Kämpfen, die Nordafrika nacheinander erschüttern: dem Kampf der Idrissiden, Rustemiden und Aghlabiden im 9. Jahrhundert; dem Kampf der Idrissiden gegen die Fāṭimiden im 10. Jahrhundert; dem Kampf der Fāṭimiden gegen die Omayyaden und der Auseinandersetzung Ṣanhāǧa-Zanāta im 11. Jahrhundert; und schließlich dem Kampf zwischen den Banū Hilāl im Osten, den Bewohnern des Mzab im Zentrum und den Almoraviden im Westen im 11./12. Jahrhundert.

Nordafrika ist in strategischer Hinsicht ein wichtiges Gebiet der Islamischen Welt. Es blickt nach vielen Richtungen und pflegt reiche kulturelle Kontakte. Es dient als Relaisstation zwischen dem Orient einerseits und andererseits Spanien, Sizilien, dem barbarischen Abendland und dem Sudan, zwischen den zivilisierten Ländern und den neuen Welten. Unter der

11 *Qsur* [klass. *quṣūr*] ist der Plural von *qsar* [klass. *qaṣr*] und bedeutet ›befestigter Ort‹, vgl. span. *alcazar*.

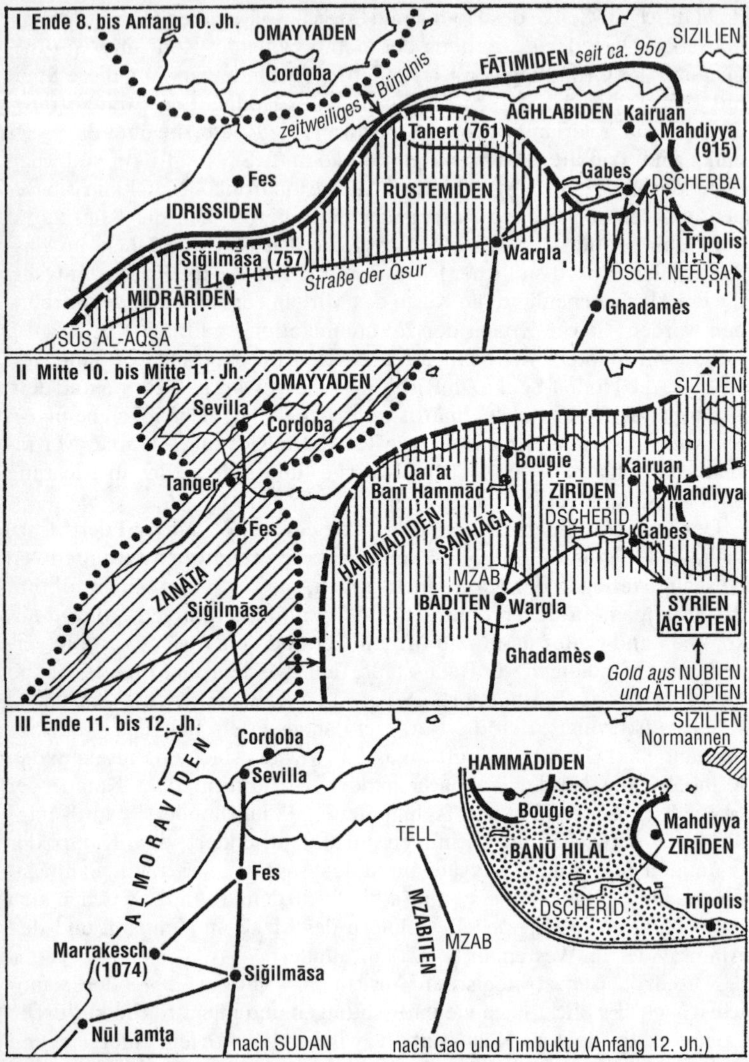

4. Der maghrebinische Raum und die muslimischen Fürstentümer

islamischen Herrschaft nimmt Nordafrika einen neuen demographischen und städtischen Aufschwung, es erreicht neue Prosperität in Wirtschaft und Handel.

Die Sahara-Flanke

Im Jahre 761 gründet ʿAbdarraḥmān Ibn Rustem die Stadt Tahert und macht sich vom Kalifat unabhängig. Die charidschitische oder ibāḍitische Dynastie Rustems besetzt den ganzen zentralen Maghreb; sie breitet sich bis zum Dschebel Nefūsa und der Insel Dscherba aus, sogar bis Tripolis. Im Südwesten, in Siǧilmāsa, gegründet 757, stoßen die Midrāriden, die zur charidschitischen Sekte der Ṣufriten gehören, bis Sūs al-aqṣā vor. Beide charidschitischen Dynastien sind durch Familienbeziehungen verbunden und bilden ein großes Reich, das alle Straßen aus dem Sudan beherrscht. Die Zanāta, nomadische Kaufleute, die trotz der Strenge ihrer Doktrin – ihre Imams dürfen niemals Geld berühren – im Fernhandel engagiert sind, machen sich das schon vorhandene Netz von Verbindungen zwischen Nordafrika und dem Sudan zunutze. Tahert wird damals ›Klein-Basra‹ genannt. Nachdem die fāṭimidische Eroberung den Staat der Rustemiden zerstört hat, ziehen sich die Imame nach dem Mzab zurück. Die Zanāta unterhalten gute Beziehungen zu den omayyadischen Emiren von Cordoba und planen, im Kampf um die Beherrschung der Ausgangsstationen der großen Karawanenstraßen, mit ihnen eine Allianz gegen die Ṣanhāǧa, die Vasallen der Fāṭimiden.

In der ersten Hälfte des 10. Jahrhunderts nehmen die schiitischen Fāṭimiden Kairuan ein und marschieren auf Siǧilmāsa. Sie machen sich zu Beherrschern der Straßen, die nach dem Sudan führen; mit Hilfe der Sklaven und des Goldes, die von dort kommen, legen sie einen Kriegsschatz an und stellen eine Armee auf für ihr großes Ziel: die Eroberung Ägyptens. Im Jahre 915 gründen sie eine neue Hauptstadt, Mahdiyya bei Kairuan, und beherrschen Nordafrika mit Ausnahme des nordwestlichen Randes, wo die Idrissiden regieren. Im Jahre 944 taucht plötzlich eine große Gefahr auf, die Revolte von Abū Yazīd, einem Charidschiten aus dem Dscherid, von Beruf Karawanenführer. Aber die Revolte wird zermalmt. Wiederum kontrollieren die Fāṭimiden alle Straßen nach Süden. In der Mitte des 10. Jahrhunderts werden in Siǧilmāsa 400 000 Dinar an Zoll eingezogen. 972 führt der fāṭimidische General Ǧauhar seine Armee über die Oasenroute zur Eroberung Ägyptens, das er propagandistisch schön bearbeitet hat. Die berberischen Kutāma, die schwarzen Söldner und das Gold aus dem Sudan sind die Basis seiner Macht.

Von nun an überlassen die Fāṭimiden Nordafrika den Zīrīden und den

Banū Ḥammād (vom Stamm Ṣanhāǧa). Die spanischen Omayyaden hetzen ihre Vasallen auf die westlichen Endstationen der Karawanenstraßen, die Zanāta, die sich daraufhin Siǧilmāsas bemächtigen. Die Idrissiden von Fes, Alliierte der Ṣanhāǧa, verlieren Tanger, und die Kalifen von Cordoba legen durch ihre Vasallen, die Zanāta, ihre Hand auf Marokko. Zwei Blöcke bilden sich: Die Omayyaden beherrschen die westlichen Ausgangspunkte der Karawanenwege, die Fāṭimiden die des Zentrums und des Ostens. Es ist ein dauernder Krieg zur See und zu Land, den die Ṣanhāǧa und die Zanāta gegeneinander führen. Die Ibāḍiten von Sedrata und Wargla, die zwischen beiden Feuern stehen, flüchten Anfang des 11. Jahrhunderts nach dem Mzab.

Der Goldstrom aus dem Sudan fließt von nun an in zwei Richtungen: nach Cordoba und nach Kairo. In Cordoba dient er der Versorgung der Prägung von Dinaren, der Bereicherung des Hofes, der Zahlung der großen Bauten der Moschee von Cordoba und Madīnat az-Zahrā' und der Unterstützung der Künste; das sudanesische Gold ist das Fundament der funkelnden andalusischen Kultur des 11. Jahrhunderts. In Kairo, wo das Gold aus dem Sudan mit dem Gold aus Nubien, Äthiopien und den Pharaonengräbern zusammenfließt, bildet es den Reichtum der Fāṭimidenkalifen und erlaubt ihnen, die Wohlfahrtseinrichtungen der Heiligen Stätten zu unterhalten. Nasir-i Chosrau wird später in Kairo die schönen maghrebinischen Dinare bewundern. Diese Dinare unterstützen die Politik der Expansion nach dem Indischen Ozean, aber auch den prunkvollen Hof und den Aufschwung der Stadt (Palast- und Moscheebauten, Anlage großer Sūqs).

In der Mitte des 11. Jahrhunderts zwingen die Einfälle der Banū Hilāl im Osten Ifrīqiyas die Ḥammādiden, nach Bougie, und die Zīrīden, nach Mahdiyya zu flüchten, während im Westen das große almoravidische Reich entsteht, das sich von der Sahara bis Spanien erstreckt. Im Zentrum fügen sich die Mzabiten, die schon den kleinen Handel nach der Region von Tell betreiben, in den sudanesischen Fernhandel ein. Im 12. bis 13. Jahrhundert wird die Berberei durch die Invasion der Banū Hilāl und der Normannen definitiv vom Orient abgeschnitten und den Unternehmungen der Christen ausgeliefert. Genuesische Schiffe laden das Gold in Mers el-Kebir oder in Māssa. Im 13. bis 14. Jahrhundert reaktivieren die Venezianer in Tunis die Orientrouten, und im 14. bis 15. Jahrhundert benutzen die Genuesen die Karawanenpisten der westlichen Sahara, bis dann schließlich die Seefahrer aus Dieppe und später die Portugiesen dazu übergehen, das Gold des Sudan auf dem Seeweg an sich zu bringen.

Die maritime Flanke

Man muß sich immer das Schema des nordafrikanischen Reliefs – Schichtstufen, die sich in ost-westlicher Richtung hinziehen – und die beiden Verzweigungszonen vor Augen halten: im Osten die Strandzone von Ifrīqiya, im Westen die atlantischen Ebenen des Maġrib al-aqṣā. Von diesen beiden Punkten aus kann man jeweils in wenigen Stunden nach Sizilien oder Spanien übersetzen. Der Wert der Lage und die wirtschaftliche Bedeutung dieser beiden Regionen sind schon lange bekannt. Die Städte im Bereich der Straße von Messina und der Straße von Gibraltar verbindet ein lebhafter Handel miteinander. Die östlichen und westlichen Randgebiete Nordafrikas werden Ausgangsbasen der islamischen Eroberungszüge nach dem barbarischen Abendland. Dank der Wälder der Küstenmassive und der Berberei, von Krumirien bis zum Rīf, sind es Schiffbaugebiete. Die Werften bilden die Zwischenstationen, über die die orientalischen Einflüsse, die aus der Levante kommen, nach Westen vermittelt werden. Diese Zonen dienen ebenfalls als Stapel- und Verteilungsplätze für die Produkte des Sudan: die Küstenzone Ifrīqiyas liefert nach Sizilien und dem islamischen Orient, die Straße von Gibraltar nach Spanien und weiter nach dem *bilād al-Ifranǧ* (Land der Franken), dem Karolingischen Reich, das von der islamischen Welle nur leicht berührt wurde.

Beide Zonen begünstigen bestimmte maritime Aktivitäten besonders. Es sind Fischfanggebiete. Im Gegensatz zur Nordküste des Maghreb, an der das Meer gleich große Tiefen erreicht, besitzt das Gebiet der Meerengen Flachküsten mit fischreichen Gewässern; Pökeln der Fische ermöglichen Meer- und Steinsalz aus dem Landesinnern. Andererseits ist die Überfahrt zu dem gegenüberliegenden Ufer leicht: von *Madīnat al-Maǧāz* (Überfahrtsstadt), an der Nordspitze von Cap Bon, nach Sizilien und von *Qaṣr al-Maǧāz* (Überfahrtsburg) [= *al-Qaṣr aṣ-ṣaġīr*], zwischen Ceuta und Tanger, nach Tarifa und Algeciras. Berberische Fischer und levantinische Kaufleute sind Gesellschaften, die geradezu atavistisch dazu bestimmt erscheinen, neuerdings eine bedeutende Rolle zu spielen, sobald günstige Umstände sich bieten, d. h. seit mit der Schaffung der Islamischen Welt sich ein ungeheurer kommerzieller Horizont öffnet.

Die Seeroute, die die islamische Levante über die beiden Syrten mit Ifrīqiya und Sizilien, dann über die Nordküste des Maghreb und die Straße von Gibraltar mit Spanien verbindet, besitzt eine doppelte Struktur. Zunächst die Linienverbindungen. Große Häfen wie Alexandria, Mahdiyya, Tunis und Bougie werden ausgebaut mit Hafenbecken, Molen, Türmen, Ketten, die die Häfen sperren, und Arsenalen. Hier legen große Schiffe an, umfangreiche Ladungen werden gelöscht. Vom 8. bis

11. Jahrhundert nimmt das Gesamtvolumen zu: In dieser Zeit entsteht der Typ des großen Handelsschiffs, des mediterranen Rundschiffs mit erhöhtem Rumpf und zwei Masten für ›lateinische‹ Segel, eine Weiterentwicklung des antiken Handelsschiffs des Mittelmeers, verbessert durch neue Techniken des Indischen Ozeans, der Ahn der venezianischen und genuesischen Schiffe des 11. und 12. Jahrhunderts. Die Seeleute praktizieren aber außerdem noch Küstenschiffahrt von Ankerplatz zu Ankerplatz, häufig nur einfache, geschützte Stellen wie Buchten, Flußmündungen oder Strände, auf die man die Barken zieht. Schiffe geringerer Tonnage, wie die Balancellen, kleine Einmaster, mit denen noch heute die Krüge von Nābil (Nabeul) an der Ostküste Tunesiens vertrieben werden, setzen die lokale Küstenschiffahrt der Antike fort. Diese beiden maritimen Verkehrsnetze verbinden und verdichten sich; jeder Stadt der Küste des Maghreb beispielsweise entspricht eine Stadt an der gegenüberliegenden spanischen Küste.

In der zweiten Hälfte des 8. Jahrhunderts war die Eroberung von Ifrīqiya so gut wie abgeschlossen, man mußte aber die Garnisonen sichern und das Land gegen die Angriffe schützen, die von außen drohten, zum Beispiel durch mögliche Landungen byzantinischer Flotten. Im Landesinnern werden die alten Festungen wieder instandgesetzt. Längs der Küsten wird mit aller Kraft ein Verteidigungssystem gegen die Landungsversuche der Rūm [Byzantiner] geschaffen. Eine Kette von Ribāṭen[12] zieht sich von Syrien bis Marokko, vor allem längs der tunesischen Küste, Wacht- und Signalposten, kleine, befestigte Verteidigungsstellungen, deren Aufgabe es ist, die Seefahrt zu schützen und den wertvollen, lebensnotwendigen Zugang zum Meer offenzuhalten. Die Garnisonen bestehen aus Gottesmännern oder *murābiṭūn* (Marabuts); sie haben ihr Leben dem Gebet geweiht und der Verteidigung des *bilād al-Islām* (Land des Islam) gegen die Ungläubigen. Diese Ribāṭe sind Ausgangsbasen für Expeditionen und Razzien, aber auch Zentren der Verteidigung und der Islamisierung, wie die entsprechenden Anlagen in Zentralasien, an der Grenze nach Anatolien oder in den Spanischen Marken. Es sind Bauwerke gemischten Charakters, zugleich militärisch und religiös, mit einer Besatzung von Mönchssoldaten. Sie stehen am Ursprung der christlichen militärischen Orden des Mittelalters im Heiligen Land und im Spanien der Reconquista. Solche Ribāṭe gibt es in Alexandria, Sfax, Monastir, Sousse, Tunis, Rabat (gegenüber von Salā) am westlichen Ufer des Bu Regreg und so weiter bis zur westafrikanischen Küste.

Zwei Ribāṭe der tunesischen Küste sind erhalten geblieben und unter-

12 Von arabisch *rabaṭa* (binden), *murābiṭ* (durch ein Gelübde gebunden). Die Almoraviden sind zunächst ›Marabuts‹ *(murābiṭūn)* der Ribāṭe der Sagyat al-Ḥamrā'.

sucht worden[13]: Monastir, im Jahre 796 von dem abbassidischen Gouverneur Hartama Ibn A'yān erbaut, zum ersten Mal im 9. Jahrhundert und zum zweiten Mal am Anfang des 11. Jahrhunderts vergrößert, und Sousse, im letzten Viertel des 8. Jahrhunderts von dem abbassidischen Gouverneur Yazīd Ibn Ḥātim erbaut, im Jahre 821 auf Befehl des dritten aghlabidischen Emirs durch einen Wachtturm vervollständigt. Sie bestehen aus Gebäuden, die im Rechteck um einen Innenhof angeordnet sind, der von zinnenbewehrten Rundtürmen flankiert wird. Das ist der übliche Plan der byzantinischen Castella, aber mit einigen Verbesserungen. Das Tor besteht aus Verteidigungsanlagen: Gitter, Pechnasen und Falltüren, die hintereinander die Zufahrt schützen. Diese Anlage, die schon in Mesopotamien und im sassanidischen Armenien bekannt war, wird später von den Kreuzfahrern übernommen. Andererseits besitzen diese Befestigungen halbkreisförmige Bastionen und, in einem Mauerwinkel, einen quadratischen Turm, der wiederum einen Rundturm mit mehreren Stockwerken trägt. Solche Bastionen und Türme findet man schon in den antiken Bauwerken des Orients. Die Annahme ist wohl berechtigt, daß ein Ingenieur aus dem Orient, der mit den Bauten des Iran und mit den Ribāṭen Zentralasiens vertraut war, die Entscheidung der abbassidischen und aghlabidischen Gouverneure zugunsten dieser Bauweise beeinflußt hat.

So wie sich im Süden auf der Route der Qsur Karawanenstädte aneinanderreihen, entstehen an der nordafrikanischen Küste Handelsplätze, die erkennen lassen, daß hier eine Linie städtischer Entwicklung mit dem Ausbau der Fernverbindungen einhergeht. Es sind neue Häfen oder alte Anlagen, die zu neuem Leben erweckt werden; mitunter behalten sie ihre alten punischen oder römischen Namen in veränderter Form bei.

So wächst Tunis. Nach der Einnahme Karthagos durch Ḥassān [Ibn an-Nu'mān] im Jahre 696, wird die alte Stadt verlassen und zu einem Ruinenfeld, das als Steinbruch dient. Das Zentrum der neuen Stadt liegt auf dem Gebiet von Tynes, einem Vorort Karthagos; ein Kanal, den Ḥassān durch den See ziehen läßt, verbindet die Stadt mit dem Meer und macht sie zu einem Lagunenhafen. Mehrere tausend Kopten, Spezialisten für Schiffsbau, werden in Ägypten rekrutiert und mit ihren Familien zur Arbeit in der Werft nach Tunis deportiert. In den syrischen Werften hatten schon Seeleute *(nāḫudā)* vom Persischen Golf gedient, nun kommen koptische Arbeiter in die Werft von Tunis; später werden Handwerker aus Syrien, Ägypten und Ifrīqiya zur spanischen Küste auswandern und in der großen Gründung des Emirats von Cordoba, Almeria, arbeiten. So ziehen die

13 Alexandre Lezine, *Deux ribats du Sahel tunisien.* In: Cahiers de Tunisie, Bd. 4, 1956, S. 279–288.

Menschen von Osten nach Westen, und mit ihnen die Produktionsverfahren und die sie bezeichnenden Fachausdrücke, persische oder griechische Termini, die arabisch drapiert sind und den Fundus eines ganzen technischen Vokabulars bilden, das die romanischen Sprachen später übernehmen und das die germanischen Sprachen beeinflussen wird.

In die Zeit der Fāṭimiden fällt die Gründung von Mahdiyya (Stadt des Mahdī) an der Küste von Ifrīqiya; sie wird im Jahre 915 von 'Ubaidallāh al-Mahdī erbaut, der von Kairuan wegziehen will, einem großen und turbulenten Zentrum, das nur wenig schiitische Sympathisanten zählt. Die neue Stadt erhebt sich auf einer felsigen Halbinsel, die ins Meer hinausragt und leicht zu befestigen ist. Sie umfaßt eine große Moschee im Zentrum, zwei Paläste, einen für Mahdī und einen für seinen Sohn, und einen Rechnungshof *(dār al-muḥāsabāt)*. Bollwerke mit eisernen Toren schützen sie; 360 große Zisternen, aus dem Felsen geschlagen, ausgemauert und mit Hebemaschinen versehen, sichern ihre Wasserversorgung. Im Vorort Zawīla gibt es steinerne Sūqs und gemauerte Häuser. Längs der Küste der Halbinsel erstreckt sich der Hafen von Mahdiyya, ein rechteckiges, künstliches, aus dem Fels herausgebrochenes Becken, 26 auf 57 Meter groß, mit einer Einfahrt von etwa 15 Metern Breite. Nach Bakrī [gest. 1094] konnte es 30 Schiffe aufnehmen. Der Hafen liegt innerhalb der Stadtmauern, in denen sich ein Tor auf das Wasser öffnet, flankiert von zwei Türmen, die durch einen Bogen verbunden sind, unter dem die Schiffe hindurchfahren können. Mit einer gespannten Kette konnte die Passage gesperrt werden. Nach Mahdiyya flüchten die Zīrīden 1057 aus Kairuan vor der Invasion der Banū Hilāl.

Die Zentren von Ifrīqiya treiben einen lebhaften Handel mit der Levante, mit Sizilien und Spanien. Tunis ist der erste Hafen, von dem aus man direkt nach Tortosa im Ebro-Delta segeln kann. Gabes, die Stadt ›am Rand der Sahara‹ und am Mittelmeer, ist für den Dscherid und die Routen des Sudan der Zugang zum Mittelmeer. Sfax, Mahdiyya und Sousse sind die Exporthäfen für das Öl, das die Olivenhaine der tunesischen Küstenzone liefern. Von hier und von Tunis aus gehen die Produkte des Landes – Getreide, Öl und Korallen aus Marsā l-Ḫaraz [Korallenhafen] – und des numidischen Hinterlandes – Wolle, Leder, Wachs und Pferde – nach dem Orient. Nordafrika bleibt zusammen mit Syrien bis zum Feldzug Ludwigs des Heiligen [1270] und noch darüber hinaus das Zentrum, aus dem sich die Sultane von Ägypten mit Pferden versorgen. Ifrīqiya ist ferner Transitgebiet für die Produkte aus dem Sudan – Gold und schwarze Sklaven – und Importzentrum für die Produkte aus dem Orient – Tuch, Elfenbein, Perlen und Luxuswaren – sowie aus dem Okzident – slawische Sklaven, Pelze und Schwerter.

Andere Häfen, häufig wiederhergestellte antike Anlagen, pflastern die

Küste des *Maġrib al-ausaṭ* (Mittleren Maghreb) von Tunis bis Marokko, so Benzert (Hippo Diarrhytus, Bizerta); Marsā l-Ḫaraz (La Calle), wo nach Korallen gefischt wird; eine ganze Flottille widmet sich dieser Tätigkeit mit Netzen, die an eisenbeschlagenen, hölzernen Andreaskreuzen befestigt sind. Rote Korallen gelten als Glücksbringer, und ihr Export in die Länder des Indischen Ozeans, die nur weiße Korallen besitzen, ist wichtig. Būna (Hippo Regius, Hippône, Bône) exportiert das Eisen des Edugh. Die Küste der Kleinen Kabylei exportiert durch Küstenschiffahrt Holz zu den Werften Ifrīqiyas; Skīkda (Rusicada, Philippeville); Bougie, dessen Werften die Rohstoffe der Gegend benutzen: Holz, Eisen, Pech und Wachs zum Kalfatern; Algier *(Ǧazā'ir Banī Mazghanna,* ›die Inseln der Banū Mazghanna‹), 960 von dem Zīrīden Bologgīn (Buluqqīn) gegründet, ist der Markt für die Stämme des Landesinnern; Cherchel (Iol, Caesarea); Ténès, 875 – 876 von einer Schar andalusischer Abenteurer gegründet, die einen Markt mit den Berbern der Umgebung organisieren; sie schlagen Zelte auf, bauen eine kleine Festung, dann eine Stadt. Oran verdankt seine Gründung analogen Umständen: Andalusische Abenteurer knüpfen um 902 – 903 mit Berberstämmen Beziehungen an; das neue Zentrum wird von den Berbern 910 in Brand gesetzt, 911 wiederaufgebaut und blüht bis 954; zu dieser Zeit wird es von den Banū Ifrān verwüstet, einige Jahre später erholt es sich wieder. Schließlich gibt es im *Maġrib al-aqṣā* an der Meerenge – *az-zuqāq* (die Straße) – alte Städte wie Septem [Ceuta], Tingis [Tanger] und neue wie Qaṣr Maṣmūda. An der Atlantikküste: Arzila (Aṣīla, 9. Jh.), al-'Arā'iš (Lixus, Larache) am Berg Šammīš, Salā und Rabat an der Grenze des römischen Marokko. Jenseits dieser Grenze, in Südmarokko, schafft die islamische Zeit später die Häfen Safi, Mazagān, Agadir und Māssa, dank der Anziehungskraft des Handels und der Bedeutung, die die Endstationen der Karawanenstraßen nach dem Süden gewonnen haben. Diese Häfen des *Maġrib al-aqṣā* (Äußersten Maghreb) treiben mit den Atlantikhäfen des Südens der Iberischen Halbinsel einen lebhaften Handel, so mit Cadiz (Gades), den Häfen am Guadalquivir – und bis nach Sevilla und Cordoba mit Flußschiffahrt –, mit Saltes und Alcacer do Sal, die in der Algarve liegen. Nach diesen andalusischen Häfen werden Getreide, Vieh, Wolle, Leder, Wachs und Honig aus dem atlantischen Hinterland exportiert und ferner die Minerale Eisen, Silber und besonders Kupfer aus dem marokkanischen Atlas.

Die Route über die Hochebenen

Der erste Angriff auf Ifrīqiya fällt in das Jahr 647. Wir haben gesehen, daß die Städte, die von byzantinischen Garnisonen besetzt waren, schnell unterworfen wurden. Die Stadtbewohner bereiteten den Eroberern, die eine starke Autorität, eine städtische Verwaltungsorganisation und Schutz gegen die Nomaden mitbrachten, einen guten Empfang. Widerstand kam von den Berbern des Landesinnern, von Seßhaften aus den Bergen wie von Nomaden aus den Ebenen. Kairuan, 670 von Oqba Ibn Nāfi‘ mitten in der Steppe, im Hinterland der tunesischen Küstenzone gegründet, ist ein Brückenkopf, ein Feldlager, kurz gesagt ein Ribāṭ. Der Name *al-Qairawān* bedeutet ›Relaisstation, Waffenplatz‹. Die Lage am Endpunkt der Hauptstraße von Ägypten erlaubt Angriff und Rückzug. Während der großen charidschitischen Erhebungen in der Mitte des 8. Jahrhunderts wird die Stadt mehrmals von den aufständischen Berbern genommen, die die Befestigungen zerstören. Im Jahre 772 geht Kairuan wieder in den Besitz von Yazīd Ibn Ḥātim über, dem Sieger über die Häretiker; er baut die große Moschee wieder auf, erneuert die Ziegelmauern der Befestigungsanlagen – Mauern, die 12 Ellen, d. h. fast 5 Meter dick sind – und läßt für jedes Gewerbe einen eigenen Sūq errichten. Er ist der zweite Gründer der Stadt. Nach der Unterwerfung des ganzen Maghreb – oder wenigstens der großen Verbindungskorridore zwischen den berberischen Massiven – wird Kairuan die Ausgangsstation für die Straße über die Hochebenen: von der tunesischen Küstenzone über das Becken von Tarf im Norden des Aurès, den Schott des Hodna mit Abzweigungen nach Bougie einerseits und nach Biskra und Wargla andererseits –, dann über die Hochebenen des Westens und durch den Engpaß von Tāzā bis zu den Ebenen des Äußersten Maghreb, wo sich ein zweites Verkehrsnetz entfaltet.

Unter den Aghlabiden (800 – 909), einer Dynastie von Orientalen, abbassidischen Gouverneuren, die fast völlig unabhängig sind, später dann unter den Fāṭimiden [909 – 1071], erreicht Kairuan eine beträchtliche Ausdehnung. Im 9. und 10. Jahrhundert entstehen nacheinander drei Satellitenstädte: al-Abbassiyya, ar-Raqqāda und Sabra Manṣūriyya.

Wie Fusṭāṭ-Kairo und Cordoba zieht Kairuan aus dem städtischen Aufschwung Nutzen, der vom Aufschwung des Handels unterstützt wird. Der Aufbau und das monumentale Erscheinungsbild der Stadt zeigen Einflüsse aus dem iranisch-mesopotamischen Raum der Abbassiden. Literaten, Rechtsgelehrte und Wissenschaftler aus dem Orient, die vom Reichtum der neuen Höfe angezogen werden, bilden Schulen, und bei ihnen lernen nun die Berber, wie sie es einstmals bei ihren römischen Lehrern getan haben. Sie erfahren einen Anfang von Islamisierung und selbst von Iranisierung. Die neuen religiösen, sprachlichen, künstlerischen und literarischen Einflüsse, die Sitten und die Art zu denken, die zuerst von der neuen Hauptstadt aufgenommen wurden, breiten sich um sie herum wie ein Ölfleck aus und dann über die Straße der Hochebenen ins Landesinnere, sobald der berberische Kranz sich zersetzt und seine Bruchstücke in die Berge getrieben werden, wo die ursprüngliche Sprache weitergesprochen wird. Längs dieses Itinerars entstehen Städte an den Punkten, an denen die Routen der Hochebenen von denjenigen Straßen geschnitten werden, die von Süden, von den Endstationen des Transsaharahandels, kommen.

Welches sind im Mittleren Maghreb die Schnittpunkte in diesem weiten, karoartigen Muster von Handelsstraßen? Zunächst Tahert, das die Pisten der Hochebene beherrscht, westlich des Tals des Chélif (Šalaf), an der Flanke der Berge. Die Stadt wurde 761 gegründet und bleibt bis 908 Residenz der aus Persien kommenden Rustemiden und Metropole des berberischen Charidschismus, der Beziehungen zu den Glaubensbrüdern am Persischen Golf aufrechterhält. Der Handel der Stadt blüht; viele Gebildete strömen aus dem Orient herbei. Die imposante Bibliothek der Rustemiden besitzt einen reichen Bestand von Büchern, die im Orient gekauft wurden, besonders solche astrologischen und astronomischen Inhalts. Als die Rustemiden einen Zufluchtsort suchen, finden sie ihn zunächst in der Nähe von Wargla, in Sedrata, dann im Mzab, an der Nord-Süd-Route. Ende des 8. Jahrhunderts wird Tobna im Schott des Hodna von den abbassidischen Gouverneuren befestigt; 927 gründet der Sohn des ersten fāṭimidischen Kalifen ʿUbaidallāh al-Mahdī *[al-Qā'im]* die Stadt Msila westlich von Tobna.

Die Zīrīden, vom Stamm der Ṣanhāǧa, Vasallen der Fāṭimiden, die nach deren Abzug nach Ägypten als ihre Stellvertreter im Maghreb zurückgelassen wurden, gründen ebenfalls eine Reihe von Städten. Schon bevor die Fāṭimiden im Jahre 935 nach Osten zogen, hatte Zīrī Ibn Manād, der Ahnherr der Zīrīden, die Stadt Ašīr zwischen dem Tal des Chélif und der Flanke des Hodna gegründet. Zimmerleute und Maurer fanden sich an Ort und Stelle, aber ein Architekt mußte vom fāṭimidischen Kalifen ausgeliehen werden. Die Stadt nahm einen schnellen Aufschwung. Sein Sohn Bologgīn Ibn Zīrī gründete auf der Hochebene östlich des Chélif die Stadt Médéa, ferner Miliana am rechten Ufer des Chélif und außerdem Algier, Zentren, die an der Route von Ašīr nach dem Meer liegen. Ḥammād Ibn Bologgīn, der nachgeborene Sohn, macht 1015 Qalʿat Banī Ḥammād (Ḥammādidenburg) am Gebirge im Norden des Hodna zur Hauptstadt des Staates der Ḥammādiden. Von der Stadt existieren bedeutende Ruinen. Der Palast war nach einem ähnlichen Plan erbaut wie der von Samarrā, einem Plan, den man auch im Alcazar von Sevilla wiederfinden kann. Die schnell wachsende Bevölkerung setzt sich aus Kauf-

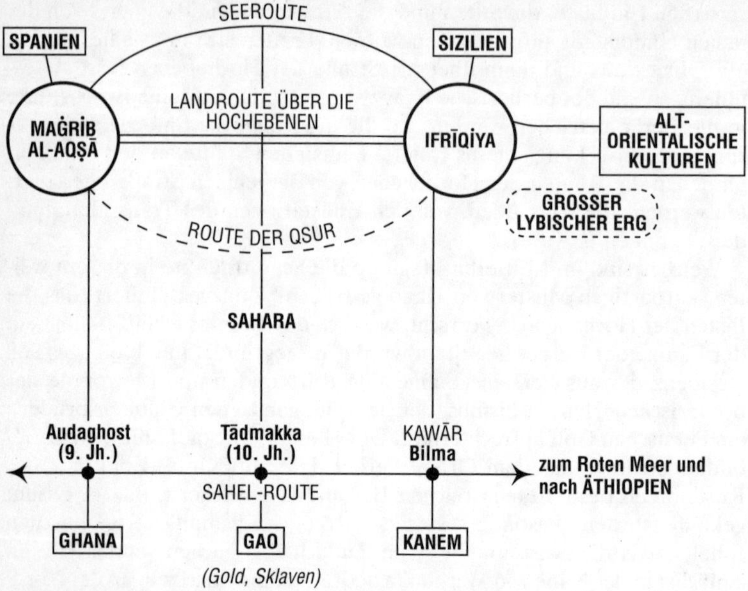

5. Handelsstraßen und Kultureinflüsse in Nordafrika (8.–11. Jh.)

leuten, Künstlern und Gelehrten zusammen. Die Wollstoffe aus Qal'at Banī Ḥammād waren im ganzen Maghreb berühmt. Von überall trafen Karawanen ein; die Stadt unterhielt Handelsverbindungen mit Ägypten, Syrien und dem Irak. Sie profitierte in der zweiten Hälfte des 11. Jahrhunderts vom Niedergang Kairuans und Ifrīqiyas, die von den Banū Hilāl überfallen worden waren, bis sie ihrerseits vom Vorrücken der Nomaden erstickt wurde und die Ḥammādiden in Bougie Zuflucht suchten.

Westlich der Gebiete der Ṣanhāǧa (Zīrīden und Ḥammādiden) erstreckte sich die Domäne der Zanāta; sie entspricht dem Gebiet westlich von Oran sowie dem Äußersten Maghreb. Die wichtigsten Städte sind Tlemsen (antik Pomaria) und Waǧda, das von einem Häuptling der Zīrīden 994 an der Straße nach Westen, die über Tāzā nach Fes führt, gegründet wurde. Als 788 der orientalische Emir Idrīs, Sohn eines Scherifen und Abkömmling des Propheten, nach Marokko kam, suchte er Zuflucht in Ulīlī (Volubilis), beim Stamm der Auraba. Sein Bruder Sulaimān, der wenig später zu ihm stößt, geht nach Tlemsen. Sie gründen zwei Fürstentümer, eines mit Tlemsen, das andere mit Fes als Zentrum. Diese Idrissiden waren große Wiederaufbauer und Gründer von Städten. Tlemsen nahm zu ihrer Zeit einen großen Aufschwung; die Stadt war im 9. Jahrhundert nach Berichten von Ya'qūbī dicht bevölkert, sie besaß eine doppelte, steinerne Befestigungsmauer, innerhalb deren sich Paläste und mehrstöckige Häuser erhoben. Die Idrissiden schufen eigene Häfen wie Arašqūl auf der gleichnamigen Insel und Ḥunain (Cap Noë bei Nemours/ Ghazaouet) und eine Reihe kleiner Zentren, Marktflecken, in denen sich die wirtschaftliche Aktivität kristallisierte und deren Namen mit Sūq (Markt) und dem Namen ihres Gründers zusammengesetzt sind, wie Sūq Ibrāhīm oder Sūq Ḥamza.

Idrīs I. verläßt die römischen Ruinen von Volubilis und gründet seine eigene Hauptstadt, wie alle orientalischen Souveräne. Fes tritt die Nachfolge von Volubilis an, wie Tunis Nachfolgerin von Karthago geworden war. Die Lage ist gut gewählt, nämlich an der Straße, die westlich nach Tlemsen führt, südlich nach Siǧilmāsa, in eine fruchtbare Gegend, in der es auch Steine und Holz zum Bau von Häusern gibt und Trinkwasser im Überfluß.[14] 789 ersteht die Stadt am rechten Ufer des Flusses, des Wādī Fās, heute Oued Sebou. Dieses erste Fes ist zunächst eine nach Art der Berber erbaute Stadt, ein Konglomerat von Zelten, Gemeinschaftslagern, Gattern für das Vieh, einer Moschee und vielleicht einem großen, gemeinsamen Lagerhaus (berber. *agadir*), alles hinter einem Schutz aus Baumstümpfen und Schilfrohr, kurz eine bescheidene Stätte, an der sich Idrīs I. niederläßt, wenn er nicht in Ulīlī residiert. Er stirbt im Jahre 791.

Zu seinem nachgeborenen Sohn Idrīs II., erzogen von Raschid, dem treuen Freigelassenen seines Vaters, stoßen im Jahre 805 fünfhundert Orientalen, die von dem Prestige des Prophetennachkommen und von der Attraktion des Neulandes angelockt werden. Andere kommen aus Ifrīqiya. Sie bilden eine turbulente Gesellschaft (*ǧund,* ›Truppe, Schar‹) um Idrīs II., ein orientalischer Hof, der einen orientalischen Hofstaat braucht. Das neue Fes wird damals gegründet, 808, flußaufwärts am linken Ufer auf der Anhöhe. Es ist die offizielle Stadt mit der heiligen Moschee der Schorfa (*šurafā',* ›Nachkommen des Propheten‹), dem Palast, um ihn herum den Märkten und der Münze, in der seit 801 Geld geprägt wird. Man nennt die Stadt al-'Āliyya (die Hohe): Ya'qūbī nennt sie Ifrīqiya. Eines der Viertel wird später das Kairuanerviertel genannt. Die Berber wohnen weiterhin am rechten Ufer, in der alten Medīna, die ihren ländlichen Anstrich behält. Nach einem Aufstand in der Vorstadt *(rabaḍ)* von Cordoba, 814, emigrieren Andalusier nach Ägypten (Alexandria) und nach Kreta einerseits, und 8000 Familien werden von Idrīs II. aufgenommen, und zwar im Viertel *'Adwat al-Andalus* (Andalusier-Ufer),

14 Evariste Lévi-Provençal, *La fondation de Fès*. In: Annales de l'Institut d'Études orientales d'Alger, Bd. 4, 1938, S. 23–52.

ebenfalls auf der rechten Seite des Flusses, mit eigener Moschee, eigenen Märkten und eigener Münzstätte.

Ausläufer derselben Welle von Stadtgründungen erfolgen im Süden des Äußersten Maghreb: Aghmāt und Naffīs an den Pässen, die nach Sūs al-aqṣā (Iǧil) führen und nach dem Tafilelt (Siǧilmāsa). 1077 wird Marrakesch durch die Almoraviden, die über die Karawanenpisten aus den Ribāṭen des Südens kamen, gegründet. Ein seltsames Durcheinander von Zelten und Häusern, dem später der Bau einer Befestigung und von Gebäuden folgt. Die Entwicklung ist dieselbe wie in Fes; sie geht vom Berberlager zur orientalischen Stadt. Die große Hauptstadt des Südens, Marrakesch, gibt dem ganzen Land den Namen, Marokko.

Ein neuer Stadttyp wird also im westlichen Maghreb eingeführt, in dem bisher nur ländliche Ansammlungen berberischen Charakters und die römische Stadt bekannt waren. Die städtische Kultur tritt hier in einer neuen Form wieder in Erscheinung, der der orientalischen Stadt, einer Handelsstadt mit Mauern, Toren, getrennten Vierteln, Märkten und Handwerkerstraßen, und mit ihr tritt ein neuer Typ von Individuum auf: der Fāsī, der Bürger von Fes, der tief islamisierte Berber, dem die Stadt ihr blühendes Leben verdankt.

Spanien

Die Iberische Halbinsel umfaßt Küstenebenen, Gegenden, in denen die islamische Herrschaft zuerst Fuß faßt, wie die Ebene der Levante (Campus juncarius), ein neues, jungfräuliches Land, die Algarve, ein Gebiet von Wäldern und Oasen; ferner Plateaus im Landesinnern, Steppen und Kulturland, eine Landschaft, die sich dem Verkehr leicht erschließt; endlich gebirgige Zonen, die als Refugium dienen und außerhalb des unmittelbaren Geschehens bleiben (Estremadura). Das Land besitzt viele eigenartige, kontrastreiche Landschaften. Den nordwestlichen Teil der Halbinsel bewohnen Asturier, Kantabrier und Basken; er wurde von den Westgoten niemals eingenommen und auch nicht von den Muslimen. Dieser Teil war immer Rückzugsgebiet; später entsteht hier das Königreich von Asturien und Leon, die künftige Basis der Reconquista.

Die Nordgrenze des *bilād al-Andalus* (Land Andalusien) ist eine Region von Marken, eine Zone von Razzien (span. *algaradas*), bewacht von einer Reihe vorgeschobener Festungen. Die Hauptorte der Marken *(aṯ-ṯuġūr)* sind im Hinterland: Saragossa in der oberen Mark *(aṯ-ṯaġr al-a'lā),* Medinaceli (Madīnat Sālim) in der mittleren *(aṯ-ṯaġr al-ausaṭ)* und Coria in der unteren *(aṯ-ṯaġr al-adnā).* Auf bestimmten, von der Natur festgelegten Linien durchqueren Straßen die Zonen der Razzien. Die große

Transversale verläuft von Saragossa über Toledo nach Cordoba und Sevilla, wo sie auf die Flußschiffahrt des Guadalquivir trifft. Von Cordoba breiten sich die Verbindungen sternförmig aus; die Ebro-Route führt von Tortosa über Saragossa und Tudela zum Paß von Vittoria. Die wichtigsten Seewege führen an der Ostküste von Narbonne bis Almeria und zum Guadalquivir und an der Westküste von Castro Urdiales am Golf von Biskaya nach Alcacer do Sal und weiter ebenfalls zum Guadalquivir.

Das iberische Substrat

Abgesehen von den Basken im Nordwesten wird Spanien bei der Ankunft der Muslime von alten iberischen Völkern bewohnt, die sich mit germanischen oder levantinischen Elementen (*Syri* und Juden) vermischt haben. Die keltiberischen Völker, mehr oder weniger romanisiert – oder besser gesagt entromanisiert –, leben dünn gesät in den Gebieten, die Wüsten sind oder fast Wüsten. Die Levante, eine Landschaft von Sümpfen und Lagunen, verdankt ihre Bedeutung nur der Küstenstraße; in der islamischen Zeit führt der Weg dann aber über das Landesinnere. Die Algarve, von Fichtenwäldern bedeckt, ist sehr wenig besiedelt. Wenig besiedelt oder fast verlassen sind auch die gebirgigen Regionen und Mesetas des Landesinnern. In Spanien hat es, anders als in der Berberei, vor dem Islam keinen demographischen Aufschwung gegeben. Der präromanische – keltische oder iberische – Untergrund der alten Bevölkerung kommt wieder zum Vorschein, begünstigt durch die Anarchie und die wirtschaftliche Regression am Ende des Römischen Reichs.

Mit der Ankunft der westgotischen Banden, die sich noch in einem primitiven Stadium der wirtschaftlichen und gesellschaftlichen Organisation befinden, wird dieser Prozeß stark beschleunigt. Die alte iberische Gesellschaft kannte die Kraft der gefühlsmäßigen und persönlichen Bindungen, der Bindungen zwischen Menschen: Es ist die *devotio iberica,* von der die lateinischen Autoren sprechen, die von der Eroberung Spaniens durch die Römer berichten, wobei sie denselben Ausdruck *devotio* auch benutzen, um die germanischen Gesellschaften zu charakterisieren. Lebensniveau und Lebensweise der Invasoren und der Unterlegenen gleichen sich an. Die Gliederung nach Familie und Stamm, die Urzelle par excellence der germanischen Völker, findet sich auch bei den Iberern. Jede Sippe ist eifersüchtig auf ihre Unabhängigkeit bedacht. Es ist einerseits eine strenge, andererseits eine anarchische Organisation, derjenigen der Berber im Maghreb vollkommen vergleichbar, eine Organisationsform, die dazu beitragen kann, das zukünftige Auseinanderbröckeln in die Reiche der *Reyes de Taifas* (Kleinkönige) zu erklären.

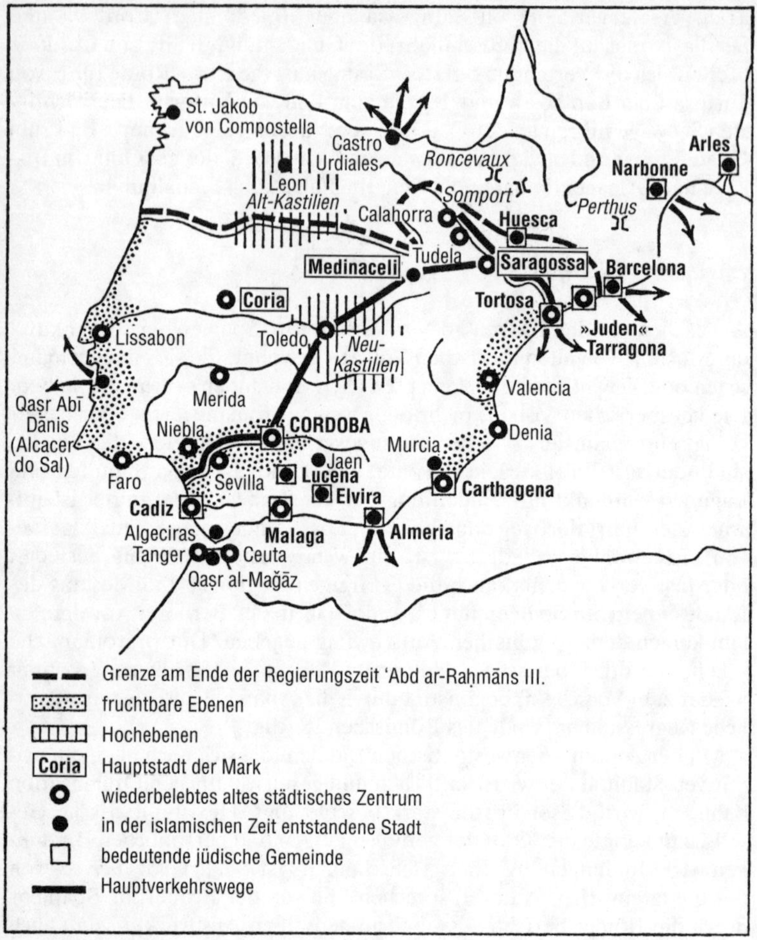

6. Der spanische Raum

Regression also, Rückkehr zu alten, vorrömischen Zuständen, eine Rückkehr, die begünstigt wird durch die wirtschaftliche Entwicklung, den Einsturz des Staatsgerüstes und die Errichtung der germanischen Herrschaft. Die Entromanisierung hätte wohl noch stärker ausfallen können, wäre die Kirche nicht gewesen, die die Tradition und die lateinische Sprache bewahrte. Der spanische Episkopat ist von Anfang an mächtig und reich. Er rekrutiert sich aus der Klasse der Großgrundbesitzer, und die Schenkungen der Gläubigen vermehren seinen Grundbesitz noch. Der Übertritt der westgotischen Könige vom Arianismus zum Katholizismus bedeutet eine weitere Stärkung der Position der Bischöfe und vor allen Dingen des Metropoliten von Toledo, der auch von den Kalifen von Cordoba immer als eine bedeutende Persönlichkeit angesehen wurde. Zur Zeit von Ḥakam II. (961–976), als der König von Leon, Ordoño IV., nach Cordoba kam, ist der *maṭrān* (Metropolit) von Toledo unter den christlichen Würdenträgern, die ihm entgegengesandt werden, um ihn über die Etikette am islamischen Hof zu unterrichten.

Diese mächtige Hierarchie der spanischen Kirche erklärt die Tatsache, daß die christlichen Gemeinden lebendig, aktiv und zum Teil sogar rebellisch blieben, vor allem in Toledo, Sevilla und Cordoba. Die Städte sind Zentren, in denen sich Romanisierung und Christentum behaupten, wie sie in der Folge auch Zentren der Islamisierung und Orientalisierung sind. Die Christen haben den Status des *ḏimmī* (Schutzbürgers), einen Status, der ihnen mitunter auch durch einen regelrechten Übergabevertrag garantiert wird, wie ihn zum Beispiel Theudemir für das Gebiet von Murcia unterzeichnet hat. Die Eroberer verpflichten sich, Religion und Kirchen der Besiegten zu respektieren. Die Toleranz gilt für alle, außer für diejenigen, die vom Islam abfallen, oder für diejenigen Christen, die den Märtyrertod suchen. Die Mozaraber (*musta'rib,* ›arabisiert‹) organisieren sich in Gemeinden unter der Autorität von Oberhäuptern, die sie selbst gewählt haben und die nach orientalischem Prinzip für die Aufrechterhaltung der Ordnung und für die Eintreibung der Steuern verantwortlich sind: dem *defensor* oder *comes,* dem Repräsentanten der Gemeinde, dem Bischof *(episcopus, usquf),* dem *exceptor,* der die Steuern eintreibt, und dem *censor (qāḍī an-naṣārā,* ›Richter der Christen‹) oder Richter. Die spanischen Christen besitzen eine besondere Liturgie, den mozarabischen Ritus. Der starke Zusammenhalt der christlichen Kirche erklärt auch, warum die lateinische Sprache sich weiterhin behauptet und zu einer romanischen Sprache weiterentwickelt, wobei arabische Fremdwörter, vor allen Dingen technische Termini, einfließen. Der Kalender von Cordoba von 961[15] ist zweisprachig, lateinisch und arabisch. Die christliche Kirche behauptet ihre wesentlichen Charakterzüge von der westgotischen Zeit bis zur Reconquista, wobei ihre Beziehungen zu den christlichen Staaten des Nordens gegen Ende des 10. Jahrhunderts intensiver werden.

15 Reinhart Pieter Anne Dozy, *Le calendrier de Cordoue de l'année 961. Texte arabe et ancienne traduction latine.* Leiden 1873, Nouvelle édition et traduction Charles Pellat, Leiden 1961.

Die Levantiner

Ein anderes wichtiges Element des westgotischen Spanien sind die Levantiner, ein Element, das in der islamischen Zeit durch neuen Zugang aus dem Orient noch verstärkt wird. Es besteht in der Hauptsache aus jüdischen und syrischen Händlern *(Syri),* die sich vor allen Dingen in den großen Durchgangsgebieten konzentrieren, im Südwesten und Nordosten der Halbinsel; im Süden nahe der Straße von Gibraltar, im alten karthagischen Gebiet, in dem das Punische noch im 2. Jahrhundert der christlichen Ära gesprochen wurde; um Malaca (punisch ›die Königliche‹), dessen punisches Aussehen Strabo [gest. 20 n. Chr.] bemerkt hat; an der Küste in Cadiz und Carthagena und in den Kolonien des Landesinnern: Lucena – zwischen Malaga und Cordoba – und Elvira, dem ›jüdischen Granada‹. Die Judaisierung der alten levantinischen Diaspora ist eine der großen Tatsachen der Alten Geschichte des Mittelmeerraums. Im Nordosten sitzen die Levantiner an den Zugängen zu den Pyrenäen-Pässen *(puertas secas),* durch die Spanien mit *Ifranğa* (Frankien) in Verbindung steht. Auf beiden Seiten des Gebirges, in Septimanien und in Katalonien, wohnt dieselbe Bevölkerung, in Tortosa, Saragossa, Tudela, Tarragona, Barcelona und Narbonne, Etappen der jüdischen Radhaniten, deren Itinerar über Lyon zur Rhône und dann zum Rhein führt.

Das jüdische Element war im westgotischen Reich von den iberischen und germanischen Bevölkerungen nicht assimiliert worden. Unter den arianischen Königen blieb die Lage erträglich, aber unter den katholischen Königen wie Rekkared [586–601] fanden Verfolgungen statt. Kein Wunder, daß diese Juden, vor allem die Gemeinden im Süden, den muslimischen Invasoren einen warmen Empfang bereiteten; man kann sie sogar des ›stillen Einverständnisses‹ beschuldigen. In der Tat war das Terrain durch muslimische Gefangene und durch die Orientalisierung der römischen Welt und des barbarischen Mittelmeers schon vorbereitet. Den Juden wird dann auch die Bewachung der Städte Andalusiens anvertraut, die die Muslime erobern. Vom 8. Jahrhundert an fließt dauernd ein Strom jüdischer, orientalischer Einwanderer nach Spanien. Die wichtigste jüdische Gemeinde des ganzen islamischen Spanien befindet sich in Cordoba, dem wirtschaftlichen und politischen Zentrum, wo es auch eine Synagoge gibt (11.–12. Jh.). In Toledo stehen zwei Synagogen (10.–11. Jh.), die später in Kirchen umgewandelt wurden und bis in unsere Zeit erhalten sind. Am Kalifenhof spielten die Juden eine große Rolle, so zum Beispiel der Arzt Chasdai Ibn Schaprut, der Wesir ʿAbdarraḥmāns III. [912–961] war. Im 11. Jahrhundert bauen sie dann die Verwaltung des Königreichs Granada auf.

Das jüdische oder judaisierte Element erleichtert die Verbindungen zwischen dem Orient und dem islamischen Spanien, besonders in den Zeiten, in denen die Regierungen einander feindlich gesonnen sind (Omayyaden gegen Fāṭimiden). Es erleichtert außerdem die Beziehungen zwischen dem islamischen Spanien und den christlichen Ländern des Nordens[16]; ein Netz von jüdischen Gemeinden zieht sich über das Rhônetal bis ins Rheinland; diese Juden widmen sich aktiv dem Sklavenfernhandel von den Ufern der Elbe bis zum *bilād al-Andalus* (Land Andalusien). Schließlich dehnt sich das jüdische Handelsnetz bis zum Äußersten Maghreb aus, bis Sūs al-aqṣā, bis zur Sahara und bis zum Sudan; über dieses Netz läuft der Handel mit Gold und mit schwarzen Sklaven, trotz der politischen Kämpfe und Rivalität, die Nordafrika mitunter spalten. Der Brief, den der Wesir ʿAbdarraḥmāns III., Chasdai Ibn Schaprut, an den König der Chasaren richtet, eines zum Judentum konvertierten Volkes an der Wolga, wirft ein Licht auf die Beziehungen, die die Gemeinden, die an allen Welthandelsstraßen vertreten sind, miteinander pflegen.[17]

Aber die Juden spielen nicht allein in der Geschichte der Handelsbeziehungen eine Rolle. Die jüdischen Schulen von Cordoba und Toledo nehmen die gedanklichen Ströme auf, die von Mesopotamien ausgehen. Cordoba besitzt eine renommierte Talmūdschule. Abgesehen von ihrer hebräischen Bildung verfügen die Rabbiner über breite Kenntnisse in der klassischen arabischen Literatur; sie sind auch Wissenschaftler, Ärzte, Astronomen und Astrologen. Maimonides aus Cordoba markiert im 12. Jahrhundert den Gipfel dieser Schule. Ebenso existiert in Toledo, einer großen christlich-mozarabischen und auch jüdischen Stadt, ein wichtiges Zentrum für Übersetzungen aus dem Arabischen ins Hebräische und aus dem Hebräischen ins Lateinische. Nach der Reconquista Toledos im Jahre 1085 werden diese Übersetzungen dann in den Okzident wandern. Der Kreislauf der Gedanken von Aristoteles, die aus dem Griechischen ins Syrische, von dort ins Arabische, dann ins Hebräische und schließlich ins Lateinische übertragen werden, läßt deutliche Etappen erkennen: Die syrischen Klöster Nordsyriens und Mesopotamiens; die Übersetzerbüros al-Ma'mūns [813 – 833] in Bagdad; dann folgt der Übergang nach Ägypten, Nordafrika und Spanien: Cordoba, Toledo, dann die jüdischen Zentren des Languedoc, und schließlich im 13. Jahrhundert die Sorbonne.

16 Maurice Lombard, *La route de la Meuse et les relations lointaines des Pays mosans entre le VIIIe et le XIe siècle.* In: L'Art mosan, Recueil de travaux publié par Pierre Francastel, Paris 1953, S. 9 – 28, mit Karte.

17 *»Lettre au Ḫāqān des Ḫazars« (vers 958),* Ed. et trad. Eliakim Carmoly. In: Itinéraires de Terre Sainte des XIIIe, XIVe, XVe, XVIe et XVIIe siècles, Brüssel 1847, S. 38.

Die Invasoren: Berber und Araber

Die islamische Eroberung ging schnell vor sich (711–714) und rief unter der Bevölkerung des flachen Landes keine großen Reaktionen hervor. Nach dem militärischen Zusammenbruch der Westgoten am Rio Barbate im Jahre 711 ergeben sich die eingeschlossenen Städte und werden der Bewachung durch Juden überlassen. Seit 714 erreichen die Truppen Septimanien. Die Invasoren sind Berber und Araber. Der Erkundungszug von Ṭarīf und dann die Expedition Ṭāriqs werden mit Hilfe fast rein berberischer Truppen durchgeführt. Die Expeditionstruppen Ṭāriqs, der selber Berber und Freigelassener von Mūsā Ibn Nuṣair, dem Gouverneur des Maghreb, war, zählten nur 7000 Mann. Im folgenden Jahr, 712, setzt Mūsā selber mit 10 000 Mann rein arabischer Truppen nach Spanien über. Keiner der Soldaten der Invasionsarmee kehrt nach Afrika zurück. Dieser erste berberisch-arabische Beitrag von 17 000 Menschen umfaßt nur Soldaten. Ihm folgen aber im Laufe des 8. Jahrhunderts bedeutende Kontingente berberischer Immigranten aus dem Maghreb, die von den Reichtümern des eroberten Landes angezogen werden. Diese Infiltration setzt sich dann kontinuierlich bis zum Ende des Mittelalters fort und erlaubt dem Königreich von Granada, bis zum 15. Jahrhundert zu überleben. Daß die islamische Bevölkerung eine große Mehrheit von Berbern umfaßt, ist ein wichtiges Faktum.

741 bricht die Revolte der Berber Spaniens gegen ihre arabischen Führer los, eine Folge der Berber-Revolte des Maghreb, einer Explosion des Charidschismus. Die Berber haben mit ihren afrikanischen Brüdern Verbindungen aufrechterhalten und dasselbe Ideal der anarchischen Unabhängigkeit bewahrt. Sie wählen einen Anführer, tun sich zusammen und rasieren sich die Köpfe, um nicht mit den Feinden verwechselt zu werden. Ihr Aufstand wird von den Arabern zermalmt, die sich in Spanien schon niedergelassen haben, verstärkt um ein neues Kontingent, das aus Afrika übersetzt: die syrischen Truppen unter ihrem Emir Balğ, einige tausend Mann. Nach der mörderischen Niederlage der Berber werden diese syrischen Truppen im südlichen Distrikt angesiedelt, das Kontingent von Damaskus in Elvira, das jordanische Kontingent in Malaga, das palästinensische in Sidona, das Kontingent aus Homs in Sevilla, das aus Qinnasrīn in Jaen. Diese Syrer führen dann die Seidenraupenzucht und die Seidenweberei im Land ein.

Die Araber, die die Arbeit auf dem Feld verachten, konzentrieren sich in den Städten und leben von der Pacht, die ihnen die Bauern zahlen; sie sind also regelrechte Grundrentner. Toponymisch tauchen arabische Namen in den Ebenen auf, besonders in der spanischen Levante, und zwar bei den Ortsnamen, die mit *Banū* (Söhne des, Stamm) beginnen: Benifayó

[Banū Ḥaiyūn] bei Valencia, Benicásim [Banū Qāsim] bei Castellón de la Plana, Benigánim [Banū Ġānim] bei Játiva usw. Bei den berberischen Truppen, die nach Spanien eingewandert sind, liegt die Sache anders. Von ihnen scheint sich nur eine Minderheit für das städtische Leben entschieden zu haben. Die Bergbewohner aus Marokko, die nach Spanien verpflanzt worden waren, konnten sich kaum anderswo als in den spanischen Gebirgsgegenden akklimatisieren: im südöstlichen Massiv, Serranía de Ronda und der Sierra Nevada, und im Norden des Guadalquivir, der Sierra d'Almaden und der Sierra de Guadarrama. Die Wohnstätten der Berber scheinen fast alle außerhalb der Ebenen und der großen Städte von Andalusien zu liegen. Überall, wo das Land dazu einlädt, bilden sich gewissermaßen Inseln von berberischen Bergbewohnern. Die Namen ihrer ursprünglichen Stämme haben sich in den Ortsnamen niedergeschlagen, zum Beispiel in der Sierra de los Gazules, dem Bergmassiv zwischen Granada und dem Meer, das die berberischen Ǧazūla bevölkerten. Berberisiert wird der größte Teil des Südens und Westens von Spanien außerhalb der Ebenen. Die Berber widmen sich gemeinschaftlicher Viehzucht – dem Ursprung der Mesta – und der Kultur des Olivenbaums. Der östliche Teil, die Levante, ist dagegen mehr arabisiert. Ibn Sa'īd stellt noch im 13. Jahrhundert fest, daß die Bewohner der Gebirgsgegenden die afrikanische Kopfbedeckung, den Turban, tragen, während in Cordoba und der Levante die Qalansuwa, die hohe Mütze iranischen Ursprungs, getragen wird.[18]

Die Prosperität der Ebene des Guadalquivir in der islamischen Zeit ist nur die grandiose Fortsetzung und Entwicklung der römischen Baetica. Was der andalusische Islam an Eigenständigem geleistet hat, betrifft die wüstenähnlichen Gebiete: die Besiedlung und dann Erschließung der Levante und der Algarve; dazu kommt die Organisation der Mesta. Zuerst zur Erschließung der Levante (*šarq al-Andalus,* ›Osten von Andalusien‹, von *aš-šarq,* ›der Osten‹); dazu gehört die Umwandlung des *campus juncarius* in *huertas,* eingehegte Frucht- und Nutzgärten mit Bewässerungssystemen, die den Anbau orientalischer Kulturpflanzen wie Reis, Baumwolle, Zuckerrohr, Orangen und Bananen erlauben; die Einführung der Seidenproduktion, einer Luxusindustrie, die im Okzident lange Zeit nur in Spanien betrieben wird, und schließlich die Gründung von Almeria. Dann die Erschließung der Algarve (*ġarb al-Andalus,* ›Westen von Andalusien‹, von *al-ġarb,* ›der Westen‹), d. h. die Rodung eines Landstriches von Kiefernwäldern, den man in einen tropischen Garten verwandelt; die

18 Al-Makkari, *Analectes sur l'histoire et la littérature des Arabes d'Espagne,* Ed. R. P. A. Dozy et. al., 2 Bde., Leiden 1855–1861 [Nachdr. Amsterdam 1967], Bd. I, S. 137 (Nach Ibn Sa'īd).

Anlage der Olivenhaine von aš-Šaraf (Aljarafe), westlich von Sevilla; die Gründung der zweiten großen Werft des Kalifats von Cordoba in Qaṣr Abī Dānis (Alcacer do Sal), in der Nähe der großen Salinen von Setubal; die Fischereihäfen und der Seehandel, den die bedeutenden Werften möglich machen, in denen das Holz der nahen Wälder verarbeitet wird.

Schließlich haben die Berber aus dem Norden Afrikas neue Methoden der kollektiven Schafzucht nach Spanien mitgebracht: Weide und Wanderung der Herden, die sich an ganz bestimmte, festgelegte Wege halten. Die arabische *maštā* [Winteraufenthalt] wird zur *Mesta* [Gemeinschaftsweide]. Sie wird auf den Hochebenen des Landesinnern und auf den Bergen, die sie umgeben, praktiziert, Gegenden, die in der römischen Zeit abweisende Wüsten waren. Die Reconquista behält später diese Errungenschaften bei und macht daraus eine ›nationale‹ Organisation. Die Wollproduktion entwickelt sich für Spanien zu einer Quelle des Reichtums. Die Einführung des Merino-Schafs, dessen Name im 12. Jahrhundert in spanischen Texten auftaucht, eines Schafes mit weicher und schmiegsamer Wolle, neben dem Churro, das ein rauhes Fell hat, erweist sich als Gewinn. Auch die Pferdezucht entwickelt sich weiter, das berberische Pferd Nordafrikas ergibt durch Kreuzung das spanische *Jinete* (von Zanāta abgeleitet, franz. *genêt*), und es sieht so aus, als stünde diese Entwicklung der Zucht mit neuen Futtersorten in Zusammenhang, vor allen Dingen mit der Luzerne, die persischen Ursprungs ist und die die Spanier noch heute unter dem arabisch-persischen Namen *alfalfa* kennen.

Die Orientalisierung Spaniens. Das Emirat von Cordoba.

In dem Zeitraum vom 8. bis zum 11. Jahrhundert erlebt Spanien wie die übrige Islamische Welt einen phantastischen urbanen Aufschwung, und zwar vor allem eine Wiederbelebung der alten Zentren. Deren Liste ist größer als in Nordafrika, nicht weil die Urbanisierung des phönizischen und römischen Spanien weitergetrieben worden wäre als die Urbanisierung Nordafrikas, sondern weil sie ein dichteres Netz geschaffen hatte; außerdem hatten sich die Westgoten, die Nomaden gewesen waren, in den Städten niedergelassen. Diese Städte erfuhren in der islamischen Zeit eine ungeheure Entfaltung, zu der die Entwicklung der römischen Zeit in gar keinem Verhältnis steht. Das gilt besonders für Cordoba und Sevilla, dann die beiden großen Zentren der Baetica, Malaga und Cadiz, die Häfen der Meerenge, ferner Toledo und Saragossa. Neben diesen alten, wiederbelebten Zentren kann man nur zwei wirkliche Neugründungen verzeichnen. Es handelt sich um zwei Häfen, der eine am Mittelmeer, der andere am Atlantik: Almeria, gegründet 756, und Alcacer do Sal an der Lagune von Setubal, etwa aus derselben Zeit.

Cordoba, eine Metropole beträchtlichen Ausmaßes, ist vor allem eine Stadt der Paläste. Der Omayyade ‘Abdarraḥmān I., der es 756 zur Hauptstadt eines unabhängigen Emirats machte, ist ein orientalischer Fürst, ein Flüchtling wie die Rustemiden, die Idrissiden und die Fāṭimiden, der vor der abbassidischen Neuordnung in diesem islamischen ›Wilden Westen‹ Zuflucht sucht, der der Maghreb damals ist. ‘Abdarraḥmān leidet an Heimweh nach Syrien, an der Erinnerung an die Omayyaden von Damaskus. Er und seine Nachfolger, vor allen Dingen ‘Abdarraḥmān II. (822–852), versuchen den Rahmen wiederherzustellen, den sie vermissen, einen Hofstaat orientalischen Zuschnitts. Eine der Palaststädte der Umgebung trägt den Namen *ar-Ruṣāfa,* wie in Syrien. Die neuen Emire ahmen die Moden Bagdads nach, der glänzenden, großen Hauptstadt des rivalisierenden Kalifats, vor allem aber eine berühmte Metropole. Sie rufen Literaten in ihr Land, Schöngeister, Musiker, Dichter, Gelehrte und Rechtsgelehrte aus dem ganzen Orient, denen sie Stellungen am Hof und fette Pfründe bieten. Eine Satire von Ibn Bassām zeigt, wie die ›snobistischen‹ Höflinge auf der Lauer lagen, um nur ja keinen Modewechsel im Orient zu verpassen. »Wenn im hintersten Syrien oder Irak ein Rabe krächzt oder eine Fliege brummt«, sagt er, »dann fallen sie auf die Knie wie vor einer göttlichen Erscheinung.«

Cordoba ist unermeßlich reich. Mit dem Gold des Sudan kauft man slawische Sklaven, die dann gegen gutes orientalisches Geld in die ganze Islamische Welt weiterverkauft werden. Auf diese Weise entsteht an diesem Ende der Islamischen Welt – wie am anderen Ende, im Fürstentum der Sāmāniden – ein aktiver Wirtschaftskreislauf. Wie der Hof der Sāmāniden wird auch das omayyadische Cordoba ein Zentrum, das Literaten und Künstler gewaltig anzieht. Wie in einem Brennpunkt zeigt sich die Übernahme orientalischer Moden durch das omayyadische Cordoba in der Ankunft des Musikers Ziryāb, der gegen 230/845 aus Bagdad kommt und nach der Tradition alle neuen Moden eingeführt haben soll. Ziryāb war ein Schüler von Isḥāq al-Mauṣilī, dem Sänger und Musiker, der die ›medinensische‹ Art des Gesangs beherrschte. Mit ihm kommt eine ganze Schar von gelehrten Sklavinnen, die ›Töchter von Ziryāb‹, die die Erziehung der Gesellschaft Cordobas übernehmen, sie die neue Musik lehren, sie in die Kunst einführen, die Laute mit fünf Saiten (*al-‘ūd,* ›die Laute‹) oder auch andere Saiteninstrumente zu spielen, und ihnen den medinensischen Cantus beibringen, aus dem dann der *cante jondo* hervorgeht.

Neue kulinarische Gerichte kommen auf, nach orientalischen Rezepten auf der Basis von Reis, Zucker und Gewürzen zubereitet: Konfekt,

Marzipan und Nougat; auch auf diesem Gebiet geht das Abendland in die Schule des Orients, mit Spanien als Vermittler. Gleichzeitig lernt die feine Gesellschaft von Cordoba, Kristallgläser zu benutzen, die ›irakischen‹ Gläser *(ʻirāqī),* deren Gebrauch im Okzident unsere Quellen im 10. Jahrhundert bezeugen; Möbel, die mit gepreßtem und vergoldetem Leder mit Hilfe einer Technik bezogen sind, die über die Straße der Qsur nach Spanien gekommen ist. Mit Leder aus Cordoba werden auch Zimmer ausgeschlagen. In der Kleidermode werden elegante und luxuriöse orientalische Gewänder eingeführt, Stoffe mit breiten Streifen, die persische Muster imitieren, Mäntel aus durchsichtigen Geweben, Importe aus Chusistan und Ägypten, die jetzt in Andalusien hergestellt werden; der Kalender von Cordoba (961) hält fest, daß man im Oktober, wenn die Kälte einbricht, die weißen Kleider gegen Kleider aus dunklem Stoff eintauscht, eine Mode, die Ziryāb eingeführt haben soll. ʻAbdarraḥmān II. hatte in Spanien zuerst Ṭirāz-Ateliers eingeführt, Palastwerkstätten, die nur für den Hof arbeiteten und Luxustoffe produzierten, auf denen der Name des Souveräns mit verschiedenen Eulogien eingewoben war; diese Betriebe unterstanden einer strengen Verwaltung, einem regelrechten Staatssekretariat mit einem hohen Palastoffizier, dem *ṣāḥib aṭ-ṭirāz* (Chef des Ṭirāz) an der Spitze.

So ändern sich die Sitten der besitzenden Klassen des Hofes und der Stadt. Nach der ersten Welle der syrischen Einwanderer und der jüdischen Gemeinden, die mit den Zentren Mesopotamiens in Verbindung geblieben waren, rollt eine neue Welle der Orientalisierung heran. Im äußersten islamischen Westen, dem *bilād al-Andalus,* kommen mehrere Wogen orientalischer Einflüsse an; ob diese Einflüsse nun semitisch oder iranisch sind, sie verändern die städtische Gesellschaft, die sich in vollem Aufschwung befindet, zutiefst und bilden den Ursprung der ›andalusischen Zivilisation‹.

Das islamische Spanien liegt zwischen der Küste Afrikas und dem barbarischen Abendland: den iberischen Königreichen im Norden der Halbinsel und *Firanǧa* (Frankien) – dem Karolingischen Reich, später dem Reich der Kapetinger, dem, was die arabischen Quellen *al-arḍ al-kabīra* (das große Land) nennen, d. h. das Festland im Gegensatz zu den ›Inseln‹, nämlich Sizilien und der Spanischen Halbinsel. Im Süden sichern die ›Transithäfen‹ die Verbindung über die Straße von Gibraltar. Im Norden führen Wege über die Pyrenäenpässe; eine lebhafte Küstenschiffahrt verbindet Almeria mit Barcelona und Narbonne. Der Handel Spaniens mit Afrika besteht im wesentlichen aus dem Gold des Sudan, aus schwarzen Sklaven vom Rand der Sahara – vom Senegal bis zum Tschad – und aus westafrikanischem Gummi, das bei der Seidenfabrikation gebraucht wird. Diese Produkte tauscht man gegen Ramschwaren und gegen

Quecksilber, das bei der Goldgewinnung Verwendung findet (Amalgam). Aus dem christlichen Gebiet im Norden kommen slawische Sklaven, die im Transithandel von der Elbe über Germanien und Frankien vor allen Dingen von jüdischen Händlern vermittelt werden, außerdem über denselben Weg Pelze aus den großen nordischen Wäldern und ferner noch Schwerter (*saif al-Firanğa,* ›Frankien-Schwerter‹), Nachahmungen der Damaszener Klingen, die das Karolingische Reich in großem Maßstab exportiert. Im Austausch liefert das islamische Spanien einige Luxusprodukte, wie die Spanisca-Stoffe, vor allem aber Silber- und Goldmünzen: Dirhems, die anfangs von den Emiren von Cordoba geprägt werden, während der Hauptanteil des Goldes aus dem Sudan nach dem fāṭimidischen Gebiet fließt; und Dinare, die aus dem islamischen Orient nach Spanien gelangen. Dann, nachdem die Herrscher von Cordoba dank ihrer Vasallen, der Zanāta aus dem westlichen Maghreb, an der Goldproduktion des Sudan partizipieren, folgen auch Goldstücke, die in Cordoba geprägt werden. Der endgültige Sieg der Omayyaden von Cordoba über die Idrissiden von Fes, die ihrer Expansionspolitik nach dem Maghreb im Wege standen, fällt in das Jahr 974.

Die Nachfrage der großen Städte des Emirats von Cordoba ruft also bedeutende Handelsströme hervor und läßt ein Netz von Handelsstraßen entstehen, die sowohl nach Norden wie nach Süden führen. Über diese Straßen wird, nebenbei gesagt, die Invasion Spaniens im 11. Jahrhundert vor sich gehen; die ›Barbaren‹, die der Handel gerade geweckt hat, benutzen die Handelswege zum Überfall. Von Norden stoßen die iberischen Staaten vor, die sich auf normannische und burgundische Ritter der Bewegung von Cluny stützen, einer großen Bewegung, die man vom Standpunkt des christlichen Spaniens aus ›Reconquista‹, vom Standpunkt des christlichen Abendlands aus ›Kreuzzüge des Westens‹ genannt hat. Von Süden her fallen die almoravidischen Berber aus dem nigerianischen Sahel ein; sie ziehen die Pisten herauf bis Siğilmāsa und erreichen dann über Marokko Spanien.

Mit der Reconquista gelangt ein Stück Islam unter christliche Herrschaft, wie später ein Teil Syriens unter den Kreuzfahrern. Der Fanatismus und die räuberischen Instinkte der Barone des Nordens zerstören zunächst einen Teil der glänzenden Zivilisation Andalusiens. Dann lernen die neuen Okkupanten langsam diese Kultur kennen. Handwerker und Künstler setzen ihre Arbeit fort, sie behalten ihre Techniken unter der Herrschaft der ›Ungläubigen‹ bei (Mudejaren-Kunst). Die islamischen Einflüsse werden stärker und machen sich nun im ganzen Abendland bemerkbar. Die Juderías und Morerías, die Stadtviertel, in denen die Juden und Mauren wohnen, bleiben lebendig. Auch die Almoraviden unterbrechen zunächst die harmonische Entwicklung der andalusischen Zivilisation. Ihr Rigorismus bringt diese Eroberer, harte Kamelzüchternomaden aus der Wüste, dazu, die Höfe auseinanderzutreiben und die Bibliotheken zu verbrennen. Dann unterwerfen sie sich aber dieser Zivilisation, die sich jetzt, dank der Bindungen, die die Vereinigung beider Küsten der Meerenge unter einer einzigen Herrschaft ermöglicht, über den ganzen Maghreb bis zum Sudan ausbreiten kann (Reich der Almoraviden, [*al-murābiṭūn*, 1056–1147]). Das berberische Heerlager im Süden Marokkos wird zur Großstadt Marrakesch (1077). Timbuktu wird im 12. Jahrhundert gegründet; es ist die Zeit, in der die ›marabotinischen‹ [= murābiṭinischen] Goldstücke überall in Umlauf sind.

Sizilien

Sehen wir uns nach Spanien eine andere Front der berberischen Expansion an, Sizilien, das zwischen beiden Becken des Mittelmeers eine zentrale Position einnimmt. Ausgangsbasen sind die Häfen des Cap Bon: Tunis, Nabeul, Kelibia und Sousse. Die punisierten Berber, die in dieser Gegend wohnen, treiben Fischfang, Handel und Seeräuberei. Sie stellen die Mannschaften der Schiffe. Das Holz zum Schiffsbau, das an Ort und Stelle fehlt, beschafft man sich im Maghreb oder auf Razzien nach Sizilien, Süditalien und bis Dalmatien. Seit Ende des 7. Jahrhunderts werden auf die damals noch baumreichen Massive des Aspromonte und der Sila in Kalabrien Überfälle veranstaltet, um Schiffsbauholz zu bekommen. Die byzantinische Flotte, die in Sizilien stationiert ist, versucht an den Küsten Ifrīqiyas Landeunternehmungen durchzuführen, die die Garnisonen der Ribāṭe nicht immer zu vereiteln in der Lage sind. Daher für die Muslime die Notwendigkeit, sich der Insel selber zu bemächtigen. Im Jahre 700 wird die Insel Pantelleria besetzt; 703 beginnen die ersten, zaghaften Versuche, an den Küsten Siziliens ernsthaft Fuß zu fassen. Erst mehr als ein Jahrhundert später findet die siegreiche Expedition des aghlabidischen Emirs Ziyādat Allāh statt. Palermo wird genommen (827–831), dann Syrakus (878); das sind die beiden Pole der Insel, seit jeher Schlachtfelder, von der griechischen Kolonisation – Syrakus mit Blick auf die Magna Graecia – bis zur karthagischen Kolonisation – Palermo mit Blick auf Karthago. Wie die Hauptstadt des byzantinischen Sizilien Syrakus war, so wird das islamische Sizilien den Wiederaufstieg von Palermo erleben, wo ein alter phönizischer Bodensatz sich erhalten hat, wie in Karthago-Tunis.

Am Anfang des 9. Jahrhunderts war das byzantinische Sizilien sehr stark hellenisiert. Man sprach zwar auch lateinisch, aber die einzige geschriebene Sprache war das Griechische. Die Kirche unterstand dem Patriarchat von Konstantinopel, und die Mönche lebten nach der Regel des Heiligen Basilius. Künste, Architektur und dekorative Techniken (Mosaiken) waren aus Byzanz entlehnt. Auch die sizilianischen Emire werden sie übernehmen, ebenso wie später die Errungenschaften der islamischen Epoche weitergegeben werden. Unter der Herrschaft der Aghlabiden aus Nordafrika und dann der Fāṭimiden erlebt die Insel eine architektonische Blüte, von der nichts geblieben ist als einige Überreste des Palastes, der Favara (von *fawwāra,* ›Wasserspiel‹) in Palermo. Alles das, was heutzutage an islamischer Baukunst noch in Sizilien zu sehen ist, datiert in der Tat aus der normannischen Zeit, so die Cuba, die Ziza (*al-'Azīza,* ›die Glorreiche‹) und die Cubola. Pläne, Dekor und Epigraphik entsprechen der Formensprache, die aus Ifrīqiya, Ägypten oder Bagdad importiert wurde. Damals, unter den Normannen, ist Sizilien ein Teil der Islamischen Welt unter christlicher Herrschaft, ein Land, in dem die Techniken und die künstlerische Produktion weitergeführt werden, wie in der Mudejaren-Kunst der Iberischen Halbinsel. Sizilien und Spanien sind alte Kulturgebiete, die von einer neuen Herrschaft überdeckt werden; diese Überlagerung erleichtert Übergang und Weitergabe der Fertigungstechniken und des dekorativen Repertoires. Sie erlaubt neue Synthesen. Die christliche Wiedereroberung spielt im Okzident dieselbe Rolle wie die islamische Eroberung früher: Sie breitet sich auf dem Gebiet alter orientalischer Kulturen aus und vermittelt die Elemente dieser Kulturen in den barbarischen Okzident, der bis zu diesem Zeitpunkt keinen direkten Kontakt zu ihnen gefunden hatte. Nach diesem Schema werden auch landwirtschaftliche und industrielle Techniken vermittelt: die Bewässerung der *huertas* ebenso wie die der *Conca d'oro* (Goldenen Muschel), dem Tal bei Palermo; der Anbau von Baumwolle, Zuckerrohr, Reis und Orangenbäumen; die Seidenraupenzucht, Textilindustrien (Baumwoll- und Seidenstoffe), Lüsterkeramik usw.

Bemerkenswert ist auch die Bedeutung der städtischen Entwicklung. Die Muslime waren diejenigen, die Palermo endgültig zur Hauptstadt von Sizilien gemacht haben. Die Stadt hat heute ungefähr 400 000 Einwohner, während Syrakus nur 40 000 hat. Im 10. Jahrhundert zählte Ibn Ḥauqal[19] in Palermo 300 000 Einwohner. Der Zahl der Moscheen nach zu urteilen, rangierte Palermo unter den Großstädten des Islam. Im gesamten islamischen Okzident stand es nur hinter Cordoba zurück; der Wachstumsrhythmus der beiden Metropolen war jedoch, wie die arabischen Autoren bemerken, ähnlich. Die Häfen an der gegenüberliegenden Küste des tyrrhenischen Meeres, Amalfi, Salerno, Neapel und Gaeta, befan-

19 Vgl. Michele Amari, *Description de Palerme au milieu du Xe siècle de l'ère vulgaire par Ebn Hawcal.* Paris 1845.

den sich wirtschaftlich im Bannkreis von Palermo und des islamischen Sizilien, seinerseits ein Prunkstück des fāṭimidischen Kalifats. Fāṭimidische Münzen kursierten in ganz Süditalien, Dinare und vor allem Viertel-Dinare (arab. *rub'*) waren allgemein in Umlauf und wurden nachgeahmt *(tarin)*, ein Phänomen, das man auch in den christlichen Königreichen Nordspaniens und in der Grafschaft Barcelona beobachten kann, wo im 11. Jahrhundert die islamischen Münzen aus dem Süden der Halbinsel als Vorbild dienen.

Nachdem die normannische Eroberung (1061–1089) diesen Teil der islamischen Welt an das christliche Abendland angeschlossen hat, werden die Beziehungen nur noch intensiver. Techniken wie die Seidenraupenzucht und die Seidenfabrikation gelangen nach Norditalien (Lucca, Venedig), eine Strömung, die gleichzeitig noch verstärkt wird durch die Einflüsse, die direkt aus den fränkischen Fürstentümern Syriens kommen und aus den Kreuzzügen hervorgegangen waren. Fügen wir hinzu, daß Sizilien und Süditalien wie Spanien sich in der islamischen Zeit mit einer Reihe von medizinischen, philosophischen, astrologischen und ganz allgemein wissenschaftlichen Kenntnissen vertraut machten. In der Normannenzeit und unter den Staufern, am Hofe Friedrichs II., wird diese Arbeit fortgesetzt. Sizilien ist zusammen mit Spanien eines der Gebiete, über die die orientalischen Einflüsse ins Abendland gedrungen sind; beide haben ihren Beitrag geleistet zu dem, was dann die italienische ›Renaissance‹ im 14. und 15. Jahrhundert zur Synthese führt, diejenige Epoche, in der diese Einflüsse ihre ganze Wirkung entfalten.

Kapitel 4

Die sprachlichen Fakten: Volkssprachen und Arabisch

Wir haben gesagt, daß die Islamische Welt ein Schmelztiegel sei: Verschiedene, bis vor kurzem einander fremde Komponenten geraten in Kontakt, fließen zusammen und verschmelzen miteinander, während gleichzeitig ältere Traditionen wirksam bleiben. Die Untersuchung der linguistischen Tatsachen anhand der Probleme von Sprachen und Schriften wird uns erlauben, dieses grundlegende Phänomen unter einem bestimmten Aspekt genauer zu sehen.

Vor den islamischen Eroberungen war die Situation grob gesagt folgendermaßen: Von der Gruppe und dem Verbreitungsgebiet der semitischen Sprachen setzten sich die indogermanischen Sprachen ab, die türkisch-mongolischen oder uraltaischen Sprachen, die Sprachen Schwarz-Afrikas sowie die Sprachräume des Koptischen und schließlich des Berberischen.

Auf dem Hintergrund dieser früheren Sprachverteilung drückt sich die Expansion der Islamischen Welt in der Expansion des Gebiets der arabischen Sprache aus, die ihrerseits, soweit es die gesprochene Sprache angeht, in zwei große Gruppen zerfällt, die okzidentalischen, maghrebinischen und die orientalischen Dialekte. Schließlich setzen sich dann an den Rändern der Islamischen Welt noch verschiedene Handelssprachen fest: Soghdisch in Zentralasien, Suaheli in Ostafrika, Azer im Sudan und die *lingua franca* um das Mittelmeer herum.

Die semitischen Sprachen

Der semitische Sprachraum wird in seinem nichtarabischen Teil von dem großen Phänomen der aramäischen Synthese beherrscht. In der Tat hat das Aramäische seit dem 6. Jahrhundert v. Chr. fast alle semitischen Sprachen dieser Region, jedenfalls auf der Ebene der gesprochenen Sprache, aufgesogen, mit Ausnahme des Arabischen.

Vor der arabischen Eroberung sind die Kanzleisprachen Griechisch im byzantinischen Syrien und Pehlevi (Mittelpersisch) im sassanidischen Mesopotamien, aber Aramäisch ist die lebende Sprache, die man überall benutzt. Es zerfällt in zwei Dialektgruppen: das Westaramäische im By-

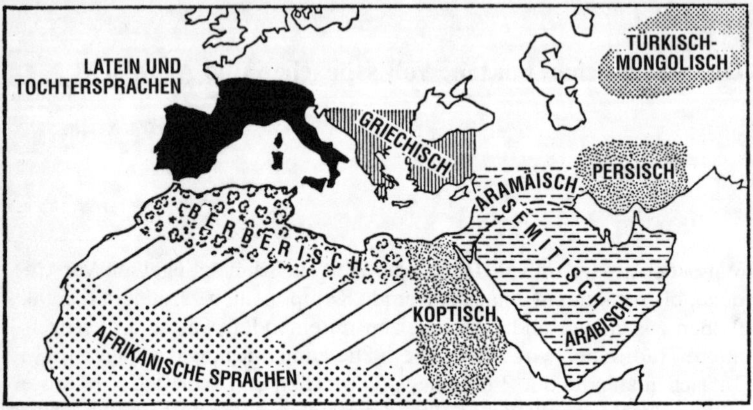

7. Die Verteilung der Sprachen vor der islamischen Eroberung

zantinischen Reich, eine Umgangs- und auch Schriftsprache, die im 2. bis 5. Jahrhundert bei der Redaktion des jerusalemischen Talmūds benutzt wurde, und im Sassanidenreich das Ostaramäische, das seinerseits zwei Untergruppen umfaßt: erstens das Babylonisch-Aramäische, die Sprache, die von den Juden gesprochen und geschrieben wird und in der im 4. und 6. Jahrhundert der babylonische Talmūd redigiert wird; zweitens das Syrische, die Sprache der Stadt Edessa, eine Schriftsprache, die bestimmt war, von Palästina bis Mesopotamien und Persien die Literatur- und Kultsprache aller orientalischen Kirchen der Jakobiten und Nestorianer zu werden, eine Sprache, deren Blütezeit vom 3. bis zum 13. Jahrhundert reicht.

Zur Zeit der arabischen Eroberung sieht die sprachliche Situation so aus: Die beduinischen Dialekte und der städtische Dialekt Mekkas, die die Eroberer benutzen, führen zum sogenannten literarischen Schriftarabisch, der Sprache des Koran. Die unterworfenen Völker Syriens und Mesopotamiens sprechen Aramäisch – West- oder Ostaramäisch –, sie schreiben auch Aramäisch oder Syrisch, das zwei Hauptschriften – nestorianisch und jakobitisch – besitzt. Alle diese Sprachen sind eng miteinander verwandt, meistens decken sich die ›Wurzeln‹, das Skelett der Konsonanten. Als eine Reaktion gegen die fließenden und veränderlichen Aussprachetraditionen lassen sich mehrere Versuche erkennen, die Konsonantenschriften mit Vokalen zu versehen, in dem Ziel, die Lesung der heiligen Texte festzulegen. Solche Bemühungen werden beispielsweise in dem linguistischen Studienzentrum von Tiberias unternommen. Hier gibt es eine Schule von Grammatikern (Masoreten), die in ihren Bemühungen, sprachliche Archäologie zu treiben, selbst bis nach Mesopotamien reisen, um Dokumente aufzutreiben. Damit rufen sie eine gegenseitige Durchdringung der Dialektgruppen hervor, die bisher getrennt waren, nämlich des Ost- und des Westaramäischen, und schaffen so schließlich einen Mischdialekt. Durch die Bildung des geeinten Territoriums, das die Islamische Welt darstellt, wird dieser Synkretismus ermöglicht, um nicht zu sagen herbeigeführt.

Im selben Augenblick und in derselben Absicht, die Aussprache der heiligen Texte zu fixieren, suchen die syrischen Schriftsteller Umsetzungsmöglichkeiten der Vokalisierung: Die Jakobiten setzen (Ende des 7./Anfang des 8. Jahrhunderts) griechische Vokalbuchstaben über oder unter die Zeile; die Nestorianer notieren vom 8. Jahrhundert an die Vokale, indem sie ober- oder unterhalb der Wörter Punkte setzen. Zur selben Zeit wird für den Koran ähnliches geleistet: Die kurzen Vokale a, i, u werden über oder unter die Konsonanten geschrieben. Der aramäische Mischdialekt hingegen, der für eine bestimmte Zeit in Syrien und Mesopotamien gesprochen worden war, verschwindet spätestens gegen Ende des 8. Jahrhunderts. Er wird von einer anderen semitischen Sprache überdeckt und ersetzt, dem Arabischen. Aramäisch und Syrisch werden Kultsprachen und nur noch schriftlich benutzt.

Das Althebräische wiederum wurde fast nur noch als tote Sprache und als Sprache des Kultus studiert, und zwar in den rabbinischen Zentren Palästinas und Mesopotamiens. Auf diese Weise war die Literatur des Talmūd (Studium, Lehre) in ihren beiden Formen entstanden: dem sogenannten *Talmūd jerušalmī,* dem ›jerusalemischen‹, und dem *Talmūd bablī,* dem ›babylonischen‹ Talmūd. Der Talmūd selber besteht aus der *Mischna,* der Lehre im eigentlichen Sinne, die hebräisch geschrieben und im 2. Jahrhundert vollendet ist, und der *Gemārā,* dem Mischna-Kommentar, der im 5. Jahrhundert abgeschlossen und in ost- oder westaramäisch, gemäß den beiden Versionen des Talmūd, abgefaßt ist. Die jüdische Bevölkerung ist also an Zweisprachigkeit gewöhnt, wie man sieht.

Syrien, das zur griechisch-lateinischen Welt gehört, verfügt über vier Sprachen: eine gesprochene Sprache, das Aramäische; eine Schriftsprache, die bei den Christen in Gebrauch ist, das Syrische; eine weitere Literatur- und Kultsprache, das Hebräische, das in den Schulen Palästinas studiert wird, und schließlich das Griechische, die Sprache der Verwaltung und der Diplomatie. Andererseits verfügt auch Mesopotamien, soweit es zur sassanidischen Welt gehört, über dieselben Sprachen, mit dem Unterschied, daß die Aufgabe des Griechischen hier von einer iranischen Sprache, dem Pehlevi, eingenommen wird; außerdem weisen das Hebräische und das Syrische des Sassanidenreiches einige besondere Züge auf. Die jüdische Kultur dieser Gebiete hat eine starke Ausstrahlung ausgeübt; der *Resch Galutha,* das ›Haupt des Exils‹, wird später zu einer der großen Persönlichkeiten des abbassidischen Hofstaats. Das Syrische ist in der Gestalt der nestorianischen Kirchensprache vertreten; auch hier spielte dann das Haupt der Gemeinde, der Katholikos von Seleukia-Ktesiphon, eine nicht zu vernachlässigende Rolle am Hof von Bagdad.

Das weitere Los des Syrischen geht übrigens über den regionalen Rahmen hinaus: In dieser Sprache vollzieht sich eine Osmose des griechischen und persischen Denkens. Das Syrische hat durch regelrecht methodisches Übersetzen den Inhalt griechischer und persischer Werke in sich aufgenommen; es ist eine Schriftsprache, eine vornehme Kultursprache, in der Terminologie und geistiger Gehalt eine außerordentlich fruchtbare Mischung eingehen konnten. In die sprachlichen Formen des Syrischen wird eine komplexe Kultur gegossen, und in diesen Formen nimmt sie Gestalt an, eine Kultur, die aus vielen Mischungen zusammengesetzt ist. Diese kulturellen Mischungen sind eines der charakteristischsten Merkmale der alten Völker des Orients.

Wenn wir uns nun innerhalb des semitischen Sprachgebiets zum arabischen Bereich zurückwenden, so stellen wir folgendes fest: Die Gesamtheit der Sprachen, die von der Bevölkerung der Arabischen Halbinsel gesprochen werden, zerfällt in der Tat in drei Gruppen, die später hinter dem Idiom der koranischen Botschaft verschwinden, das sich seit dem 7. Jahrhundert durchsetzt.

Zunächst das Südarabische. Es zerfällt unter anderem in Ḥimyaritisch, Sabäisch und Yemenitisch und beherrscht den südwestlichen Teil der Halbinsel, die Arabia Felix mit dem großem Hafen Athana (Aden). Dieser Gegend kommt durch ihre Handelsbeziehungen große Bedeutung zu; sie ist das Verbindungsgelenk zwischen dem Seeverkehr über den Indischen Ozean und dem Karawanenhandel Westarabiens, der dann von Mekka aus nach Mesopotamien oder zum Mittelmeer führt. Von der Sprache, die in Südarabien gesprochen wurde, sind uns Inschriften erhalten, die vom 8. vorchristlichen bis zum 6. nachchristlichen Jahrhundert reichen.

Das Omanische ist die Sprache der Südostküste, eines anderen großen Zentrums des Seehandels, das den Zugang zur Route über den Persischen Golf kontrolliert; es ist nicht überraschend, daß die hier gesprochene Sprache unter dem Einfluß der gegenüberliegenden Küste stark mit persischen Wörtern angereichert ist.

Das Nabatäische, das im Norden gesprochen wurde, ist eng mit der Erinnerung an Petra verknüpft, die große Karawanenstadt der ersten Jahrhunderte der christlichen Ära. Es ist uns in der Form von Inschriften aus dem 1. bis 6. Jahrhundert erhalten geblieben.

Das Zentrum der Halbinsel schließlich spricht die städtischen Dialekte des Hidschas, vor allem Mekkas, des Knotenpunkts der großen Karawanenstraßen zwischen den Sabäern im Süden und den Nabatäern im Norden, oder die Dialekte des Nedschd und seiner beduinischen Nomaden, die Kamelzüchter sind. Die Sprachen werden nicht geschrieben, und die vorislamische Dichtung wird erst nach dem Auftreten des Islam nach mündlichen Überlieferungen aufgezeichnet. Das Arabische des Koran ist im wesentlichen dieser Sprache, einer Art gemeinsamen Dichtersprache Zentralarabiens, entlehnt. Dieses koranische Arabisch bildet den Kern des zukünftigen klassischen Arabisch, das sich im 7. Jahrhundert über die ganze Halbinsel ausbreitet.

Genaugenommen wird der semitische Raum also von zwei sprachlichen Kräften bestimmt, dem Aramäischen in Syrien-Mesopotamien und dem Arabischen auf der Arabischen Halbinsel. Die Beziehungen zwischen beiden Sprachen sind wie gesagt eng, sie haben das Skelett des meist dreiradikaligen Konsonantensystems gemeinsam, eine Flexion, deren Vokale normalerweise nicht notiert werden, und die Grundform des Alphabets, das sich wiederum vom phönizischen Alphabet herleitet. Aus der Konfrontation zwischen dem Aramäischen und dem Arabischen geht Arabisch dank der Eroberung als Sieger hervor; die aramäische Welt spricht sehr bald, nämlich vom Anfang des 9. Jahrhunderts an, im gesamten Gebiet Syriens und Mesopotamiens arabisch, wobei die Arabisierung durch die Verwandtschaft der Idiome unterstützt wurde. Aber das Aramäische bleibt nicht die einzige Sprache, die vertrieben wird: Seit dem 8. Jahrhundert setzt sich Arabisch in den Kanzleien auch gegen das Griechische und das Pehlevi durch. Syrisch wiederum, ausschließlich schriftlich und literarisch gebraucht und dadurch unbeweglich geworden, ist seit dem Ende des 10. Jahrhunderts nur noch Gelehrtensprache; die christlichen Autoren schreiben ebensogut syrisch wie arabisch. Dennoch stirbt das Syrische nicht vollkommen aus, es erfährt vielmehr noch eine gewisse Expansion dank der Arbeit der nestorianischen Mission in Zentralasien und China.

Die nichtsemitischen Sprachen

Sehen wir uns nun das Gebiet der nichtsemitischen Sprachen an, und zwar ebenfalls im Augenblick der Eroberung.

Das Koptische, die Sprache des Nildeltas, ist ein Abkömmling des Altägyptischen und wird mit dem um einige Zeichen erweiterten griechischen Alphabet geschrieben. Auch das Koptische, und mit ihm das Griechische, verliert immer mehr Boden vor dem Arabischen, wenn auch nicht so schnell wie das Aramäische. Einige Daten erlauben es, die Geschichte dieses Rückzugs genauer zu fassen. Die Eroberung Ägyptens fällt in die Jahre 639 bis 641; der erste zweisprachige, griechisch-arabische Papyrus stammt von 693 und der letzte von 719, während der letzte rein griechische Papyrus von 780 und der erste rein arabische Papyrus von 709 datiert. Einige andere Anhaltspunkte lassen sich aus literarischen und inschriftlichen Quellen gewinnen; so hören wir, daß der Patriarch Michael (728–752) nicht Arabisch konnte und daß der abbassidische Kalif al-Ma'mūn von Dolmetschern begleitet wurde, als er 832 nach Ägypten reiste. Umgekehrt gibt es gute Gründe anzunehmen, daß der christliche Klerus im 9. Jahrhundert Arabisch konnte, denn eine christliche Stele von 909 ist in dieser Sprache abgefaßt. Sicherlich hörte man noch am Ende des 9. Jahrhunderts koptische Volkspoesie, aber vom 10. Jahrhundert an schrieb der koptische Klerus arabisch, wenn er sicher sein wollte, verstanden zu werden. Trotz allem bleibt das Koptische entschieden mehr als eine liturgische Sprache und überlebt trotz Verfolgung lange Zeit: Im 12. Jahrhundert können es die Gebildeten des christlichen Klerus immer noch, und die Patriarchen dieser Zeit schreiben es ebenso elegant wie das Arabische. Die letzten koptischen Inschriften stammen aus dem 13. Jahrhundert. Hier geht es um das Koptische als Schrift- und Wissenschaftssprache. Als gesprochene Sprache verschwand es schneller; im 10. Jahrhundert ist es zugunsten des Arabischen ausgelöscht, ein gutes Jahrhundert später immerhin, nachdem die aramäische Welt arabophon geworden war.

Wenn in den Zentralgebieten des Imperiums das Arabische sprachlich triumphiert hat, so trifft das in den beiden Randzonen keineswegs zu. Hier bleiben zwei sprachliche Blöcke trotz der Arabisierung des städtischen und intellektuellen Milieus intakt: im Osten das Persische, im Westen das Berberische.

Wir reden hier nur vom Mittelpersischen, das aus einem altpersischen Dialekt hervorgegangen ist, der seinerseits mit der Sprache verwandt ist, in der das Avesta, die Heilige Schrift der Zoroastrier, verfaßt wurde. Dieses Mittelpersische oder Pehlevi, Ahn des modernen Persischen, wird Seite an Seite mit dem Arabischen weiterbenutzt. Die iranischen Einflüsse der Abbassidenzeit laufen zweifellos über die Kanäle des Arabischen. Aber im 10.–11. Jahrhundert lebt das Persische unter den sāmānidischen Fürsten in Chorassan und dann unter den Ghaznawiden wieder auf. Eines der Denkmäler der persischen Literatur, das *Schahname* (Königsbuch) von Firdausī, datiert aus dieser Epoche, 990–1020.

Berberisch wird vom Hinterland des Niltals und der Cyrenaika bis zum Äußersten Maghreb einerseits und andererseits bis zum nigerianischen Sahel (Sudan) gesprochen. Hier erreicht das Arabische an erster Stelle die Städte; es ist die Kultsprache und die Sprache der städtischen Zivilisation. In die berberischen Zentralländer stößt es nur sehr langsam vor. Wie die Dinge liegen, überdeckt das Arabische das alte, städtische Herrschaftsgebiet der karthagischen Kolonien; Augustin und sogar noch Prokop, im 6. Jahrhundert, geben an, daß das Punische sich im Umkreis der alten, romanisierten karthagischen Zentren gehalten hat. Möglicherweise lag darin eine Unterstützung für das Arabische, was dann dessen schnelle Übernahme durch die römischen Städte Nordafrikas erklärt. Das ist jedenfalls die Hypothese von Stéphane Gsell.

Wie dem auch sei, den brüsken Wechsel vom Lateinischen zum Arabischen kann man auf jeden Fall durch das Bedürfnis erklären, das man in den städtischen Zentren empfand, sich auf eine wirkliche Schriftsprache zu stützen, die Verwaltungs- und Geschäftssprache. Eine solche Sprache war natürlich den ungenauen lokalen Ausdrucksformen, die keine Schrift besaßen, wie die berberischen Dialekte, überlegen. Übrigens hat man festgestellt, daß das Arabische im 10.–11. Jahrhundert in die Berge der Kleinen Kabylei (das Land der Kutāma) eingedrungen ist, ein Vorgang, der mit der fāṭimidischen Bewegung in Zusammenhang steht. Ebenso zieht im 11. Jahrhundert der Einfall der Banū Hilāl eine gewisse Arabisierung der Nomadenstämme Ifrīqiyas nach sich, und die algerischen Hochebenen werden ihrerseits schließlich im 14. bis 15. Jahrhundert erreicht. Hier handelt es sich aber um einen langsamen Prozeß, der letzten Endes fast nur die Städte und ihre unmittelbare Umgebung betraf.

Schließlich die sprachliche Situation am westlichen Rand der Islamischen Welt, in Spanien: In dieser Gegend hält sich das Lateinische und entwickelt sich zu einer romanischen Sprache weiter, die dazu bestimmt ist, der Ursprung der Sprachen der Iberischen Halbinsel zu werden. Neben dem Lateinischen gibt es einige berberische Einsprengsel, vor allen Dingen in den gebirgigen Regionen des Südostens, wo Gruppen siedeln, die aus Nordafrika stammen. Aramäisch wird von den jüdischen Gemeinden benutzt; Arabisch ist das Element, das neu hinzukommt.

Zunächst Dialektarabisch. Es ist die Hypothese aufgestellt worden von einem Block westarabischer Mundarten, der die städtischen Bevölkerungen des islamischen Spanien, des Maghreb, Maltas und Siziliens umfaßt.[20] Dieses Westarabische wird dann später mit dem Namen *al-ġarbiyya* (die westliche, okzidentalische Sprache) bezeichnet, spanisch *algarabia,* woher dann das französische Wort *charabia* [›Kauderwelsch‹] kommt. Neben diesem Dialektarabischen gibt es natürlich auch das klassische Arabisch, die Sprache der Literatur und der Philosophie, eine Sprache,

20 Vgl. Georges Séraphin Colin, *Un document nouveau sur l'arabe dialectal d'Occident au XIIe siècle*. In: Hespéris, Bd. 12, 1931, S. 1–32.

die überall in der Islamischen Welt dieselbe ist, und dieses klassische Arabisch ist selbstverständlich auch die Sprache der Religion, der Verwaltung, des Handels und der Kultur; es spielt dieselbe Rolle wie einst das Lateinische in der christlichen Welt des Abendlands oder das Griechische in der byzantinischen Welt.

Die Sprachen des Handels

Das Arabische begnügt sich aber nicht damit, seine Vorherrschaft – fast Alleinherrschaft – innerhalb des Islamischen Imperiums zu sichern.[21] Es greift auch über seine Grenzen hinaus, so mit den jüdischen Händlern der Narbonensis, den Radhaniten, oder den berberischen Kaufleuten, die sich im Sudan niederlassen; es ist in den arabisch-persischen Kontoren des Indischen Ozeans, Indonesiens, Indochinas und Südchinas vertreten – Kanton beherbergt später eine große Kolonie von Kaufleuten aus der Islamischen Welt –; oder im Norden in den muslimischen Kolonien der Emporia der russischen Flüsse – Itil, Bulghār und Kiew. Selbst in Byzanz wird eine Moschee für die Muslime errichtet, die dort leben.

Bleibt noch, um dieses sprachliche Tableau zu vervollständigen, von den Mischsprachen zu reden, die sich am Rand des Islamischen Imperiums entwickelt haben. Die Sprachen, die in jener Zeit entstanden, wenn sie sich später auch noch grundlegend verändern sollten, waren: Suaheli, das in den Hafenstädten des Indischen Ozeans gesprochen wird, eine afrikanische Sprache mit zahlreichen Fremdwörtern aus dem Arabischen, dem Persischen und den Sprachen Indiens; Azer, die Sprache der Kontore des Gold- und Sklavenhandels im sudanesischen Sahel, das aus dem Arabischen, dem Berberischen und den afrikanischen Sprachen – vor allen Dingen Soninke und Songhai – geschöpft hat; Soghdisch, schon in der Sassanidenzeit Sprache des Fernhandels, eine iranische Sprache, die verschiedene Wörter aus den Nachbarsprachen entliehen und assimiliert hat; schließlich die *lingua franca* des Mittelmeers, die lange Zeit überlebt hat, denn der letzte, der sie sprach, starb Mitte des 19. Jahrhunderts in Ragusa. Ein malaiischer Dialekt – derjenige, der in den Häfen des malaiischen Archipels gesprochen wird – spielt einmal eine ähnliche Rolle, jedoch erst später.

Diese Sprachgebiete, die auf der Karte nur marginale Bedeutung haben, spielen in der Praxis eine bedeutende Rolle: Sie sind die Schmelz-

21 Ein jüdischer Briefschreiber aus Kairuan, der im Irak, in Andalusien und in Nordafrika herumgereist war, entschuldigt sich, daß er nicht Hebräisch, sondern Arabisch benutzt, weil er in Eile sei und Arabisch ihm leichter falle. Vgl. Ignaz Goldziher, *Mélanges judéo-arabes*. In: Revue des Études juives, Bd. 50, 1905, S. 182–188.

tiegel, in denen das technische Vokabular, die Termini der Seefahrt und des Handels Form gewinnen und dann in die Nachbarsprachen übergehen. Die Bedeutung dieses Prozesses muß insbesondere im Hinblick auf die technischen Fachtermini unterstrichen werden, die aus der Islamischen Welt in die romanischen Sprachen Eingang gefunden haben.

Dieser Abriß der Sprachenverhältnisse, wie sie innerhalb der Islamischen Welt und an ihren Grenzen bestehen, erlaubt uns nun, die Bedeutung des Wortes ›islamisch‹ genauer zu fassen und die Trennungslinie zu den Ausdrücken ›arabische Welt‹ und ›arabophone Welt‹ zu ziehen. Die Bezeichnung ›arabische Welt‹ muß man beiseite lassen; bekanntlich hat das eigentlich arabische ethnische Element wenig Bedeutung, es geht unter in Völkern, die viel größer, zivilisierter und urbaner sind. Der Ausdruck ›arabophone Welt‹ ist zwar etwas glücklicher, aber auch noch nicht genau genug. In der Tat sind die Konturen dieser Welt noch in der Entwicklung begriffen; sie stellt vor allen Dingen keine kompakte Masse dar. Die Städte und ihr Kommunikationsnetz bilden einen Kontrast zum flachen Land, und außerdem existieren an den beiden äußersten Rändern des Blocks, wie wir gesehen haben, zwei wichtige Sprachen, das Persische und das Berberische; sie werden neue Kraft gewinnen und haben eine große Zukunft vor sich.

Der Ausdruck, für den man sich nach aller Überlegung entscheiden muß, ist also ›Islamische Welt‹. Er ist zweifellos der am wenigsten schlechte, vorausgesetzt, daß man ihn richtig versteht. Auch hier haben wir es mit einem Raum zu tun, der sich noch in der Entwicklung befindet; auch hier bilden die Städte und ihre gegenseitigen Beziehungen ein erstes Netz von Kanälen, die den urbanen Einfluß in die umliegende ländliche und nomadische Welt weiterleiten, wo er sich wie ein Ölfleck ausbreitet. Außerhalb der Städte gewinnt der Islam jedoch nur langsam Boden; in bestimmten Gegenden der berberischen Berge beispielsweise hat er mit dem Recht und den Bräuchen, die zu ihm gehören, erst vor ganz kurzem Fuß gefaßt – im 19. Jahrhundert –, und dies unter dem Einfluß eines von außen kommenden Phänomens, nämlich der Zentralisierung der Verwaltung durch die Franzosen. Ein anderer Einwand: Diese Islamische Welt umfaßt im 8. bis 11. Jahrhundert noch nicht das Gangestal in Indien und ebensowenig Indonesien. Schließlich entziehen sich innerhalb des Kalifats selbst immer noch viele Gruppen dem Islam: Christen, Juden, ›Atheisten‹ *(zindīq)*, Zarathustrier, Götzenanbeter, Buddhisten, Gnostiker und so weiter.

Alles in allem müßte man also eher von der ›Welt unter islamischer Herrschaft‹ sprechen. Wenn wir den Ausdruck ›Islamische Welt‹ dennoch beibehalten, so ist es ungefähr so, wie wenn man ›Hellenistische Welt‹ oder ›Römische Welt‹ sagt, also von Völkern spricht, die verschieden sind, unter dem Dach einer einzigen Kultur zusammengefaßt sind, oder besser noch Völker, die zu demselben Netz städtischer Beziehungen gehören, das das Charakteristikum dieser synkretistischen Kultur ausmacht.

So definiert, läßt sich die Islamische Welt durch die folgenden Wesenszüge bestimmen. Zunächst einmal als gewaltiges Wirtschaftsgebiet, dann als Raum einer Kultur, deren Wurzeln, und zwar sehr verschiedenartige Wurzeln, sich von griechischem, semitischem, iranischem, indischem und natürlich auch arabischem Gedankengut nähren. Die Islamische Welt ist vor allen Dingen eine Welt der Synthese; dafür zeugt hinreichend schon ihre Kunst, die die verschiedensten Ursprünge vereinigt: persische, mesopotamische, byzantinische und sogar westgotische. Das Verdienst des Islam besteht darin, alle diese Elemente derart zu einer einzigen Kultur zu verschmelzen, daß ihre ursprünglichen Formen mitunter sehr schwer zu isolieren sind. Ein Werk islamischer Kunst zum Beispiel verbirgt häufig seine Herkunft – d. h., die archäologische Provinz, der es entstammt –, wenn diese Frage nicht mit Hilfe einer Inschrift entschieden werden kann. Kommt es aus Indien, aus Spanien, aus Ägypten oder aus Zentralasien? Denselben Charakter von Universalität hat die arabische Sprache. Sie ist gleichzeitig Kult-, Verwaltungs-, Handels- und Kultursprache.

Die Islamische Welt, eine Welt der Synthese wie die Hellenistische und die Römische Welt, übertrifft beide doch in einer Hinsicht, nämlich durch ihre Dimensionen. Sie umfaßt ein größeres Gebiet und greift weiter aus als beide Vorgänger. Wenn man im Geiste die Grenzen des Alexanderreichs, des Römischen Reichs und des Islamischen Kalifats übereinanderlegt, wird man zu folgenden Schlüssen kommen. Das ›Menschenmaterial‹ des Kalifats ist von der Hellenistischen und Römischen Welt geborgt: Es sind die Völker des Orients und der Mittelmeerländer. Geographisch fassen die Länder des Kalifats wieder den Vorderen Orient und das östliche Mittelmeerbecken in einem Reich zusammen, wie es auch die Hellenistische Welt getan hatte, aber außerdem noch das östliche und das westliche Mittelmeerbecken, wie vorher die Römische Welt. Die Welt des Abbassidenkalifats öffnet sich weit, weiter noch als die Hellenistische Welt, nach dem Indischen Ozean, nach Indien, Zentralasien und China; in der anderen Richtung blickt sie, wie die Römische Welt, nach dem Atlantik und nach Nordwesten. Das Abbassidenreich übertrifft aber die Römische und die Hellenistische Welt noch, da seine Ausfallstraßen die Räume der russischen Ströme, des Kaspischen Meers und der Ostsee einbeziehen, aber auch den Sudan und Zentralafrika, das die Karawanenrouten durch die Sahara erreichen. Der Aufstieg des Islamischen Imperiums drückt sich also aus in einer Erweiterung des kommerziellen Horizonts, d. h., in der Entstehung eines Wirtschaftsgebietes, das mehr Raum umfaßt und differenzierter und mächtiger ist als seine Vorgänger.

Zweiter Teil

Monetäres Potential und Rhythmus der Stadtentwicklung

Kapitel 5

Die monetären Probleme[1]

Unsere Betrachtungsweise war bisher vor allem geographisch und nahm sich getrennt ein Gebiet nach dem anderen vor. Dagegen müssen wir jetzt einige wichtige Aspekte der Macht der Islamischen Welt im Zusammenhang betrachten, und zwar zunächst die Hauptantriebskraft, das Geld, dann den Aufstieg der Städte und die sozialen Aufwallungen, die die wirtschaftlichen Umwälzungen notwendigerweise nach sich zogen.

Die monetäre Lage am Vorabend der islamischen Eroberungen

Eine Karte der Währungsverhältnisse der Alten Welt vor der Gründung des Islamischen Reichs läßt drei klar unterschiedene Münzgebiete und damit drei verschiedene Währungsbereiche hervortreten: Im barbarischen Okzident ist Gold fast ganz zurückgetreten zugunsten eines einheimischen Metalls, des Silbers. Von diesem Silbergeld, das meistens eine sehr schlechte Qualität hat, kennen wir den Drittel-As, den merowingischen Triens, eine Münze aus schlechtem Silber, von geringem Gewicht und geringem Wert. Der Fernhandel hat sich aus dem Land völlig zurückgezogen. Der Import von Luxuswaren liegt in der Hand von Levantinern *(Syri)*, die die Goldreserven aus dem barbarischen Okzident herausgezogen und erschöpft haben. Da mit dem Gold die Basiswährung des großen Mittelmeerhandels verlorengegangen ist, wird der Okzident ein Gebiet, in dem Landwirtschaft und Domänenbetriebe immer mehr vorherrschen, während sich die Dekadenz der Städte und die Tendenz zur geschlossenen, selbstgenügsamen Wirtschaft verstärken.

Auch das Byzantinische Reich hat ernsthafte Schwierigkeiten, sich mit Gold zu versorgen. Diese Schwierigkeiten waren zunächst das Ergebnis des geringen und unregelmäßigen Nachschubs an neuem Gold aus den Minen: Im Norden hatten die Barbaren die Straßen zu den pontisch-kaspischen Steppen abgeschnitten, während im Süden die Blemmyer

1 Für eine genauere Untersuchung der Fragen, die in diesem Kapitel angeschnitten werden, vgl. Maurice Lombard, *Les bases monétaires d'une suprématie économique. L'or musulman du VIIe au XIe siècle.* In: Annales, Econ., Soc., Civil., Bd. 2, 1947, S. 143–160. Ferner: Ders., *Monnaie et histoire d'Alexandre à Mahomet* (s. Anm. 1 auf S. 9).

Oberägyptens die Straßen aus Afrika sperrten. Auf ähnliche Weise wurden die Zugänge zum Indischen Ozean verschlossen, den nun der sassanidische Handel beherrschte.

Die Goldverknappung wird noch verschlimmert durch die Thesaurisierung, vor allem der Kirche, die einen wichtigen Teil des Edelmetalls zugunsten der Klöster in Syrien, Ägypten und Konstantinopel dem Umlauf entzieht: Eine Verknappung, die um so schlimmer ist, als sie im selben Augenblick geschieht, in dem der Zustrom gemünzten Goldes aus dem barbarischen Okzident versickert und verschwindet, da der Handel der *Syri,* wie wir gesehen haben, das Gold abgezogen hat. Alle diese Phänomene zusammen bringen für Byzanz eine Verringerung und eine größere Zähigkeit des Münzumlaufs mit sich.

Allerdings sind noch große Goldreserven in den orientalischen Provinzen übriggeblieben, in Syrien und Ägypten, alten Transitländern zwischen dem barbarischen Okzident und dem sassanidischen Orient und regelrechten ›Goldsaugern‹. Dank dieser Reserven gelingt es Byzanz, seine monetären Krisen zu meistern und den Nomisma (den *denarios chrysous, solidus aureus* Konstantins) zu stützen, der sich als Hauptzahlungsmittel im Handelsverkehr des Mittelmeers und als eine der Trumpfkarten der byzantinischen Diplomatie bewährt.

Nichtsdestoweniger bleibt das Byzantinische Reich in monetärer Hinsicht behindert: Der Strom des Fernhandels fließt langsamer, zieht sich zurück und reduziert sich dann praktisch auf einen kurzen Kreislauf im östlichen Mittelmeer: Alexandria – Antiochien – Konstantinopel – Alexandria. Neben den städtischen Zentren, die weiterbestehen, tritt die Erstarrungsform der Domänen auf und breitet sich aus, was uns für Ägypten die Papyri des 6. und 7. Jahrhunderts und für das Byzantinische Reich die kaiserlichen Erlasse zeigen, die versuchen, die immer bedrohlichere Macht der Großgrundbesitzer zu bekämpfen.

Die Gegenseite, der sassanidische Orient, kennt keinen Goldumlauf. Hier herrscht Silbermonometallismus, der auf dem *Direm* (Drachme) basiert. Aber in den Palästen der persischen Herrscher und Vornehmen sammeln sich in der Form von Schmuck oder wertvollen Gegenständen enorme Reserven an Gold. Sie machen den sassanidischen Orient zu einem richtigen Goldfresser.

Auf der Basis des Silbergeldes, das die Märkte des Mittleren Orients und des Indischen Ozeans beherrscht – mit Ausläufern nach Zentralasien und dem Gebiet der russischen Ströme –, entsteht so eine große wirtschaftliche Aktivität, die den städtischen Aufstieg nach sich zieht. Der naturalwirtschaftliche und grundherrschaftliche Charakter tritt zugunsten des städtischen und merkantilen Aspekts zurück. Die alte, grundbesitzende Aristokratie wird in dem Maße geschwächt, in dem der Handel

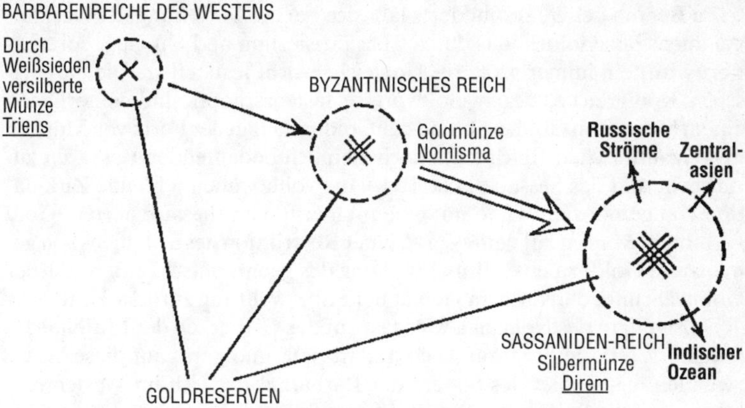

8. Schematische Darstellung der Geldströme vor der islamischen Eroberung

nach den Ländern des Indischen Ozeans, des Roten Meers, Zentralasiens und den russischen Strömen zunimmt. Und was noch mehr ist, die Sassaniden kontrollieren von jetzt an als obligatorische Mittler die Versorgung von Byzanz mit den Luxusgütern Asiens: Am Ende des Persischen Golfs läßt die Konstellation Ktesiphon-Ubulla, Nachfolger der hellenistischen Städte Seleukia und Apologos, schon die kommerzielle Rolle erkennen, die die Konstellation Bagdad-Basra später spielen wird.

Die wirtschaftliche Vorherrschaft des Sassanidenreiches zeigt sich auf künstlerischem Gebiet darin, daß technische, architektonische, ikonographische und dekorative Formen Mesopotamiens und des Iran sowohl nach Osten ausstrahlen (Aschanta-Grotten in Indien, Fresken von Chotan, Kutcha und Turfan in Zentralasien), wie nach Norden (Cloisonné-Gold, Schmiedekunst der Steppenvölker) und nach Westen (vor allen Dingen byzantinische Stoffe).

Nachdem diese drei Währungszonen nun erfaßt wurden, gilt es noch die Richtung der Geldströme zu bestimmen, die sich zwischen ihnen bilden. Diese Ströme fließen, wenn man die Fakten genau analysiert, von Westen nach Osten: Das Abendland verliert sein Gold an Byzanz und Byzanz an den Sassanidischen Orient. Vor den islamischen Eroberungen kann man eine lineare Bewegung von Westen nach Osten konstatieren, die den Okzident und den Wirtschaftsraum des Mittelmeers aussaugt zugunsten des Mittleren Ostens und des Wirtschaftsraums des Indischen Ozeans. All dieses Gold wird von der sassanidischen und der indischen Thesaurisierung verschlungen.

Zu Beginn des 7. Jahrhunderts läßt sich bei der Verteilung des Gesamtvolumens des Goldes, das durch Thesaurisierung und Umlauf repräsentiert wird, ein immer größeres Ungleichgewicht feststellen. Die barbarischen Königreiche, deren Goldvorräte fast erschöpft sind, unterliegen einem Mangel an Gold, während der Goldumlauf in der Form von Münzen im Byzantinischen Reich trotz noch ziemlich bedeutender Reserven zurückgeht und das Sassanidische Reich die vollkommen fehlende Zirkulation von gemünztem Gold mit einem Überfluß an thesaurisiertem Gold verbindet. Man ist auf dem Weg zu einer Restriktion des Volumens von gemünztem Gold, zu einer Einschränkung des geographischen Bereichs der Goldwährung, der vor dem Gebiet der Silberwährung zurückweicht.

Der Umlauf des Nomisma wird fast auf das Ostbecken des Mittelmeers reduziert, auf die byzantinischen Territorien, und gerät auf diese Weise zwischen das Gebiet des Silbers der Barbaren, das sich im Westen etabliert, und die Sphäre des sassanidischen Silbers, das sich im Osten siegreich durchsetzt. Die drei Gründe für diese Gesamtbewegung sind ganz eindeutig: Thesaurisierung, schlechte und unregelmäßige Versorgung mit Rohmaterial aus den Minen und schließlich der lineare Charakter und die einseitige Richtung von West nach Ost, die die Handelsbilanz den Geldströmen aufzwingt.

Die arabischen Eroberungen und die Entstehung der Islamischen Welt werden auf alle drei vorgenannten Faktoren einwirken und die Karte der Geldströme umgestalten.

Die Münzmetalle der Islamischen Welt

Die beiden wesentlichen Tatsachen sind erstens der Zustrom von Gold, das zur Prägung des Dinars (arab. vom griech. *denarios*) dient, und zweitens die Ausbeutung der Rohstoffquellen, einerseits an Silber, dem Metall, das dem Dirhem (arab. vom griech. *drachme*) zugrunde liegt, andererseits von Kupfer und Zinn, die zur Prägung der Scheidemünzen gebraucht werden (arab. *fals,* vom griech. *phollis*).

Der Zustrom von Gold geht auf drei Quellen zurück: Dethesaurisierung des gehorteten Goldes, Gewinn neuen Goldes und Verbesserung der Schmelztechnik.

Die Dethesaurisierung des gehorteten Goldes besorgen Beute und Raub. Sie bringen die Schätze der sassanidischen Paläste wieder in Umlauf und, seit dem Kalifat des Omayyaden 'Abdalmalik (685–705), die Schätze der syrischen und mesopotamischen Kirchen. Dieser Kalif – der übrigens mit viel Energie die Arabisierung vorantreibt, indem er das Arabische in den Verwaltungsbüros einführt und einen Dinar islamischen

Typs prägen läßt – beseitigt in der Tat das Privileg der Mitglieder des christlichen Klerus, die bis dahin von der Kopfsteuer *(Ǧizya)* befreit gewesen waren. Von nun an müssen sie ein Goldstück pro Kopf bezahlen; ihre Güter werden taxiert und einer schweren Grundsteuer *(ḫarāǧ)* unterworfen.

Die Schätze der Kirchen und Klöster haben also in der Islamischen Welt des 8. und 9. Jahrhunderts die Bedeutung von Edelmetallreserven, aus denen die Herrscher in schwierigen Situationen schöpfen, ganz wie die antiken Tempelschätze, die Konstantin flüssig zu machen versuchte, als er den *solidus aureus* schuf. Wenn man sich vergegenwärtigt, daß die ersten Versuche der Omayyadenkalifen, an das Gold aus den Kirchenschätzen heranzukommen, ungefähr vom Jahre 700 datieren, daß in Byzanz die ersten Maßnahmen der isaurischen ›ikonoklastischen‹ Kaiser 726 stattfanden und daß im Abendland der Beginn der Politik der Beraubung der Kirchen durch Karl Martell sich in das Jahr 730–731 lokalisieren läßt, dann muß man feststellen, daß man es mit einer Bewegung zu tun hat, die offenbar von Osten nach Westen läuft, von der Islamischen Welt nach Byzanz und dann nach dem fränkischen Abendland, einer Bewegung, die dem Zyklus der Thesaurisierung ein Ende setzt.

Ein letzter thesaurisierter Goldschatz, der wieder in Umlauf gebracht wird, ist derjenige der Pharaonengräber. Die Grabthesaurisierung, die man in Ägypten betrieb, fand mit den islamischen Eroberungen ein Ende. Die Quellentexte erwähnen beträchtliche und zahlreiche Funde aus dieser Zeit, die von Schatzsuchern gemacht wurden, den *aṣḥāb al-maṭālib* (Männern der Suche), einer regelrechten Zunft, die den Fünften der Funde an die Staatskasse zahlt und eng mit der Münzverwaltung *(Dār as-sikka,* ›Haus der Münze‹) zusammenarbeitet; die Situation ist also ganz ähnlich wie im Amerika der Conquistadoren, wo *Guaqueros* [span. ›Schatzsucher‹] darauf spezialisiert waren, die alten peruanischen Gräber, *guacas* (vergrabener Schatz, Indianertempel), aufzuspüren, oder auch bei unseren ›Raubgräbern‹ im abendländischen Mittelalter, obwohl diese Räuber verglichen mit ihren ägyptischen und spanischen Kollegen nur wenig finden und eine ziemlich traurige Figur machen.

Um zum Gold der Pharaonen zurückzukommen, wir wissen, daß das Gewicht des Goldes aus dem Grab von Tutenchamun sich auf mehrere tausend Kilogramm belief und dem Doppelten des Goldschatzes der Bank von Ägypten entsprach. Nun handelt es sich hier um einen Herrscher von bescheidenem Zuschnitt; man stelle sich also den Wert des Goldes sämtlicher Pharaonengräber vor, die zum größten Teil ausgeraubt worden sind! Während in unseren Tagen die Funde aufbewahrt werden, wobei wir auf diese Weise von der Grabthesaurisierung zur wissenschaftlichen Thesaurisierung gekommen sind – symbolisiert durch das Ägyptische Nationalmuseum in Kairo –, wurde im Mittelalter dagegen das entdeckte Gold wieder in Umlauf gebracht: Aus dem wiedergefundenen Gold wurden Münzen geprägt.

Die Gewinnung neuen Goldes, die zweite Form des Zuflusses von Gold, basiert auf der Ausbeutung der Minen. Dieses neue Gold ist aufgrund der Ausdehnung des islamischen Imperiums praktisch islamisches Eigentum, sei es, daß die Muslime in der Tat die Minengebiete besitzen, sei es, daß sie die Straßen kontrollieren, über die das Gold importiert wird. So haben sie, direkt oder indirekt, die Hand auf den Minen Westarabiens, des Kaukasus und Armeniens, des Ural und des Altai, deren Minen den Handel der türkischen Nomadenstämme am Leben halten, auf den Minen Tibets und des indischen Dekkhan, deren Gold seinen Weg in die Kontore des Industals und der Malabarküste findet, den Minen Ostafrikas, die den Reichtum Sofalas ausmachen (von ›Gold-Sofala‹, *Sūfalat aḏ-ḏahab*), und schließlich auf den Minen Nubiens und des Wādī ʿAllāqī, von denen uns Yaʿqūbī berichtet, und die Gold produzieren, das dann nach Assuan gebracht wird.

Überdies hat die Islamische Welt eine neue und noch viel wichtigere Goldquelle an sich gebracht, die den Hauptstrom neuen Goldes zum Mittelmeer vom 9. bis zum 15. Jahrhundert speisen sollte: das Gold des Sudan. Es wird von den schwarzen Goldwäschern gewonnen, die bis in unsere Tage aktiv geblieben sind; der Transport des gewonnenen Metalls ist das Geschäft des Transsahara-Handels der berberischen Kamelnomaden. Er führt von den Hauptlagerstätten der Region Senegal-Niger bis zu den großen Endstationen der Karawanenstraßen am Nordsaum der Sahara: Nūl Lamṭa, Siǧilmāsa, Wargla und dem Dscherid, alles Gebiete oder Städte, die gewissermaßen die maghrebinischen Wüstenhäfen des Goldes sind. Vor allem Siǧilmāsa im Tafilelt, gegründet 757, ist der große ›Abfahrtshafen‹ nach den ›Ländern der Schwarzen‹, dem *bilād as-Sūdān,* ein anderer Name ist *bilād at-tibr,* wobei *tibr* gediegenes, ausgeschmolzenes Gold bezeichnet, das in Fäden geflochten ist.

Drittes Element, das den Zufluß von Gold ansteigen läßt: der Fortschritt in der Technik der Goldgewinnung durch allgemeine Anwendung des Amalgam-Verfahrens – das *amalgama* des Lateins der Alchemisten, seinerseits abgeleitet von einem arabischen Wort *al-malġam,* das eine Verdrehung des griechischen *malagma* ist, oder vielleicht auch vom arabischen *al-maǧmaʿ* (Vereinigung) bzw. *ʿamal al-ǧamʿ* (Technik der Vereinigung). Das Verfahren benutzt jedenfalls spanisches Quecksilber (arab. *az-zauq,* span. *azogue*). In Almaden (arab. *al-maʿdin,* ›die Mine‹) sind rund 1000 Arbeiter beschäftigt; das Quecksilber spielt hier schon dieselbe Rolle wie später bei der Gewinnung der Edelmetalle in Amerika. Es wird übrigens von Spanien aus nach Marokko und dem Sudan exportiert, nach Ägypten und Nubien, nach Mesopotamien, Zentralasien und dem Gebiet des Indischen Ozeans, mit anderen Worten nach den Goldländern. Von diesen technischen Verfahren ist ein Wort übriggeblieben: *la batée,* ein Gerät, das man zum Goldwaschen benutzt (span. *batéa,* arab. *baṭiḥa*).

Nicht nur Gold-, sondern auch Silbervorkommen. Die großen Produktionszentren von Silber sind in der Islamischen Welt dieselben wie in der Antike: zunächst Südspanien, die alte Landschaft Tartessos, die vor den Muslimen schon Phönizier, Karthager und Römer besuchten; die Muslime beendigen die Unterbrechung – den starken Rückgang, dann die Einstellung des Abbaus –, die die Barbaren herbeigeführt hatten. Die Ankunft der Muslime macht sich in einem gewaltigen Aufschwung des Minenbetriebes bemerkbar. Die Silberminen des marokkanischen Atlas, die von den Einheimischen ausgebeutet wurden, belieferten einen starken Export, den Phönizier aus Lixus beherrscht hatten. Diese Minen waren noch im 16. Jahrhundert in Betrieb.

Wichtiger erscheint die Gruppe von Metallminen in Armenien, Nordiran und Zentralasien, eine große Zone von Silbervorkommen, die schon die Sassaniden in starkem Umfang für ihren Dirhem ausgebeutet hatten. Die beiden Hauptabbaugebiete sind Ma'din Benǧhīr (die Mine von Bendschhīr) in den Bergen von Kābul, mit 10 000 Arbeitern, und Ma'din aš-Šāš (die Mine von Taschkent) in Transoxanien, nördlich von Ferghana. Silbermünzen Harun ar-Raschids und der Ṣaffāriden aus dem 9. Jahrhundert zeigen die Namen Ma'din Benǧhīr und Ma'din aš-Šāš, wodurch bestätigt wird, daß es in der Nähe der Minen eine Prägestätte gegeben hat. Schließlich ist noch die Region des kilikischen Taurus, nördlich von Syrien, zu nennen, berühmt durch die Lager von Bulghār Maden; ihr Silber wurde auch schon von den Phöniziern abgebaut, die es dann nach dem pharaonischen Ägypten exportierten.

Die Islamische Welt umfaßt also vor allem zwei große Gebiete mit Silberminen: Spanien im äußersten Westen sowie Zentralasien und den Nordiran im äußersten Osten. Diese beiden Regionen liefern den Prägestätten sowohl des islamischen Westens wie des Ostens das Material, aus dem die Dirhems (arab. *dirham,* pl. *darāhim*) geprägt werden.

Schließlich noch die Kupfer- und Zinnvorkommen. Denken wir nur an die zahlreichen Kunstgegenstände aus Kupfer, Bronze oder Messing (Kupfer und Zink), die uns erhalten sind. Der Kupferbergbau beliefert die Prägestätten mit Metall für Scheidemünzen (arab. *fals,* pl. *fulūs*), Geld, das nur regional akzeptiert wird, Wechselgeld. Kupfer wird von Zypern geliefert, vor allem aber von Arghana (Ergani Madeni) in Obermesopotamien, das selbst heute noch das ganze levantinische Kunsthandwerk – Keßlerware und inkrustierte Kupferarbeiten – beliefert und nach

Mossul und Damaskus exportiert. Nordafrika wiederum wird in der Kupferproduktion repräsentiert vom Gebiet um den Babor in der Kabylei, einer gebirgigen Region im Besitz der Kutāma, einer treuen Stütze der Fāṭimiden. Zentralmarokko, das Gebiet von Dāi am mittleren und oberen Lauf des Umm ar-Rabī'a, exportiert sein Kupfer nach Fes und nach dem Süden, in Richtung Siğilmāsa, und von dort geht es nach den Ländern Schwarzafrikas. Sūs al-aqṣā liefert nach dem Sudan Kupfer in Barren und in der Form von Becken und Ringen. Spanien war schon seit der Antike für seinen Kupferreichtum bekannt. Mit dem Kupfer des Kaukasus und aus Zentralasien werden schließlich die türkischen Kesselschmiede beliefert.

Zinn, das zusammen mit Kupfer Bronze ergibt, kommt aus zwei weit entfernten Gebieten, deren Wirtschaft auf diese Weise an den Welthandel angeschlossen wird: zunächst von den Kassiteriden, den ›Zinninseln‹ im Nordatlantik (deren Name der Ursprung von arab. *qaṣdīr,* ›Zinn‹ ist); dann aus dem ›Land Kalāh‹, d. h. von der malaiischen Halbinsel, dieses Zinn nennt man *qala'ī.* Das Zinn aus England gelangt erstens über den Ozean nach dem islamischen Spanien, zweitens über Gallien und Venedig in den islamischen Orient. Das malaiische Zinn erreicht die islamische Welt über den Persischen Golf und durch die Vermittlung des arabisch-persischen Handels über den Indischen Ozean und das Rote Meer.

Prägung und Umlauf

Der Zufluß von Gold und der Reichtum der Ressourcen an Silber und in geringerem Umfang an Kupfer und an Zinn eröffnen der islamischen Münzprägung ungeheure Möglichkeiten. Die Zahl der Prägestätten wird sich vervielfachen, die Prägung von Gold wird dezentralisiert und in allen wichtigen islamischen Städten praktiziert werden, wobei beträchtliche Mengen gemünzten Goldes und Silbers auf den Markt kommen, die die Kalifen oder, nach der Auflösung des Kalifats, die Herrscher der verschiedenen islamischen Staaten ausgeben. Übrigens halten sich Quantität und Qualität die Waage, wie jede herrschende Münze wird auch der Dinar mit außerordentlicher Sorgfalt geprägt.

Der Geograph Ibn Churdadhbih (2. Hälfte des 9. Jh.) bestätigt die Tatsache und die Intensität dieses Geldumlaufs, auch den Überfluß an Gold- und Silbermünzen sogar in den kleinsten Dörfern; er gibt nämlich die Steuern in Geld an und nennt die Summe, die die Kalifen für Bauwerke ausgeben, die den Aufstieg der Städte dokumentieren. Dieser Geldumlauf, der wie ein Nervennetz die ganze Islamische Welt umspannt, berührt an ihren Grenzen über weite Gebiete benachbarte Wirtschaftsräume.

Der Typ der islamischen Münze, ob nun Gold-Dinar oder Silber-Dirhem, ist nicht auf einmal entstanden. Die ersten Eroberungen führten keinen Wechsel des Geldtyps, der im Umlauf war, herbei: In den orientalischen Provinzen zirkulieren sassanidische Direms und in den westlichen Provinzen byzantinische Denarioi weiter, und die ersten islamischen Münzstätten reproduzieren diese Typen bis zum Kalifat des Omayyaden ʻAbdalmalik. Den Grund für die Verzögerung, mit der die alten Münztypen ersetzt werden, muß man im konservativen, geschäftsmäßigen Charakter suchen, mit dem die Welt des Handels den Zahlungsmitteln begegnet, in ihrem instinktiven Mißtrauen gegen jede Neuerung auf monetärem Gebiet; eine Veränderung findet nur dann statt, wenn sie durch Veränderungen im Wirtschaftssystem selber notwendig wird.

Die verspätete Einführung eines islamischen Münztyps trägt also der wirtschaftlichen Entwicklung Rechnung. Wenn bis zum Ende des 7. Jahrhunderts – die Reform ʻAbdalmaliks datiert von 696 – 697 – das Geld des internationalen Handels immer noch die byzantinische Gold- und die sassanidische Silbermünze sind, dann deswegen, weil die alten Handelsströme der byzantinischen Welt einerseits und andererseits der sassanidischen Welt wie bisher weiterfließen. Aber vom 7. Jahrhundert an wird eine wirtschaftliche Einheit geschaffen, in der beide Gebiete einander durchdringen: Damit sind neue Bedingungen entstanden, die den Übergang zu einer neuen Einheitswährung erlauben, die sich auf den Gold-Dinar und den Silber-Dirhem gründet.

Die Stadien der Entwicklung kann man genauer fassen. Der Kalif ʻAlī hatte als erster einen Versuch in dieser Richtung unternommen, als er im Jahre 660 in Basra einen islamischen Dirhem mit Legende in kufischer Schrift prägen ließ. Aber das wurde ein Mißerfolg. Vierzig Jahre später, bei einem neuen Versuch, setzte sich die Neuerung durch. Im Laufe dieser vierzig Jahre hatte also ein Wechsel der monetären Konjunktur stattgefunden, ein Indiz für den Wechsel der wirtschaftlichen Konjunktur: Die islamische Münze war zunächst gescheitert, aber dann hatte sie die Prüfung bestanden, die für neues Geld darin liegt, daß es auf den Markt kommt und mit dem Geld, das es schon vorher gegeben hat, konkurrieren muß.

Die erste monetäre Maßnahme, die die Muslime durchführten, war eine Vereinheitlichung des Gewichts der Silbermünzen unter dem Kalifat von Omar (634 – 644). Während die Goldmünze sich auf ein einziges System gründete, nämlich das des Nomisma, gab es beim Silber drei Systeme: den *Baġlī*-Dirhem in Persien, den *Rūmī*-Dirhem für die Geschäfte mit Byzanz und den *Ṭabarī*-Dirhem in Zentralasien. Die Absicht, ein großes, geeintes Gebiet für Silbergeld zu schaffen, führte dazu, daß man das Gewicht des Dirhems auf einen Mittelwert von 14 *Qirāṭ* (vom griech.

keration, dem Ahn unseres ›Karat‹), das sind ungefähr 3,96 g, festsetzte.[2] Es ist bemerkenswert, daß das Gewicht dieses Dirhems sich an einem Maß orientierte, das man vom griechischen System geerbt hatte, dem *Qirāṭ,* und nicht am persischen Maß, dem *Dāneg.* Man wollte auf diese Weise die neue Silbermünze an die Goldmünze ankoppeln, die wie gesagt vom griechischen System übernommen worden war.

Wirklich geschaffen wurde der islamische Münztyp erst durch die Reform ʿAbdalmaliks, der 74–75/693–695 in Damaskus einen Gold-Dinar prägen ließ. Die Sache ist nun in Gang gesetzt: 75–76/694–696 prägt ein Gouverneur des Irak in Basra Silber-Dirhems, ebenfalls vom islamischen Typus. Nun werden alle Provinzen von der Bewegung ergriffen, im Jahre 77/696–697 läßt auch der Gouverneur von Ägypten, ʿAbdalʿazīz, der Bruder von ʿAbdalmalik, in Fusṭāṭ Dinare prägen.

Der Typ des Dinars, der so entstand, gibt auf dem Avers in einer kreisförmigen Legende das Prägedatum an: »Im Namen Gottes, dieser Dinar wurde geprägt im Jahre . . .«; seit dem Kalifat des Abbassiden al-Ma'mūn (813–833) wurde noch der Name der Stadt hinzugefügt, in der die Münze geschlagen worden war. Im Feld, und zwar immer noch auf dem Avers, liest man eine fromme Formel, die auf drei Zeilen verteilt ist. Auf dem Revers finden sich in einer kreisförmigen Legende das Lob Mohammeds und im Feld, wieder über drei Zeilen geschrieben, eine fromme Formel.

Der Dirhem zeigt dieselbe Komposition, aber in größeren Proportionen; auf einem Silberstück, das breiter und auch dicker ist, ist in der Tat mehr Platz.

Die Kupfermünze, der Fals, schließlich zeigt arabische Legenden ganz verschiedener Art. Es handelt sich bei dieser Münze ja, um es zu wiederholen, nur um lokales, zusätzliches Geld, das dem strengen Münzrecht nicht unterworfen ist und von einer lokalen Autorität geprägt wird. Es existiert im übrigen keine gesetzliche Relation zwischen Bronze und den anderen Münzmetallen.

Der islamische Münztyp ist also charakterisiert durch eine Legende in kufischem Duktus und durch die Abwesenheit von Bildern; figürliche Darstellungen, wie beispielsweise in der Abbassidenzeit ein Medaillon al-Muʿtaṣims, der in sassanidischer Manier auf einem Thron sitzt, bleiben eine Ausnahme. Das Gewicht der neuen Münze wird sorgfältig festgelegt, ebenso die äußere Form. Entsprechend den Normen, die Omar bestimmt hatte, beträgt das Gewicht des Silber-Dirhems 2,97 g. Dagegen hält man sich bei der Festsetzung des Gewichtes des Dinars an einen Mittelwert, der sich aus einer ziemlich großen Anzahl byzantinischer kursie-

2 Vgl. Balāḏurī, *Futūḥ al-buldān. Die Eroberungen der Länder,* Ed. Michael Jan de Goeje, Leiden 1866 [Nachdruck Leiden 1968], S. 465. (Anm. d. Ü.)

render Goldmünzen ergibt, wobei der Nomisma Konstantins 4,55 g wog. Aber da es sich bei diesen Stücken um Münzen handelte, die schon in Umlauf gewesen waren, also schon mehr oder minder viel Gewicht verloren hatten, ergab sich, daß die neuen islamischen Stücke [mit 4,25 g] leicht hinter den byzantinischen zurückblieben. Und da die schlechtere Münze überall die bessere aus dem Markt drückt, so war der leichte Gewichtsunterschied zwischen den beiden rivalisierenden Münzen der schnellen Verbreitung des neuen Geldes in der ganzen Islamischen Welt sicher nicht ungünstig. Die alten Münzen wurden nach und nach eingezogen und die Geldwechsler verpflichtet, diejenigen Exemplare, die sie noch hatten oder bekamen, den staatlichen Stellen auszuliefern, die sie dann einschmolzen und neu prägten. Auch außerhalb des islamischen Gebietes dringt dann der Dinar, die große Goldmünze des Kalifats, besonders in den Ländern vor, in denen er mit dem byzantinischen Nomisma in Konkurrenz steht: Südrußland und dem barbarischen Abendland.

So werden also durch den islamischen Dinar und den islamischen Dirhem, beide Erben des byzantinischen Nomisma bzw. des sassanidischen Dirhems, zwei Systeme miteinander gekoppelt, die bisher gegeneinander abgeschlossen waren, und zwar nach folgendem Schema:

Byzantinischer Nomisma	Persischer Direm
Münze des internationalen Handels	Münze des internationalen Handels
Goldwährungsgebiet	Silberwährungsgebiet

islamischer DINAR / DIRHEM

Münzen des internationalen Handels.
Beide Währungsgebiete miteinander verbunden.

Man sieht, wie auf der Basis des Wechselkurses 1 Dinar/20 Dirhem eine Koppelung von Silber- und Goldmünzen (mediterraner Bimetallismus) verwirklicht wird, eine immer engere Fusion der alten monetären Gebiete des byzantinischen und sassanidischen Reiches; Gold als Währung siegt also. Das Gebiet, in dem es zirkuliert, expandiert sowohl nach Osten, in die alten sassanidischen Territorien, wie nach Westen, ins barbarische Abendland und nach Spanien.

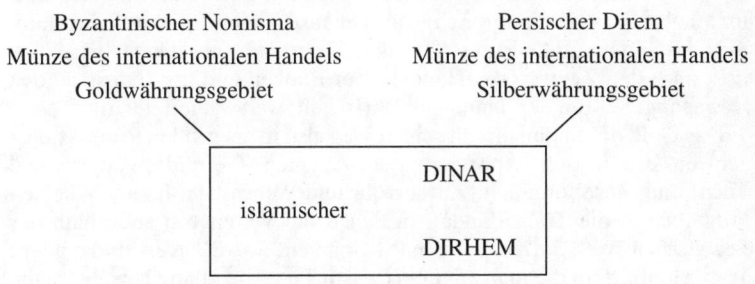

Bleibt noch übrig, die Stadien dieser Expansion des Goldwährungsbereichs innerhalb der Islamischen Welt genauer zu beschreiben. Die Prägung wurde von dem ständigen Zufluß an Gold genährt, und zwar in aufeinanderfolgenden Wellen zuerst durch die Beute, dann durch die Dethesaurisierung gehorteten Goldes und schließlich durch das neue Gold, das aus der ganzen Welt und besonders aus dem Sudan herbeiströmte. Als Ergebnis dieses Zuflusses tendiert der Wert des Goldes und folglich auch die Kaufkraft der Münze, die sich darauf stützt, zur Baisse. Und da man kein Geld thesaurisiert, das progressiv an Wert verliert, da man es vielmehr gleich wieder ins Geschäft steckt, angeregt durch den Bedarf einer expandierenden Wirtschaft, die immer mehr abwirft, ist es kein Wunder, daß nach den Eroberungen die Islamische Welt und ganz besonders ihre Kaufleute von einer Welle steigenden Wohlstands erfaßt werden.

Bleiben wir noch einen Augenblick beim Gold des Sudan. Dieses Gold, das seit dem Ende des 8. und vor allem seit dem 9. Jahrhundert den wichtigsten Strom der Edelmetallversorgung darstellt, erreicht, wie wir festgestellt haben, das islamische Gebiet über die kleinen Karawanenstädte des südlichen Maghreb: Die ganze politische und dynastische Geschichte Nordafrikas dreht sich um die Sorge, die Stationen zu kontrollieren, in denen die Goldkarawanen ankommen. Dieses Gold bleibt jedoch nicht im Maghreb, es zieht nur durch, ganz genauso wie im 16. und 17. Jahrhundert das Silber und Gold aus Amerika, das in Cadiz ausgeladen wird, von dort nach den Zentren des Handels, der Banken und der Industrie, den Bewegungszentren der damaligen Wirtschaft, weitergeleitet wird.

Das Gold des Sudan nimmt seinen Weg also in die großen Produktionszentren, die für den Export arbeiten: Ägypten (Getreide, Papyrus und Tuch) und Mesopotamien (Zuckerrohr und Webstoffe). Es findet seinen Weg auch in die Transitländer, in denen die Waren von außerhalb der Islamischen Welt ankommen: nach Spanien, wo Sklaven und andere Waren eintreffen, die man aus dem christlichen Abendland bezieht; in die Städte Ägyptens, Syriens und Mesopotamiens, die die Produkte Zentralasiens, vor allem Gewürze, aufnehmen; in die Handelszentren Mittelasiens: Samarkand, Buchara und Choresmien, die die Routen zu den russischen Flüssen, nach den Ländern der Türken, nach China und Indien beherrschen. Schließlich nimmt das Gold des Sudan seinen Weg nach den politischen Zentren, an die Höfe der Herrscher. Ein Beispiel: die Ṭūlūniden in Ägypten, die im 9. Jahrhundert jedes Jahr einen Tribut von 300 000 Dinar an den abbassidischen Kalifen von Bagdad zahlen.

Dieses Gold wird allerdings nicht im gleichen Umfang weiterverteilt. In den Gebieten, die abseits der großen Handelsströme liegen, kommt es nur in spärlichen Mengen an. In den Zentren des Handels und der Banken sammelt sich das Gold in großen Mengen, es staut sich auf den Märkten der Städte und in den Palästen. Diese großen Zentren sind es, die Gold und Silber prägen, auch Kupfer, aber mehr zusätzlich, und die es auch wieder verteilen. Über dieses Netz von monetären Strömen also wird die Lebenskraft der islamischen Wirtschaft, das Gold des Sudan, weitergeleitet, wobei der Maghreb nur die Rolle eines Verteilers spielt, der die großen wirtschaftlichen Zentren bedient.

Um das Ausmaß der Zirkulation von Gold in der Islamischen Welt genau abschätzen zu können, verfügen wir über fünf Gruppen von Informationen. Zuerst natürlich die Münzen selber, die in den Museen – in der Eremitage, in Kairo, Damaskus, Bagdad, im British Museum, im Münzkabinett der Bibliothèque Nationale usw. – aufbewahrt werden. Diese Münzen erlauben uns, den Prägeort herauszufinden und die Münzstätten auf einer Karte einzutragen. Es sind zunächst, unter den Omayyaden, Damaskus, dann, seit 763, Bagdad. Unter al-Ma'mūn (813–833) wird die Münzprägung dezentralisiert. Seit 827 wird Gold in allen Hauptstädten des islamischen Ostens und Westens gemünzt. So bestätigt die Vereinheitlichung auf dem Gebiet der Prägung die Verschmelzung der beiden Gebiete: des Gebiets der Goldwährung (*ahl aḏ-ḏahab,* wörtlich ›die Leute des Goldes‹) und des Gebiets der Silberwährung *(ahl al-waraq).*

Eine andere Informationsquelle: die Veranschlagung des Steueraufkommens, das schließlich im gesamten Abbassidenreich in Gold eingehoben wurde. Bis zum Ende des 9. Jahrhunderts wird das Budget des Kalifats von Bagdad für den islamischen Westen in Dinar ausgedrückt, für den islamischen Osten in Dirhem; seit Anfang des 10. Jahrhunderts wird es überall einheitlich in Dinar berechnet, ein Indiz für die monetäre Vereinheitlichung auf der Verwaltungsebene.

Das islamische Spanien bietet ein anderes Beispiel für diese Expansion des Goldes. Die Omayyaden von Cordoba, die bis zum 9. Jahrhundert nur Silber geprägt haben, beginnen jetzt ebenfalls, Gold zu schlagen, ein Symbol der Macht, die dann im 10. Jahrhundert die Annahme des Kalifentitels ›Fürst der Gläubigen‹ bestätigt. Überdies zirkulieren in Spanien viele Goldstücke aus dem Orient; ein Teil dieses Goldes fließt wieder ins barbarische Abendland im Tausch gegen Sklaven, die dann weiter in den Orient exportiert werden, wobei dieser Handel dem Land eine Transitrolle sichert. Schließlich hat Spanien auch Interesse am Gold des Sudan und greift jenseits des Meeres ein, um sich die Kontrolle über die nördlichen Endstationen des Transsahara-Handels zu verschaffen. All dieses Gold wird in Cordoba und Madīnat az-Zahrā' geprägt und, wenigstens zum Teil, in das alte Silberwährungsgebiet des barbarischen Okzidents weitergeleitet.

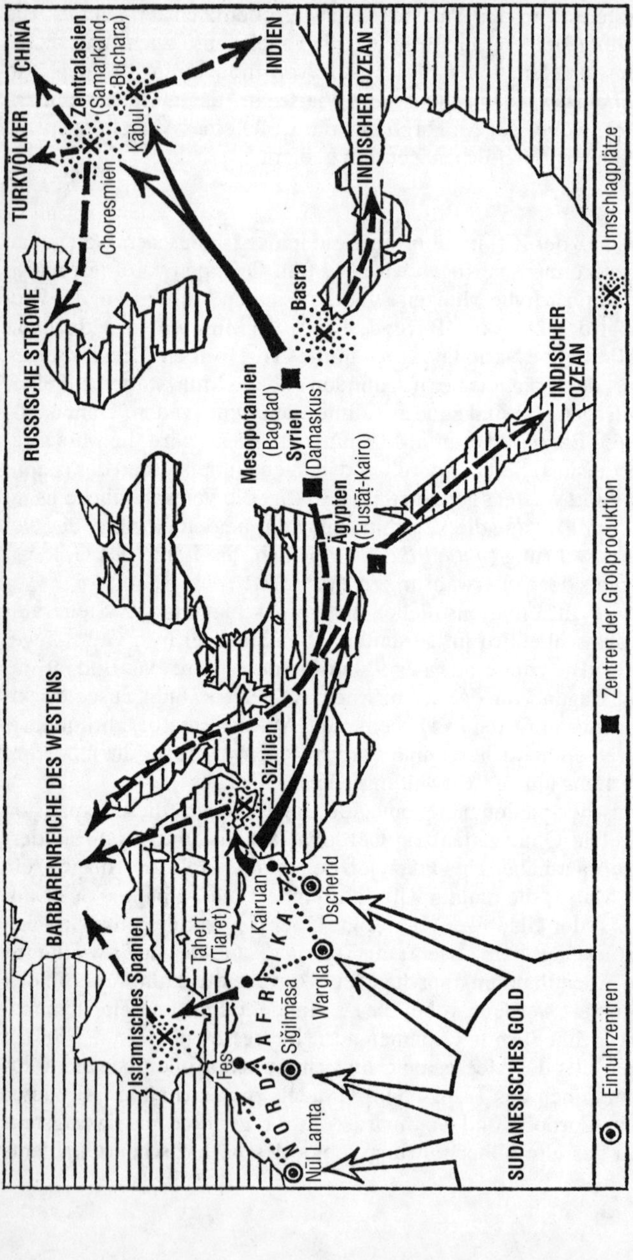

9. Der Weg des sudanesischen Goldes

Ein anderes Beispiel für die Ausbreitung des Goldes: die Entwicklung der Goldprägung unter den Fāṭimiden. Da die Fāṭimiden im 10. Jahrhundert durch das Gold des Sudan, dessen Monopol sie sich angeeignet hatten, reich geworden waren, konnten sie sich einen Kriegsschatz schaffen, der ihnen erlaubte, die Eroberung Ägyptens, das schon vorher zu ihren Gunsten durch eine aktive Politik mit Hilfe des Dinars bearbeitet worden war, erfolgreich durchzuführen. Die Fāṭimiden intensivieren dann die Goldprägung und lassen in ihrem Reich, von Syrien bis Sizilien, gewaltige Mengen von Gold münzen. Außerdem schaffen sie das Geldstück des Viertel-Dinar (*rub'*, ›Viertel‹) aus Gold.

Über die Zirkulation des Goldes belehren uns schließlich die Zahlen, die die arabischen Historiker und Geographen liefern. Einige Beispiele werden genügen, um einen Eindruck von der Größenordnung zu geben. In Spanien findet man beim Tode 'Abdarraḥmāns III. im Jahre 961 in seinem Schatz 5 Millionen Dinar, d. h. 250 Zentner gemünztes Gold. Unter seinem Nachfolger, Ḥakam II. (961–976), beträgt die Gesamtsumme der Einnahmen des Staatsschatzes *(ḫizānat al-māl)* 40 Millionen Dinar. In Ägypten kommen beim Tode des mächtigen Ministers al-Afḍal im Jahre 1121 aus seinem Schatz 6 Millionen Dinar zum Vorschein, die 300 Zentner gemünztes Gold darstellen. In Bagdad fließen zur Zeit Harun ar-Raschids (786–809) jedes Jahr 7500 Zentner gemünztes Gold in den Staatsschatz *(bait al-māl),* das bedeutet eineinhalb Milliarden Dinar. Der Kalif Wāṯiq (842–847) schenkt den Händlern von Karch, einem Viertel von Bagdad, das durch eine Feuersbrunst zerstört worden war, 500 000 Dinar, entsprechend 25 Zentner Gold.

Diese Zahlen, ausgewählt aus vielen anderen, und zwar bei Autoren, die Zugang hatten zu den Staatsarchiven der Zeit, zeigen den Umfang der Geldbewegungen. Wenn man natürlich auch nicht alle Zahlen als vollkommen verläßlich akzeptieren kann – selbst moderne Statistiken sind ja mitunter mit Einschränkung zu benutzen –, so geben sie jedenfalls eine Vorstellung von der Größenordnung und rechtfertigen in ganzem Umfang die Auffassungen von einer phantastischen Zunahme der Anzahl der Goldmünzen überall in der Islamischen Welt. Diese Tatsache ist um so bemerkenswerter, als man die Relation im Kopf behalten muß zwischen dem Volumen des Goldes, das sich in Umlauf befand, und der Bevölkerungszahl, wobei diese erheblich niedriger lag als in unseren Tagen.

Fassen wir zusammen: In der Geldgeschichte der Menschheit drückt sich die Islamische Welt durch einen Zufluß von Edelmetall aus, dessen Quellen und Mechanismus wir gerade untersucht haben. Dank des Überflusses an Gold, dem bevorzugten Zahlungsmittel des Handelsverkehrs, konnten große städtische Zentren, die sich in vollem Aufschwung befan-

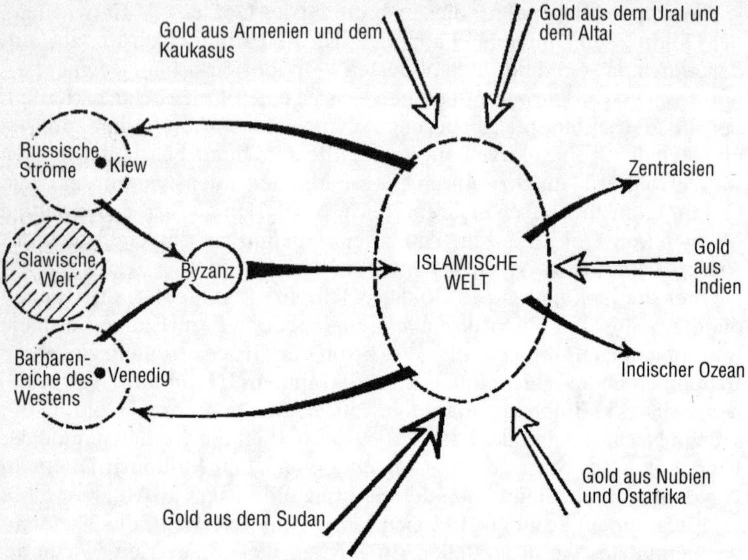

10. Schematische Darstellung der Geldströme nach der islamischen Eroberung

den, eine Nachfrage nach allen Produkten entwickeln, so weit her sie immer kommen mochten, eine Nachfrage, die um so lebhafter war, als sie sich mit dem Reichtum und dem Aufstieg bestimmter sozialer Schichten verband. So bildeten sich innerhalb und außerhalb der Islamischen Welt längs der großen Handelsstraßen, die von ihr ausgingen, neue monetäre Ströme: Womit wir es zu tun haben, ist nicht mehr, wie vor der Eroberung, eine einfache Verschiebung der Masse von Edelmetall, sondern eine neue Organisation, ein wirklicher Kreislauf.

Kapitel 6

Der Aufschwung der Städte und die Entwicklung der Nachfrage[3]

Der Rhythmus der Stadtentwicklung vor und nach der Entstehung der Islamischen Welt

Vom 8. bis zum 11. Jahrhundert ist die Islamische Welt Schauplatz eines phantastischen urbanen Aufschwungs. Dieser Aufschwung macht sich zunächst in der Gründung neuer Städte bemerkbar, von denen einige schnell die größten Städte der Welt werden. Wenn man sagen konnte, Sao Paulo sei »die Stadt der Welt, die am schnellsten wächst« (60 000 Einwohner im Jahre 1888 und 2 Millionen im Jahre 1950), was soll man dann von Bagdad sagen, das in noch kürzerer Zeit, von 762 bis ca. 800, von einigen Hundert Einwohnern – auf dem Terrain gab es vor der Eroberung nur ein sassanidisches Schloß und einige nestorianische Klöster – auf fast 2 Millionen anwuchs? Neben diesen neuen Ballungszentren, die zum größten Teil ihre Rolle als Großstädte bis heute bewahrt haben, werden alte städtische Zentren wiederbelebt; ihr Territorium, ihre Bevölkerungszahl und ihr Einzugsgebiet erreichen Proportionen, die bis dahin unbekannt waren.

Auf diese Weise entsteht ein umfassendes urbanes Netz, das durch die Verbindung von Stadt zu Stadt so etwas wie ein Kommunikationssystem der Islamischen Welt darstellt und gleichzeitig den Schaltkreis der großen Ströme der Kultur bildet. Das ist ein Faktum, dessen Tragweite bisher weder genügend beachtet, noch ins rechte Licht gesetzt wurde; und doch überschreitet diese Urbanisierungsbewegung bei weitem die des Römischen Reiches nach Kraft und Umfang und besitzt, wenigstens zu Beginn, dieselbe Bedeutung wie die große Bewegung zur Gründung neuer Städte in der Epoche des Hellenismus oder später in Mittel- und Westeuropa.

Auch hier müssen wir unbedingt die Lage genau bestimmen und die Tendenz der urbanen Entwicklung vor und nach der Errichtung des Islamischen Reiches genau nachzeichnen. Vorher, d. h. in der ersten Hälfte des 7. Jahrhunderts, können wir wie beim Geld drei Bereiche unterschei-

3 Maurice Lombard, *L'évolution urbaine pendant le haut Moyen âge.* In: Annales, Econ., Soc., Civil., Bd. 12, 1957, S. 7–28.

den, in denen Aktivität und Rhythmus der Städte in etwa derselben Entwicklung folgen. Im barbarischen Abendland, dessen Geldumlauf, wie wir sahen, praktisch Null ist, werden durch die Isolierung, dadurch, daß das Handelsnetz förmlich verfault und sich in einzelne Stücke auflöst, und auch dadurch, daß die bäuerliche Leibeigenschaft die städtische Sklaverei ablöst, die Formen des städtischen Lebens ausgelöscht. Die antike Stadt verschwindet unter den Erschütterungen von Wirtschaftskrisen, Völkerwanderungen und Raubzügen. Was bleibt, ist nur noch ein enges *Castrum,* zur Verteidigung und als Zufluchtsort bestimmt. Es ist die Zeit des Triumphs der großen Ländereien und der Agrarwirtschaft. Barbarisierung und Verbauerung unterwerfen sich mehr oder minder den ganzen Okzident; in Nordafrika siegt das Nomadenleben.

Der byzantinische Zyklus des östlichen Mittelmeers ist charakterisiert durch einen Geldumlauf, der immer zäher wird, durch eine Kontraktion des internationalen Handels, weshalb der Radius des kommerziellen Kreislaufs immer mehr abnimmt und dann nur noch die drei Städte Alexandria, Antiochien und Konstantinopel untereinander verbindet, durch eine Verminderung der verfügbaren unfreien Arbeitskraft und schließlich durch Stagnation, dann Rückgang des städtischen Lebens. Die Lähmungserscheinung der großen Güter, die für Ägypten durch die Angaben der Papyri ausreichend belegt ist, gewinnt, wie in Syrien und Kleinasien das ländliche Hirtendasein, immer mehr Raum. Die Aktivitäten konzentrieren sich in einigen großen Städten, hellenistischen Gründungen wie Alexandria oder Antiochien, oder in der Neugründung Konstantins: Konstantinopel. Diese Städte sind genaugenommen Inseln.

Das Sassanidenreich, das eine lebhafte Geldzirkulation auf der Basis des Silber-Dirhems aufwies, gehortete Goldvorräte, ein immenses Angebot an unfreier Arbeitskraft und einen Handel, der sich weit nach Zentralasien und dem Indischen Ozean öffnet, sieht nun zu, wie die Macht seiner Großgrundbesitzer, der *Dihqāne,* abnimmt und sich gleichzeitig der Aufschwung seiner Städte durchsetzt, die damals in großer Zahl gegründet wurden. Einige Städtenamen, die mit dem Suffix *-ābād* (-ort) zusammengesetzt sind, erwecken den Eindruck eines reich bevölkerten und blühenden Landes.

Auf diese Weise nimmt also der urbane Rhythmus, die Intensität der urbanen Bewegung, von Osten nach Westen ab, und zwar entsprechend der Abnahme des Kapitals in der Form von Gold, der Arbeit in der Form von Sklavenarbeit und der internationalen Beziehungen in der Form von Handel. Die Konstituierung der Islamischen Welt (7. bis Anfang 8. Jahrhunderts) schafft von Zentralasien bis zum Indischen Ozean, vom Sudan bis zum barbarischen Abendland und bis hin zu dem Gebiet der russischen Ströme ein gewaltiges Territorium gegenseitiger Durchdringung, einen riesigen, gemeinsamen Markt. Diese Einheit, die die drei früher getrennten Gebiete des Sassanidenreiches, des byzantinischen Syrien und des byzantinischen Ägypten sowie des barbarisierten Gebietes des westlichen Mittelmeers miteinander verwebt, ist charakterisiert durch den Zufluß von Gold, eine üppige Versorgung mit Sklaven (Türken, Afrikanern, ›Slawen‹), ein weites Netz von Fernstraßen, das sich von China bis Spanien und von Nordafrika bis Zentralasien spannt und einen phantastischen städtischen Aufschwung begünstigt. Im ehemals sassanidischen Gebiet – Mesopotamien und Iran – kann man eine Fortführung und Ausweitung der städtischen Bewegung feststellen, die sich schon in der vorangehenden Zeit abgezeichnet hatte; Bagdad und Samarrā sind dafür die berühmtesten Beispiele. Im ehemals byzantinischen Gebiet – Ägypten/Syrien – gewinnt der urbane Aufschwung, der in der vorangehenden Periode abgestoppt worden war, neue Kraft, daher der Reichtum von Damaskus und Fusṭāṭ-Kairo. Im ehemaligen Gebiet des barbarischen Okzidents schließlich – Nordafrika und Spanien – wird die Form der Großstadt wieder eingeführt; Kairuan, Fes und Cordoba sind Symbole der großen urbanen Bewegung, die sich von Osten nach Westen ausbreitet.

Die Urbanisierungsbewegung zwischen dem 8. und 11. Jahrhundert

Für jedes der drei alten Gebiete – den sassanadischen Orient, das byzantinische Syrien und Ägypten sowie den barbarischen Okzident – werden wir versuchen, den Verlauf der Gesamtbewegung aufzuzeigen, und dann jeweils ein ausgewähltes Beispiel vorführen, nämlich Bagdad, Fusṭāṭ-Kairo und Cordoba.

Das ehemals sassanidische Gebiet

Es umfaßt Mesopotamien und den Iran.

Mesopotamien ist ein Gebiet sehr alter Zivilisation, ein ›Land von Städten‹, deren Lebensrhythmus zu allen Zeiten sowohl vom Zustand der Bewässerungswirtschaft, die auf dem reichen alluvialen Boden (*Sawād* oder ›Schwarzerde‹) praktiziert wurde, abhängig gewesen ist als auch von der Trockenlegung der Sumpfgebiete (*baṭā'iḥ,* ›Sümpfe‹), die dann Frucht- und Getreideanbau erlauben. Das Wachstum der Stadtbevölkerungen wird durch den Anbau folgender Kulturen ermöglicht: Weizen, Gerste, Hirse, Reis, schon vor langer Zeit aus den Deltas Indiens in die sumpfigen Gebiete des Unteren Euphrat gekommen; Zuckerrohr, das später, gegen Ende der Sassanidenzeit im 6. Jahrhundert, von Indien aus nach Chusistan, der alten Susiana, gebracht wurde, von dort in das Gebiet des Kārūn, um Tuster; Dattelpalmen, die aus der Region des Persischen Golfs stammen und im Gebiet von Bagdad erst eingebürgert werden konnten, nachdem sie von einem Züchter aus Basra akklimatisiert worden waren; Orangenbäume, von Indien nach Basra und Oman gebracht und dann in Bagdad angepflanzt. Die Bedeutung dieser Landwirtschaft wird durch die arabischen Quellen, die die Gründung Bagdads beschreiben, hinreichend bewiesen: Man zog damals alle Arten von Spezialisten heran, Experten für die Einrichtung hydraulischer Anlagen und Gärtner, die in der Akklimatisierung neuer Arten Erfahrung besaßen.

Die Menschen müssen ernährt, aber auch bekleidet werden. Das Ausgangsmaterial für die Textilien sind Flachs aus dem Sawād und Baumwolle, die von der Westküste Indiens kam und in Obermesopotamien, im Becken des Großen Chabur, heimisch gemacht wurde. Baumwolle gesellt sich zum Zuckerrohr, beide erfordern unfreie Arbeit, die der Zanğ, der schwarzen Sklaven von der Küste Ostafrikas: eine dreifache Verbindung – Baumwolle, Zuckerrohr, Sklavenarbeit –, der man später auch im Mittelmeer und auf den Inseln Mittelamerikas begegnet.

Schließlich müssen die Menschen untergebracht werden: Das wichtigste Baumaterial ist der Ton der Anschwemmböden, der in der Sonne getrocknet oder in Öfen gebrannt wird. Bagdad besaß eine dreifache, massive Befestigung aus ungebrannter Erde; nur die Fundamente der Mauern und die Gräben für die Wasserkanäle waren aus gebrannter Erde gemauert. Gebrannter Ton ergibt, glasiert oder emailliert, Töpferware, Keramiken und Fliesen mit lebendigen Farben, Meisterwerke Mesopotamiens. Aber dieses Material ist zerbrechlich: Alle alten Hauptstädte sind zu Schutthaufen geworden. Holz dagegen ist selten, die Schiffe auf Euphrat und Tigris bestehen aus runden Körben, geflochtenen Matten, die mit Bitumen aus der Gegend von Kirkūk getränkt werden. Holz muß überdies importiert werden, aus Armenien und Syrien kommen Flöße, die man bei der Ankunft stromabwärts zerschlägt; noch heute fahren die Kelleks aus Armenien bis Untermesopotamien. Anderes Holz kommt aus Indien, vor allen Dingen *sāğ* oder Teak, das von der Malabar-Küste nach allen Städten des Persischen Golfs und des Roten Meers verfrachtet wird.

Wie verläuft nun in Mesopotamien, wo die Lebenskraft der Städte auf einem großen Schatz von Traditionen beruht, auf einer bestimmten Art zu leben, auf einer Technik und einer Ästhetik, die allesamt von der Stadt bestimmt sind, wie verläuft hier der arabische Vorstoß?

Die Araber kommen aus Südwesten, einem Landstrich, in dem die Wüste bis an den Euphrat heranreicht. Ihre ersten Städte bauen sie später auf dem westlichen, dem ›arabischen‹ Ufer des Flusses. Rückhalt gibt ihnen die Wüste, die Mündung der Pilgerstraßen von Mekka und Medina, an

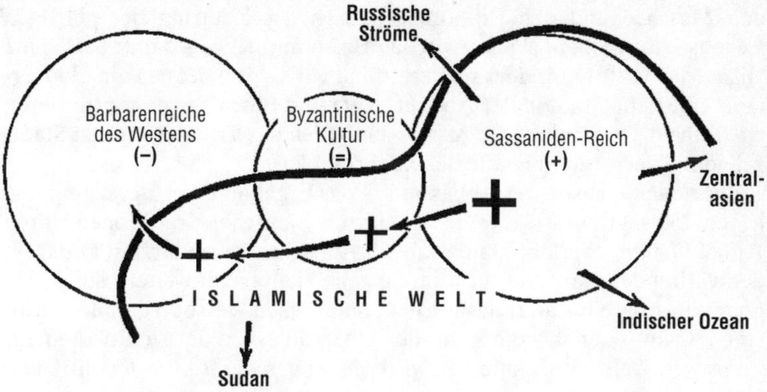

11. Rhythmus und Richtung der Stadtentwicklung vor und nach der Entstehung der Islamischen Welt

der Grenze des Weidelandes – der Steppe – und des kultivierten Gebiets – dem Flußtal mit seinen Wasserläufen und Kanälen. Diese ersten Städte sind ursprünglich befestigte Lager. Bald werden sie zu Anziehungspunkten und Großstädten mit dichter Bevölkerung. In der Nähe von Hīra, der alten Hauptstadt der Lachmiden – bei Qādisiyya, wo das entscheidende Treffen mit den persischen Truppen stattfand –, wird Kufa erbaut. Im Mündungsgebiet Mesopotamiens, an der Schwelle des festen Sockels, der die Region der *baṭā'iḥ* (Sümpfe) vom Persischen Golf trennt, erhebt sich später Basra (Bassora). Das Gelände von Kufa und Basra ist schon abgesteckt durch Dörfer, Klöster und Feuertempel, hat aber bisher weder politisch noch wirtschaftlich eine Rolle gespielt. Beide Städte werden gleich bei der Ankunft der arabischen Truppen in Mesopotamien gegründet – 636 bis 639, unter dem Kalifat Omars – und entfalten dann ein rapides Wachstum, das von einem Bevölkerungsgemisch aus Arabern, Konvertiten *(mawālī)* und Schutzbürgern *(ḏimmī)* gesichert wird. Einige dreißig Jahre später hat Kufa mehr als 100 000 Einwohner, Basra mehr als 200 000. Es sind in der Tat regelrecht aus dem Boden gestampfte, wuchernde Städte.

Basra erlebt seinen Höhepunkt unter den Abbassiden. Es ist das große Zwischenlager für den Handel mit dem Indischen Ozean, der Hafen Bagdads. Die Stadt wird von zahlreichen Kanälen durchzogen, die die verschiedenen Viertel mit dem Fluß verbinden. Am westlichen Tor liegt der *Mirbaḍ,* der ›Bahnhof‹ der Karawanen zur arabischen Steppe. Die Kais am Fluß stellen mit dem Markt das Geschäftszentrum, aber mit der Großen Moschee und den Bibliotheken auch das Zentrum des geistigen Lebens. Auf halbem Wege zwischen Basra und Kufa – daher der Name *Wāsiṭ* (die Mitte), mit dem sie bezeichnet wird – gründet 695 ein Gouverneur eine neue Stadt in der Absicht, Kufa und Basra besser kontrollieren zu können. Die drei Städte zusammen bilden das Trio der großen Stadtgründung der zweiten Hälfte des 7. Jahrhunderts.

Die neue Dynastie der Abbassiden – das Ergebnis einer Bewegung, die gegen 750 in Chorassan, einem Zentrum iranischer Traditionen, ihren Anfang nahm – verläßt Damaskus, das zu sehr den gestürzten Omayyaden verbunden war, und sucht ihre eigene Hauptstadt weiter östlich. Sie findet im Irak ein Land, das reich an natürlichen Ressourcen und städtischen Traditionen ist, ein Land des Übergangs von der semitischen zur iranischen Welt. Mesopotamien wird wieder das Zentrum von Politik und Kultur.

Der erste abbassidische Kalif, Abū l-'Abbās aṣ-Ṣaffāḥ, läßt sich am Euphratufer nieder, aber nicht in Kufa oder Basra, turbulenten Großstädten mit 'alidischen Tendenzen, sondern in Haschimiyya bei Anbār (von einem persischen Wort, das ›Scheune, Lagerhaus‹ bedeutet, griech. *emporion;* in dem Wort *anbār* wollten die Araber den Plural ihres eigenen *nibr* sehen, das dieselbe Bedeutung hat), an der Stelle, an der der große, schiffbare Kanal abzweigt, der Euphrat und Tigris miteinander verbindet, der Nahr Īsā. Am anderen Ende des Nahr Īsā, da, wo er in den Tigris mündet, schlägt der zweite Abbassidenkalif, Manṣūr, seine Residenz auf; so wird Bagdad geboren. Die Bedeutung des Nahr Īsā liegt also in seiner Rolle gewissermaßen als Verbindungskanal der großen Handelsströme zwischen oberem Euphrat und unterem Tigris. Jenseits von Anbār wird der Euphrat in der Tat immer sumpfiger, und die *baṭā'iḥ* (Sümpfe), die er schläfrig durchzieht, behindern die Schiffahrt. Der Weg über den Unter-Tigris ist also besser.[4]

Bagdad liegt am Kreuzungspunkt dreier Fluß- und zweier Landwege. Die Flußwege führen in Richtung Norden über den Ober-Tigris nach Mossul und Armenien; nach Nordwesten über den Nahr Īsā und den Euphrat nach Syrien; nach Südosten über den Unter-Tigris zum Persischen Golf und zum Indischen Ozean. Die Landwege vermitteln in Richtung Nordosten die Verbindung nach dem Iran, nach Zentralasien und China und in Richtung Südwesten nach Arabien und den Heiligen Stätten des Hidschas.

Wie das Gelände von Basra war auch das Gebiet des künftigen Bagdad schon vor dem Islam bewohnt. Es gab ein sassanidisches Schloß mit einer Schiffsbrücke über den Tigris, ein Dorf und christliche Klöster. Die Na-

4 Siehe Karte 2, S. 40.

mensgebung der Stadt erinnert an ihre Ursprünge: Bagdad kommt wahrscheinlich von einem iranischen Wort *baġdāda* (›Geschenk Gottes‹), und der seines Kaufleuteviertels al-Karch vom armenischen *kerka* (›Markt‹). Das vorislamische Bagdad besaß nur lokale Bedeutung, wie sie vielen dieser alten bewohnten Zentren gemeinsam ist. Der wirkliche Gründer der Stadt ist jedoch Manṣūr, der sie *Madīnat as-Salām* (Stadt des Friedens) nennt. Der Grundstein wird im Jahre 145 der Hidschra (762 n. Chr.) gelegt. Arbeiter und Spezialisten werden aus allen Teilen des Reiches zusammengezogen, mehr als 100 000 sind gleichzeitig an der Arbeit. Alle diese Menschen sind sowohl die Erbauer wie die ersten Bewohner der Stadt.[5] So entsteht in vier Jahren eine Rundstadt um den Palast und die Hauptmoschee, in der Form einer Reihe konzentrischer Einfriedungen, innerhalb deren die Häuser der Vertrauten und der Familienangehörigen des Fürsten Platz finden. Eine Befestigung, bewehrt mit 360 Türmen, schließt sie nach außen ab. Vier große Straßen durchschneiden sie von Südosten nach Nordwesten und von Südwesten nach Nordosten. Den Zugang bewachen vier hindernisgespickte Tore mit vielfältigen Wehranlagen, insbesondere einem Wassergraben, der vom Nahr Īsā und vom Tigris gespeist wird. Der Plan der Rundstadt ist orientalischer Herkunft und erinnert an den *šahristān* mit vier Toren; er ist vollkommen anders als der rechtwinklige hellenistische Stadtplan mit *cardo* [Querachse] und *decumanus* [Längsachse]. Man muß wohl auch an die kreisförmigen Befestigungen der Städte Zentralasiens denken und an die Häufigkeit der kreisförmigen Anlage bei den Parthern; gegenüber von Seleukia, einer hellenistischen Stadt mit rechtwinkligem Grundriß, erhob sich Ktesiphon, eine parthische Gründung in der Form eines Rundlagers.

Diese Rundstadt Manṣūrs, in der unter Arkaden längs der vier zusammenlaufenden Straßen Geschäfte eingerichtet waren, erwies sich sehr schnell als zu klein. Der Platzmangel zwang die Stadt, sich nach zwei Richtungen auszudehnen: einmal nach Süden, wo sich die Vorstadt al-Karch befand, das Viertel des Handels und des Handwerks, dann nach Osten zum gegenüberliegenden Flußufer, das über eine Schiffsbrücke erreichbar ist; hier liegt weit weg von der wimmelnden Masse das Residenzviertel, vor allem der Palast des Kalifen, *Dār al-ḫilāfa.* Diese Expansionsbewegung auf dem rechten Ufer vollzieht sich seit 768. Zu Beginn des 9. Jahrhunderts, dreißig oder vierzig Jahre später, unter der Regierung von Harun ar-Raschid und Ma'mūn, ist Bagdad eine dichtbevölkerte Agglomeration von ungefähr 10 mal 9 Kilometern, d. h. etwa so groß wie Paris mit den äußeren Boulevards. Es ist jetzt die größte Stadt der Welt.

Der Kalif Mu'taṣim (833 – 842) verläßt im Jahre 836 Bagdad und grün-

5 Ya'qūbī, *Kitāb al-buldān.* Übersetzung von Gaston Wiet, *Les Pays,* Kairo 1937, S. 11.

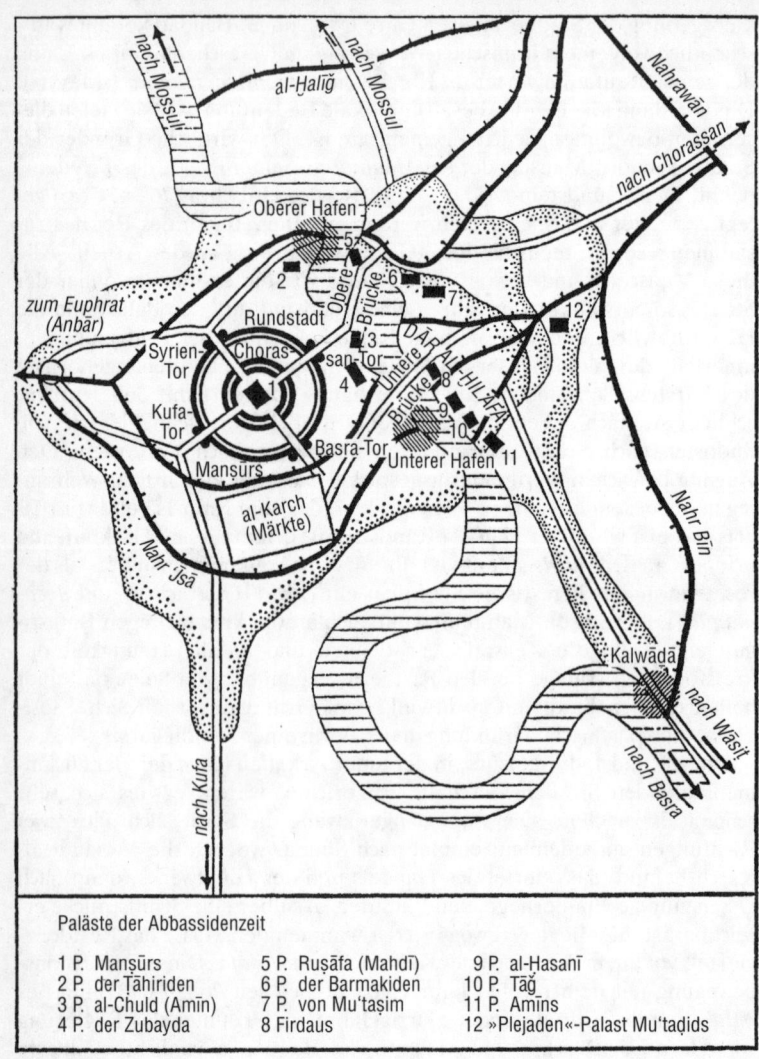

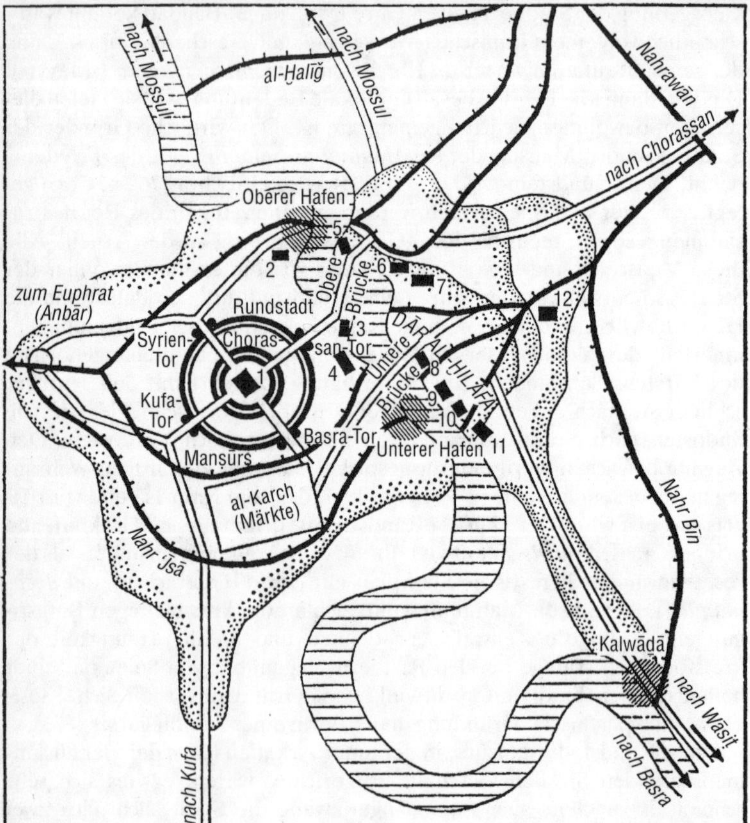

Paläste der Abbassidenzeit

1 P. Manṣūrs	5 P. Ruṣāfa (Mahdī)	9 P. al-Ḥasanī
2 P. der Ṭāhiriden	6 P. der Barmakiden	10 P. Tāǧ
3 P. al-Chuld (Amīn)	7 P. von Muʿtaṣim	11 P. Amīns
4 P. der Zubayda	8 Firdaus	12 »Plejaden«-Palast Muʿtaḍids

12. Bagdad

det auf dem Gelände von Samarrā, drei Tagereisen nach Norden, ein neues Palastzentrum. Die Übersiedlung in eine Palaststadt ist nicht ohne Parallele zu Paris-Versailles. Hier, im Orient, erklärt sich die Übersiedlung aus dem Bestreben, den Unruhen zu entgehen, die die türkische Garnison verursacht, da sie sich einer Großstadtbevölkerung konfrontiert sieht, die immer, besonders auf den Märkten, zum Aufruhr neigt. Samarrā bleibt Regierungszentrum für ungefähr 55 Jahre (836–892); rings um den Palast breitet sich eine sehr volkreiche Stadt aus. Im Jahre 892 kehrt der Kalif Mu'tamid nach Bagdad zurück, wiederum um der Bevormundung durch die türkischen Prätorianer zu entgehen, was eine Expansion der Stadtteile auf dem östlichen Ufer nach sich zieht. Die Anfänge des Niedergangs von Bagdad muß man gegen Ende des 10. Jahrhunderts datieren. Im 11. Jahrhundert schreitet er unaufhörlich unter den türkischen Seldschuken fort und vollendet sich 1258 mit der Eroberung durch Hülägü.

Aber die urbane Bewegung beschränkt sich im mesopotamischen Bereich nicht auf Bagdad/Samarrā, die beiden großen islamischen Gründungen; sie betrifft auch Städte, die schon in der Sassanidenzeit bestanden haben und nun flächenmäßig, wirtschaftlich und demographisch einen Aufschwung erleben: In Chusistan, der früheren Susiana, einem Gebiet mit altem Bewässerungssystem, das auf Dämmen beruhte und die Kultur von Zuckerrohr und Baumwolle erlaubte, sind es die Städte Tuster, Sūs und Ahwās. In Obermesopotamien, einer Region mit Baumwollkultur – im Becken des Großen Chabur –, vor allem Mossul, das für seine Stoffe (unseren ›Musselin‹) und seine Kupferarbeiten bekannt ist, die aus dem Metall von Arghana am Ober-Tigris hergestellt werden.

Außer Mesopotamien umfaßte das ehemalige Gebiet der Sassaniden natürlich auch den Iran, eine ganze Welt für sich, die mit vollkommen verschiedenartigen Regionen in Berührung stand. Da ist zunächst Turan, das Land der Steppennomaden, der uraltaischen Türken; sie kennen keine eigenen Städte, nur die der anderen, und sie träumen davon, diese Städte auszuplündern und als Herrscher zu bewohnen. Der türkische Nomade verhält sich angesichts der Städte des Iran wie der arabische Nomade vor den Städten Syriens und Mesopotamiens. Auch bei den Türken geht eine Zeit langsamen Vordringens der Phase der Eroberungen voraus, die im 11. Jahrhundert eröffnet wird. Noch weiter östlich steht der Iran über eine Kette von Oasen mit der chinesischen Kultur in Berührung, über die ›Seidenstraße‹, die zu den seßhaften, ackerbautreibenden Völkern führt. Nach Südosten schließlich erreicht man über die Pässe des Pamir und des Hindukusch Indien, eine andere Kultur von seßhaften Ackerbauern.

Im Iran ist die Verteilung der Städte nicht wie in Mesopotamien vom

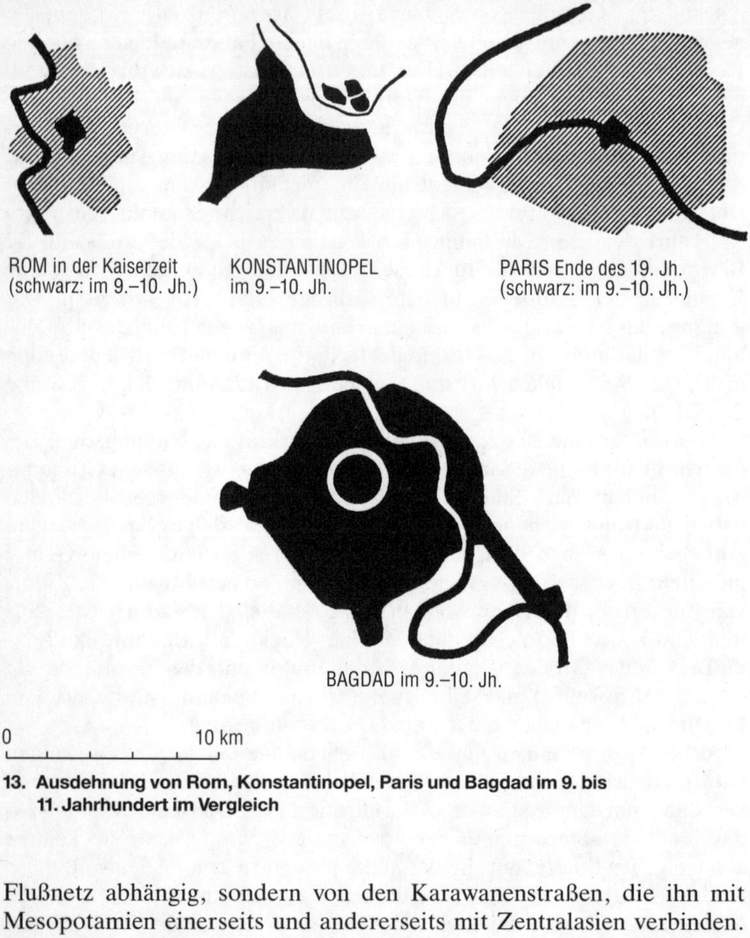

13. Ausdehnung von Rom, Konstantinopel, Paris und Bagdad im 9. bis 11. Jahrhundert im Vergleich

Flußnetz abhängig, sondern von den Karawanenstraßen, die ihn mit Mesopotamien einerseits und andererseits mit Zentralasien verbinden. Die arabische Eroberung (642 – 652) nimmt hier ganz andere Charakterzüge an als anderswo. Während man in Mesopotamien, dessen semitische oder semitisierte Bevölkerungen Aramäisch sprechen, eine schnelle Verschmelzung mit den Neuankömmlingen beobachten kann, läßt sich im Iran im Gegenteil ein Widerstand des alten persischen Kerns und der nationalen Religion feststellen, des Feuerkultes oder Zoroastrismus, der übrigens buddhistischen und manichäischen Einflüssen gegenüber sehr offenstand. Wir haben gesehen, daß die Barmakiden, die Großwesire der Abbassiden, Fürsten aus Balch (Baktrien) sind, Diener des großen buddhistischen Klosters von Nawbahār (›Neues Kloster‹, vom sanskr. *nōva vihāra*), in dem sie das Amt des *parmak* (Abt) innehatten. So kann man verstehen, daß Persien, als es zum Islam konvertiert, dies unter einer besonderen Form, der Konfession der Schia, tut. Obwohl Perser große Bedeutung als arabische Schriftsteller gewinnen, ändert das doch nichts daran, daß die persische Sprache überlebt und dann, besonders vom 11. bis 12. Jahrhundert an, eine Renaissance erfährt.

Die arabischen Eroberer lassen sich zunächst in neuen Vierteln neben der alten Stadt nieder: Die *madīna* (pers. *šahristān*) wird so mit dem Vorort (arab. *rabaḍ,* pers. *bīrūn*) verbunden, der die Festung, die Freitagsmoschee und den Markt umfaßt. Wir sehen hier die Geburt von Doppelstädten, ein Phänomen des Zusammenwachsens: Merw, Balch (wo eine echte zweite Stadt, Barūqān, sich einige Kilometer von der alten Stadt entfernt erhebt), Buchara und Samarkand. Später dann verschmelzen diese Zwillingsstädte miteinander: In der Abbassidenzeit wird der *Šahristān* das Zentrum der Staatsautorität; natürlich befinden sich dort auch Freitagsmoschee und Markt; also eine Rückkehr zum ursprünglichen städtischen Kern.

Die Entwicklung einer neuen städtischen Bevölkerung setzt die Entwicklung des Bewässerungssystems, d. h. eines ausgefeilten Systems von unterirdischen Kanälen, voraus; andererseits zwingt die Abwehr der Angriffe der türkischen Nomaden zur Einrichtung von Militärposten *(ribāṭ)* und zur Anlage großer Befestigungsmauern, die die wichtigen Städte mit ihren Obst- und Feldkulturen in den Vororten und den Dörfern der Bauern kreisförmig umgeben. Auf diese Weise kommt man zu Befestigungen von rund 100 Kilometern Umfang in Buchara, Samarkand und Balch, Mauern, die an das noch grandiosere Bauwerk erinnern, das China gegen diese selben Turaner errichtet und immer wieder aufgebaut hat.

Die große Entwicklung der Städte ist im Iran wie anderswo mit der Entwicklung des Handels in der islamischen Zeit verknüpft, eines Handels, der von einer Klasse großer Kaufherren betrieben wird, die im Karawanenhandel reich geworden sind. Die prosperierenden Städte sind in erster Linie Städte in Schlüsselpositionen, vor allen anderen Samarkand, das den Knotenpunkt der Handelsstraßen aus Persien und Indien kontrolliert. Barthold schätzt, daß sich die Bevölkerung von Samarkand unter den Sāmāniden (Ende des 9. bis Ende des 10. Jahrhunderts) auf ungefähr 500 000 Einwohner belief.[6] Die Stadt bot damals einen monumentalen Anblick: vier Mauern, die nacheinander das Anbaugebiet der Oasen (die ›lange Mauer‹), die Vororte und die Stadt (die große Mauer mit zwei Toren), die

6 Wilhelm Barthold, *Turkestan down to the Mongol invasion,* 2. Aufl. London 1958 (Gibb Memorial New Series V), S. 88 [3., erweiterte Aufl. 1968, Repr. Nachdruck 1988].

eigentliche Stadt (*šahristān,* mit vier Toren) und endlich im Zentrum die Zitadelle umschlossen. Ein strahlenförmiger Plan also, der an die Anlage Bagdads erinnert. Ein großer Kanal, der sich unendlich verzweigt, liefert das Wasser für die Stadt. Die Straßen sind mit Steinen gepflastert und mit Brunnen und kupfernen Bassins geschmückt, die auf die Nähe der Bergwerke und die Bedeutung der Kupferschmiedekunst hinweisen. Öffentliche Gärten zeigen, wie der Geograph Ibn Ḥauqal [im 10. Jahrhundert] berichtet, Zypressen, die so beschnitten sind, daß sie die seltsamsten Figuren darstellen: Pferde, Stiere, Kamele und wilde Tiere, die einander gegenüberstehen, sich belauern oder miteinander kämpfen, all das in einer Komposition, die an die Kunst der Steppen erinnert.

Das ehemals byzantinische Gebiet

Es umfaßt Syrien und Ägypten.

Zunächst Syrien. Die Städte hier kann man in drei Kategorien einteilen: erstens die des Landesinnern, die in der byzantinischen Zeit eine Dekadenz und dann in der islamischen Zeit einen neuen Aufschwung erleben, der sich aus ihrer Rolle als Scharnier, als Verbindungsstationen zu Mesopotamien ergibt. Dann die Hafenstädte; sie hatten ihre Bedeutung während der byzantinischen Zeit bewahrt und erhielten nun gewaltigen Auftrieb. Schließlich die Städte der kilikischen Marken, die die Taurus-Pässe beherrschen und mit der Stabilisierung der Grenzen in eine Ära des Friedens eintreten: Diese Städte, die im Zuge der byzantinischen Gegenangriffe zerstört worden waren, werden von den abbassidischen Kalifen wieder aufgebaut; gleichzeitig werden neue Festungen gegründet.

Der Typus der Stadt des Landesinnern ist Damaskus, eine Oase am Nahr Baradā, der von den östlichen Ausläufern des Antilibanon herabfließt. Damaskus fungiert als Markt zwischen den Seßhaften der Oase und den Nomaden der Wüstensteppe *(Bādiyat aš-Šām)*; eine alte aramäische Stadt, die in der hellenistischen Zeit mit einer griechischen Kolonie zusammengewachsen war, Getreidelieferant für die Armeen, die den römischen Limes bewachten. Dann, heruntergekommen, wie die Nomadisierung der Vorstädte in der byzantinischen Zeit beweist, lebt die Stadt wieder auf, als die omayyadischen Kalifen sie zur Hauptstadt machen, mit derselben Aufgabe wie Kufa, die Gebiete der Seßhaften zu schützen, ohne den Kontakt mit der Wüste Arabiens abbrechen zu lassen. Darüber hinaus waren die Omayyaden bestrebt, sich zwei Dinge zu sichern: den Komfort der Stadt zu genießen einerseits und sich doch von Zeit zu Zeit den Vergnügungen des Beduinenlebens und der Jagd ohne Einschränkungen hingeben zu können andererseits.

Die große Moschee und der Palast des Kalifen an ihrer Seite, das ›Grüne‹ Haus *(al-ḫaḍrā')*, wurden mitten in die antike Stadt gestellt, die die neu hervorsprießenden Vororte nach und nach einschlossen. Die Kalifen mußten neue Ableitungen des Baradā vornehmen und die Wasserrechte in der ganzen Oase neu verteilen lassen, eine Politik, die zu einer Vergrößerung der Anbauflächen und zur Anlage neuer Gemüsedörfer führte. Zu Beginn des 8. Jahrhunderts, unter Walīd I., vergrößerte man die einfache Moschee durch prächtige Bauten, sie wird nun die große ›Omayyaden-Moschee‹; Handwerker werden von überallher requiriert, Mosaikleger kommen aus dem eigenen Land und aus Byzanz. Der Höhepunkt von Damaskus fällt so mit seiner Rolle als omayyadische Hauptstadt zusammen. 750 wird die Stadt von den Abbassiden eingenommen, die die alten Befestigungen zerstören und die Gräber der Omayyaden profanieren; sie sinkt auf den Rang einer Provinzhauptstadt herab. Nichtsdestoweniger bleibt Damaskus immer ein dicht bevölkertes Zentrum und Mittelpunkt bedeutender landwirtschaftlicher und handwerklicher Produktion: Die Pflaumen, Trauben und Aprikosen von Damaskus bleiben berühmt, seine Konfitüren werden weiterhin in alle Welt exportiert, ebenso der ›damaszenische‹ Stahl und das ›damaszenische‹ Kupfer oder die ›Damast‹-Stoffe aus Seide und Baumwolle.

Neben Damaskus muß noch Jerusalem erwähnt werden, ein großes religiöses Zentrum, das im wesentlichen von der Ausbeutung der Pilgerfahrt lebt, die Juden, Christen und Muslime hierherführt, ferner Homs und Hama im Tal des Orontes und besonders Antiochien und Aleppo.

Unter den Häfen sind die wichtigsten as-Suwaidiyya, der Hafen von Antiochien, ferner Lattakia (Laodicaea, al-Lāḏiqiyya) und alle alten phönizischen Häfen wie Tripolis, Ǧubail (Byblos), Ṣaida (Sidon), Ṣūr (Tyrus) und 'Akka (Akkon). Alle diese Häfen erleben in der islamischen Zeit einen Aufschwung, neue Kais werden angelegt und neue Molen gegraben, wobei man weiterentwickelte submarine Konstruktionstechniken anwendet, wie uns Ende des 10. Jahrhunderts der Geograph Muqaddasī im Zusammenhang mit der Beschreibung des Hafens von Akkon als Augenzeuge berichtet.

Die kilikischen Grenzstädte werden mit dem Namen *aṯ-ṯuġūr* (die Marken, Grenzplätze) bezeichnet. Die Kontrolle der Taurus-Pässe erfordert jährliche Expeditionen und außerdem Standlager. Sie ist der Schlüssel der islamischen Geschichte dieser Festungsstädte, die zerstört und dann wieder aufgebaut, verwüstet und dann wieder bevölkert werden. Es sind große Verbrauchszentren, denn der militärische Markt hat starken Bedarf an Menschen, Pferden, Nahrung, Kleidern, Waffen und Baumaterial. Ein anderes Charakteristikum dieser Städte ist ihre ethnische

Vielfalt. Man trifft Schwarze, Slawen, Iraner, Armenier und noch andere ethnische Elemente. Das städtische Leben der Marken in Tarsus, Aḍana und Miṣṣīsa (Mopsuestia) besitzt ganz eigene Wesenszüge. Auch hier muß man ebenfalls eine sehr deutliche Expansionsbewegung verzeichnen, die mindestens bis zur zweiten Hälfte des 10. Jahrhunderts anhält, der Zeit der Kriegszüge von Nikephoros Phokas.

In Ägypten, dem zweiten Bereich des byzantinischen Gebietes, kann man bald nach dem Übergang zum Islam konstatieren, daß der Prozeß der Ruralisierung, der, wie die Papyri detailliert zeigen, gegen Ende der byzantinischen Zeit im Gange war, sich zunächst verlangsamt und schließlich zum Stillstand kommt. Die islamische Eroberung ersetzt dann eine Wirtschaft, die noch nicht rein agrarisch geworden war, aber auf vielen Gebieten dahin tendierte, durch eine Wirtschaft mit umfangreichem Handel. Diese Substitution, die uns von den Berichten der Geographen und Reisenden belegt wird, ist natürlich auch hier von einem städtischen Aufschwung begleitet: Er läßt sich mit Hilfe der Archäologie und der Topographie der großen, dauerhaften Schöpfung der islamischen Epoche rekonstruieren, nämlich Fusṭāṭ-Kairo.

Auf dem Terrain der späteren Stadt befand sich vor der islamischen Zeit die kleine griechisch-römische Polis Babylon, deren Standort im heutigen Alt-Kairo dem Viertel Qaṣr aš-Šām entspricht. Der Name Babylon, abgeleitet von einer alten ägyptischen Ortsbezeichnung, wurde von den Arabern schon bald nicht mehr gebraucht, hielt sich aber unter den Kopten. In verschiedenen Schreibungen *(Babalyun, Babiloine, Babillonia)* erscheint er in abendländischen Quellen und in der europäischen Literatur als Bezeichnung für Kairo. Babylon in Ägypten ist eine Festung, ein strategischer Punkt an der Spitze des Nildeltas. Es beherrscht die Landstraße, die von Syrien nach Westen – nach Ifrīqiya und dem Maghreb – führt, und meidet den Fächer des Deltas, dessen Durchquerung für den Reisenden durch die zahlreichen Seitenarme und unzähligen Kanäle mit erheblichen Schwierigkeiten verbunden ist. Hier dagegen kann man über die Insel Roda – auf der sich der Nilmesser befindet – über zwei Schiffsbrücken den Nil bequem überqueren. Abgesehen davon ist die Gegend Ausgangspunkt des Kanals, der den Zugang zum Roten Meer auf dem Wasserweg sichert: des Kanals der Pharaonen, dann der Römer (›Trajans-Kanal‹, *Trajanis amnis*), schließlich des Kalifen, des ›Fürsten der Gläubigen‹ *(ḫalīǧ amīr al-mu'minīn)*. Zu diesen Straßen muß man den großen Flußweg in nord-südlicher Richtung hinzufügen, den Nil, der Ober-Ägypten und das Delta verbindet.

Genauer gesagt ist das Terrain Kairos das Ergebnis eines niedrigen Flußufers, eines flachen Uferstreifens und alluvialer Terrassen, die sich bis zu den Festungswerken des Muqaṭṭam-Berges, des *Ǧabal Yaškur,* hinziehen. Einige Sümpfe *(birka)* ermöglichen später, nach der Trockenlegung, Gemüsekulturen.

Historisch betrachtet ist Kairo eine Kette von Städten: Nach Babylon entsteht Fusṭāṭ, eine Tochter der Eroberung, gegründet 641 von ʿAmr, dem Anführer der arabischen Eindringlinge, und zwar in der Form eines Heerlagers, nördlich vom antiken Zentrum. Der Name Fusṭāṭ bezeichnet vielleicht ein Soldatenzelt oder, wahrscheinlicher, einen Verteidigungsgraben (byzant.-griech. *fossaton,* lat. *fossatum*). Die Geschichte Fusṭāṭs ist ein gutes Beispiel für den Übergang eines Feldlagers zur Stadt: Bis in den Anfang des 8. Jahrhunderts bleiben die staatlichen Ämter in Babylon, geführt von Kopten, die griechisch schreiben. Dann tritt unter ʿAbd al-Malik mit der Einführung des Arabischen in den Kanzleien und der Einführung einer Münze islamischen Typs eine entscheidende Veränderung ein. In Fusṭāṭ entwickelt sich ein neues städtisches Zentrum, öffentliche Gebäude werden errichtet, Lagerhäuser, eine Werft, ein Hafen, ein ganzer Komplex von Anlagen, die zeigen, daß das Leben des Flusses sich nach dem neuen Zentrum verlagert und damit das erste Fusṭāṭ, das nur aus der Freitagsmoschee ʿAmrs, dem Regierungsgebäude und den Märkten bestanden hat, an Gewicht gewinnt.

749–750 wird von abbassidischen Generälen, die auf die Jagd nach dem letzten omayyadischen Kalifen angesetzt sind, im Norden von Fusṭāṭ eine neue Stadt gegründet. Diese zweite Stadt, mit dem Namen *al-ʿAskar* (das Militärlager), umfaßt ebenfalls ein Regierungsgebäude und Märkte, die sich um eine Hauptmoschee gruppieren.

Im Jahre 872 läßt Ibn Ṭūlūn – offiziell im Namen des abbassidischen Kalifen Gouverneur von Ägypten, in Wirklichkeit Begründer einer lokalen, unabhängigen Dynastie – einen geräumigen Palast am Fuße des Muqaṭṭam erbauen, 875 eine Freitagsmoschee auf dem Ǧabal Yaškur, eine Moschee, die Einflüsse aus Samarrā verrät; in der Tat stellt das Minarett der Moschee von Samarrā mit seiner schraubenförmig umlaufenden Rampe eine Transposition der Architektur der alten mesopotamischen Zikkurate in einen kreisförmigen Grundriß dar. Ibn Ṭūlūn ließ auch eine Pferderennbahn *(maidān)* für das Polospiel anlegen, und die neue städtische Schöpfung wurde durch die Vergabe von Grundstücken an Offiziere und Staatsdiener vervollständigt. Daher erhielt die neue Stadt den Namen *al-Qaṭāʾiʿ* (die Landkonzessionen).

Schließlich entsteht unter den Fāṭimiden Kairo. Im Jahre 969 ziehen sie, aus Nordafrika über die Oasenroute kommend, ins Niltal ein. Im Norden der schon vorhandenen Anlagen bauen sie ihrerseits eine Stadt mit Palästen und einer Moschee, der Azhar, gegründet 972; der neue Teil bekommt den Namen *al-Qāhira* (die Siegreiche), nämlich die Stadt, die in der Aszendenz des Planeten Mars gegründet wurde. Die Neustadt wächst

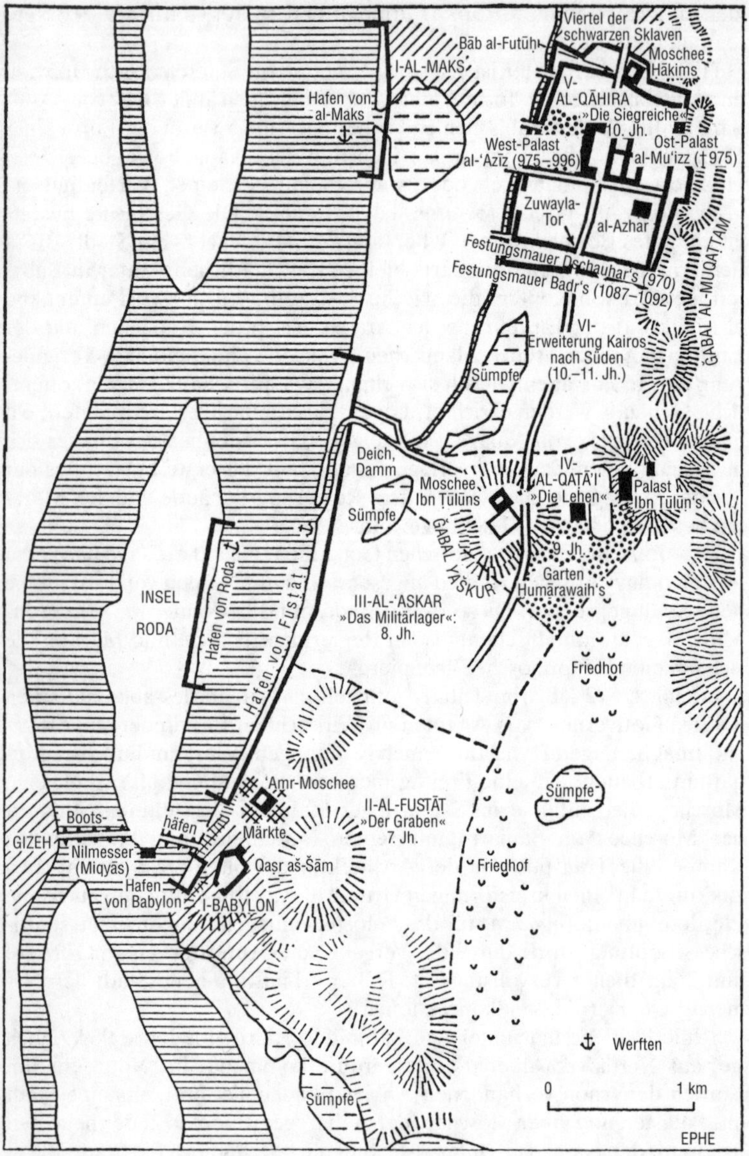

14. Fusṭāṭ-Kairo

sehr schnell um die offiziellen Gebäude herum. Der Höhepunkt Kairos liegt im 10. bis 11. Jahrhundert, einer Zeit, in der eine ununterbrochene Reihe neuer Bauten es im Süden mit al-Qaṭā'i' verbindet. Das Stadtgebiet zählt damals ungefähr 500 000 Einwohner.

In der zweiten Hälfte des 11. Jahrhunderts setzt allerdings Kairos allmählicher Niedergang ein: mit den Unruhen zur Zeit von Mustanṣir (1036–1094), der Hungersnot von 1054 und der Plünderung der fāṭimidischen Paläste durch die Soldateska im Jahre 1060. So entsteht der *Ḫarāb* (die Wüstung), ein Gelände zwischen Qāhira und Fusṭāṭ, das sich immer mehr ausweitet, bis ein Brand, der Fusṭāṭ 1168 heimsucht, das eigentliche Kairo in seinen Grenzen festlegt.

Das Gebiet des barbarischen Westens

Es umfaßt Nordafrika, Spanien und Sizilien.

In Nordafrika, dem ersten Teilstück dieses Gebietes, bestehen im 8. bis 11. Jahrhundert alle allgemeinen Voraussetzungen für ein besonders prächtiges Aufblühen der Städte. Als Durchzugsgebiet zwischen den westlichen Grenzgebieten des Imperiums und dem islamischen Orient, zwischen Spanien und Sizilien, zwischen dem islamischen Gebiet und der Welt des Sudan und der Sahara, erfährt Nordafrika damals einen beträchtlichen Aufschwung. Er gründet sich auf den Transsahara-Handel, der wiederum dafür sorgt, daß Formen städtischen Lebens vom Nordsaum der Sahara – Siǧilmāsa, Wargla, Mzab – bis zu den Ufern des Niger eingeführt werden. Gründung und Entwicklung von Städten wie Fes oder Kairuan stehen mit dieser Mittelmeerflanke des maghrebinischen Handels, mit dem Aufschwung der großen Karawanenstädte, den Endstationen der Gold- und Sklavenhandelsstraßen, in Zusammenhang.

Der erste Angriff auf Ifrīqiya und der Erfolg der Eroberungen – trotz des Widerstands der Berber im Landesinnern – ist gefolgt von der Gründung Kairuans durch Oqba Ibn Nāfi' im Jahre 670. Die Stadt ist als Rückzugs- und Verteidigungsstellung konzipiert, als Waffenlager und Ausgangsbasis: Alle diese Funktionen drückt der Name *al-Qairawān* (die Garnisonsstadt) aus. Kairuan besitzt in der Tat eine Schlüsselposition am Rand der Sahara, der Steppenebenen und der Schotts des tunesischen Südens und schützt – wie anderswo Kufa, Damaskus und Fusṭāṭ – eine große Oasenroute, die man ganz nach Belieben gefährden oder sichern kann: Hier ist es die Oasenroute aus Ägypten.

Während der großen charidschitischen Aufstände in der Mitte des 8. Jahrhunderts wird Kairuan mehrmals von den aufständischen Berbern eingenommen, und die Festungsmauern werden zerstört. 772 werden die

Befestigungen und die Freitagsmoschee wieder aufgebaut: eine zweite Gründung der Stadt, wie die Chroniken sagen, Vorspiel zur beträchtlichen Ausbreitung, die Kairuan dann unter den Aghlabiden (800–909) erfährt. Jetzt werden große Reservoire und Zisternen errichtet, deren Wasser ein Aquädukt über 25 km heranführt. Die mittlerweile zu eng gewordene Freitagsmoschee weicht einem Neubau, wie in Damaskus und Cordoba ein Indiz dafür, wie stark die Stadt gewachsen ist. Gleichzeitig entstehen wie Schwärme neue Zentren um die Stadt herum, eine Reihe von Residenzstädten, Paläste, um die sich sehr schnell Märkte bilden und die dann neue, dicht bevölkerte Städte hervorbringen.

Im Jahre 800–801 wird im Südosten ein Palast errichtet, *al-Qaṣr al-qadīm* (der alte Palast) genannt oder *al-Abbassiyya,* d. h. zu Ehren des Oberherrn, des ›abbassidischen‹ Kalifen, wo die Gesandten Karls des Großen empfangen wurden. Es ist eine neue Großstadt mit einer Festungsmauer von fünf Toren, zahlreichen Bädern, Karawanseraien und Märkten, einer Moschee ähnlich der in Samarrā und einer Pferderennbahn *(maidān)*. Obwohl der Hof die Stadt 877 verläßt, bleibt sie weiterhin bevölkert.

Eine neue Stadt wird 876–877 gegründet: Raqqāda, im Südwesten von Kairuan, mit einem Umfang von 24 000 Ellen (mehr als 10 km), mit großzügigen Anlagen, Parks, Plätzen und Gärten. Beim Sturz der Aghlabiden und nach der Übernahme Kairuans durch die Fāṭimiden wird Raqqāda von den Nachbarn aus Kairuan geplündert, die auf die neue Stadt neidisch sind.

948–949 wird schließlich unter den Fāṭimiden eine dritte Tochterstadt östlich von Kairuan erbaut, Sabra Manṣūriyya, die Schöpfung des Fāṭimidenkalifen Manṣūr nach einem Aufstand Kairuans. Die Stadt besaß fünf Tore, von denen jedes pro Tag 26 000 Dirhem Eingangszoll erbrachte. Wie in Samarrā zieht sich die Staatsmacht hierher vor dem Volk der Hauptstadt zurück. Sabra ist eine Palast- und Handelsstadt, bald sieht sie sich von der vergrößerten Mauer Kairuans umschlossen und ist dann nur noch ein Viertel innerhalb der Festungsanlagen: ein Beispiel also für die Vergrößerung dadurch, daß die Stadt aus den Nähten platzt und sich dann im Umland ausbreitet, wie in Fusṭāṭ-Kairo oder in Cordoba.

Unter den weiteren Stadtgründungen in Ifrīqiya muß man Tunis erwähnen, kurz nach Kairuan geschaffen, und zwar durch Verlassen der alten Stadt Karthago, die nur noch ein Ruinenfeld war, und Umzug in einen der alten Vororte, nämlich Tynes. Ägyptische Handwerker erbauen Werft und Flotte. Politisch gehört Tunis zum Gebiet der Fāṭimiden oder ihrer Vasallen, der Zīrīden oder der Ḥammādiden. Nennen wir neben Tunis noch Mahdiyya, 915 östlich von Kairuan an der Küste gegründet; Ašīr, 935 im Norden des Hodna gegründet; Algier, Miliana und Médéa im Jahre 946, und die ›Festung der Banū Ḥammād‹, *Qal'at Banī Ḥammād,* gegründet 1007.

Im zentralen Maghreb liegt Tahert, gegründet 761, vom modernen Tiaret 10 km entfernt, die Hauptstadt der charidschitischen Rustemiden. Sie wird 908 von den Fāṭimiden eingenommen, und die Charidschiten, die aus Tahert verjagt werden, dringen weiter nach Süden vor, in den Schutz der Wüste. Im 10. Jahrhundert erbauen sie in der Nähe von Wargla die Stadt Sedrata. Während der Verfolgungen vom Ende des 10. und Anfang des 11. Jahrhunderts ziehen sie sich noch weiter in die Wüstenregionen zurück, in die Einsamkeit der Chebka des Mzab, wo sie Brunnen von einigen hundert Metern Tiefe bohren. Um 1077 sind dic Anfänge der Pentapolis der Mzab anzusetzen, ein neuer Beweis für die Existenz einer städtischen Zivilisation. Andere Gründungen folgen: Ténès, im Jahre 875–876, Oran, 902–903, eine Gründung andalusischer Abenteurer, die mit den Berbern der Umgebung einen Markt organisieren, der sich als so rentabel erweist, daß das erste Stadium des Zeltlagers den Bau einer kleinen Festung und schließlich die Gründung einer Stadt nach sich zieht.

Im Äußersten Maghreb, in Marokko, läßt sich wie im Mittleren Maghreb das allmähliche, fast vollkommene Verschwinden der römischen Zentren verfolgen: Volubilis, Septem (Ceuta), Tingis (Tanğa, Tanger). Im Jahre 788, bei der Ankunft Idrīs' des Jüngeren – der nebenbei bemerkt ein Orientale ist, wie die Aghlabiden, Fāṭimiden und Rustemiden, andere große Städtegründer, auch –, stellt Tanger das Hauptzentrum dar, das die Überfahrt nach Andalusien beherrscht. Im Jahre 789 wird Fes gegründet.[7]

Fes ist ein vorzügliches Beispiel für die Wiedereinführung einer städtischen Kultur orientalischen Typs in einer berberischen, agrarischen Gesellschaft. Es ist eine Stadt mit Festungsmauern, Vierteln, Märkten, Handwerksbetrieben, einem Typ von Bourgeois, dem *Fāsī* (Feser), und einer Bevölkerung doppelten Ursprungs: Cordobanern, die nach einer Revolte in einem der Vororte aus der Stadt vertrieben wurden, und Kairuanern, die gerade erst die unruhige Miliz der Gouverneure von Ifrīqiya gebildet und deren diese Gouverneure sich entledigt hatten. Auf beiden Seiten des Flusses Oued Fes (Fluß von Fes) entstehen so die zwei Teile der Stadt: *'adwat al-Andalus* (Andalusier-Ufer) und *'adwat al-Qarawiyyīn* (Kairuaner-Ufer), jedes mit eigener Freitagsmoschee, eigenen Märkten und eigener Münzstätte. Den Zauber der Stadt macht unter anderem das viele Wasser aus, das überall in den Kanälen fließt. Diese vom Oued Fes gespeisten Kanäle und ihre Verzweigungen dringen bis in die Häuser vor, die rund um einen Innenhof voller Pflanzen gebaut sind. Die Straßen sind mit Platten belegt, und jeden Tag im Sommer, sagt Ibn Ḥauqal (10. Jahrhundert), wird das Wasser des Flusses über die Märkte gelei-

7 Vgl. S. 83f.

tet, so daß der Boden wieder sauber wird und die Platten abkühlen. Der Fluß speiste außerdem 20 öffentliche Bäder und trieb 300 Mühlen an. Fes wuchs sehr schnell: Ende des 10./Anfang des 11. Jahrhunderts zählte es ungefähr 100 000 Einwohner.

Aus derselben Zeit datiert Basra im Norden Marokkos. Nur einige Reste der Befestigung haben sich erhalten: eine dicke Mauer aus Bruchsteinen, flankiert von halbkreisförmigen Türmen nach orientalischem Muster. Dieser Turmtyp ist charakteristisch für die abbassidische Kunst; er ist über Ägypten und Ifrīqiya hierhergelangt. Andere Gründungen: Wağda, im Jahre 994; Iğil, im 9. Jahrhundert im *Maġrib al-aqṣā* in Verbindung mit den Ausgangs- und Endstationen der Transsahara-Pisten erbaut; schließlich 1077, gegründet von den Almoraviden, die aus dem Süden über die Pisten der westlichen Sahara kamen: Marrakesch.

Diese Skizzen der Stadtgeschichte Nordafrikas, so flüchtig sie sein mögen, geben nichtsdestoweniger einen Eindruck von dem phantastischen Aufblühen des städtischen Lebens, von der regelrechten urbanen Explosion dieser Gebiete. Dieser Aufschwung steht natürlich im Zusammenhang mit der Intensivierung der Beziehungen, die den Maghreb mit dem Orient, mit Spanien und mit Sizilien verbinden, und vor allem damit, daß sich für den Handel ein neuer Horizont eröffnet, nämlich der Sudan, die Welt des Goldes und der Sklaven, zu der die Pisten der Sahara führen. Außerdem steht der Aufschwung der Städte in Zusammenhang mit einem sehr starken demographischen Schub: Die Berberei war während des frühen Mittelalters ein Reservoir von Menschen, wie die Kolonisierung der Sahara durch die berberischen Kamelzüchter beweist, die Eroberung Spaniens durch Kontingente desselben Ursprungs, ferner die Eroberung Siziliens unter den Aghlabiden und ebenso die Syriens und Ägyptens unter den Fāṭimiden.

Spanien läßt sich nach denselben allgemeinen Gesichtspunkten beurteilen, mit einer einzigen Einschränkung: Die Liste der islamischen Gründungen ist hier viel kürzer, der Aufschwung der Städte drückt sich hier in einer neuen Entfaltung, übrigens beträchtlichen Umfangs, der antiken Zentren aus, die nach dem Schrumpfungsprozeß der barbarischen Epoche eine Renaissance erleben. Große Städte der Baetica, des Landes am Baetis (Guadalquivir): Cordoba (Corduba, Qurṭuba) und Sevilla (Hispalis, Išbīliya); Cadiz (Gades, Qādis); Malaga (Malaca, Malaqa); Städte am Tajo: Toledo (Toletum, Ṭulaiṭula) und Lissabon (Olisipo, Ušbūna); schließlich die Städte am Ebro wie Saragossa (Caesaraugusta, Saraquṣṭa). Die einzigen wirklichen Neugründungen sind, signifikanterweise übrigens, wie wir schon gesehen haben, die beiden großen Häfen und Werften des Fürstentums von Cordoba, nämlich Almeria (*al-Mariyya,* ›der Wachtturm‹) am Mittelmeer und Alcacer do Sal (*al Qaṣr,* ›die Festung‹ oder *Qaṣr Abī Dānis,* ›die Festung von Abū Dānis‹) an der Lagune von Setubal am Atlantischen Ozean. Diese beiden Schöpfungen – auffälligerweise durch die ersten spanisch-omayyadischen Fürsten unmittelbar nach deren Machtübernahme gegründet – machen deutlich, daß sich der Handel des islamischen Spanien sowohl nach dem Mittelmeer wie nach dem Atlantik orientiert. Von beiden Städten ist allerdings Almeria, 756 gegründet, anscheinend die wichtigere: Sie ist nicht nur ein großer Hafen, sondern auch eine lebhafte Handelsstadt und Standort verschiedener Industrien, wie die *Foires d'Aumarie* (Märkte von Almeria) bezeugen, von denen die französischen *Chansons de geste* sprechen. Hier werden mit Hilfe der Seide aus der Zucht der *Alpujarras,* der Berge hinter der Stadt, Seidenstoffe produziert; man richtet große Schiffswerften ein, die einen Aufschwung der Holz-, Eisen- und Segeltuchindustrie nach sich ziehen.

Das größte Phänomen der Iberischen Halbinsel bleibt jedoch die Entfaltung und Blüte Cordobas. Die alte Hauptstadt der römischen Baetica, Corduba, bot nicht viel, als die Muslime zu Beginn des 8. Jahrhunderts ankamen. Die Großstadt, wenn man den Ausdruck in dieser Zeit überhaupt benutzen kann, war damals Toledo, die Hauptstadt der westgotischen Könige. Aber die Lage Cordobas war günstig: Eine römische Brücke markierte hier das Ende der Guadalquivir-Schiffahrt flußaufwärts. Im Jahre 719 zieht der nach Rechnung der Omayyaden von Damaskus sechste Gouverneur von Sevilla nach Cordoba um und läßt die ersten öffentlichen Arbeiten ausführen: Mauern, Reparatur der alten römischen Brücke, Mühlen im Fluß, die die Strömung ausnutzen. In dieser Zeit liegen die Anfänge des südlichen Vororts, wo insbesondere der muslimische Friedhof eingerichtet wird. Das Wachstum der Stadt geht dann sehr schnell vor sich; sie schiebt sich über die Befestigungsmauer nach Norden, Osten und Westen, während der Vorort sich nach Süden hin vergrößert.

Die große Entwicklung Cordobas vollzieht sich im Laufe des 10. Jahrhunderts, und zwar vor allem unter der Regierung von Ḥakam II. und Hischam II. Die Stadt im eigentlichen Sinne, die *Madīna* im Zentrum, hat sieben Tore. Außerhalb bilden 21 Viertel die Vorstadt *(rabaḍ)*, die sich nun nach allen Richtungen ausdehnt: neun Viertel im Westen, sieben im Osten, drei im Norden und zwei im Süden, jenseits des Flusses, in dem Teil, der sich ›de Calahorra‹ nennt. Das hierbei deutliche Anwachsen der Bevölkerung läßt sich auch an der sukzessiven Vergrößerung der berühmten Moschee von Cordoba erkennen: Im Jahre 785 setzt ʿAbdarraḥmān I. die alte Moschee wieder in Stand; 833 fügt ʿAbdarraḥmān II. nach Süden neun Querschiffe hinzu; 961 baut Ḥakam II. ebenfalls nach Süden elf neue Querschiffe an; 977 schließlich erweitert Manṣūr das Gebäude um ein Drittel, diesmal mit acht neuen Schiffen nach Norden. Die Ab-

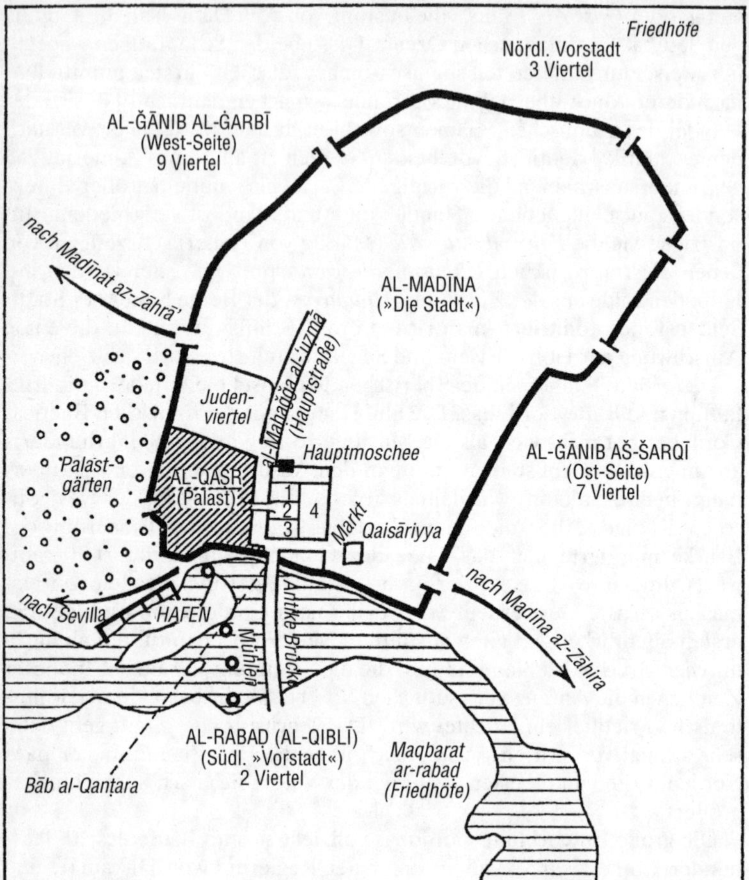

15. Cordoba

messungen des Gebäudes lassen uns vermuten, daß die Stadt ungefähr 300 000 Einwohner hatte.

Ein Phänomen, das den Aufstieg Cordobas ebenso kennzeichnet wie die Ausweitung im buchstäblichen Sinne, ist das förmlich knospenhafte

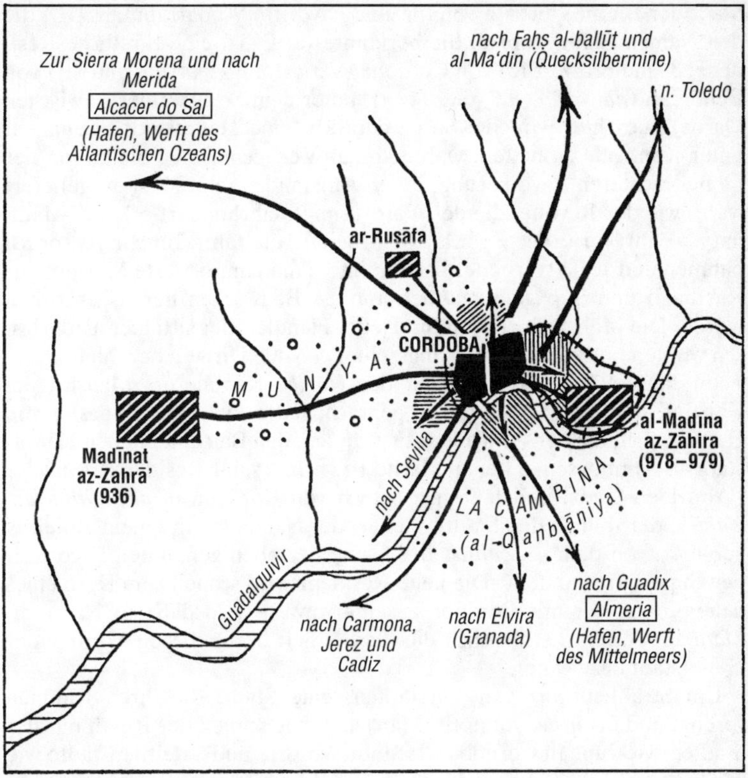

16. Cordoba: Aufblühen einer Stadt

Aufbrechen von Randstädten. Auch hier entwickeln sich die Residenzen der Kalifen außerhalb der Stadt zu neuen Stadtkernen, Zentren, die nach Art der aghlabidischen und fāṭimidischen Paläste Kairuans geschaffen wurden. Zunächst – und zwar seit der Herrschaft 'Abdarraḥmāns I. – Ruṣāfa, ungefähr drei Kilometer im Nordwesten, das die Erinnerung an Ruṣāfa in Syrien wachruft, eine Zeitlang Residenz der omayyadischen Kalifen von Damaskus. Aber Ruṣāfa bleibt nicht die einzige Schöpfung der Kalifen: In den Gärten rings um die Stadt entstehen noch andere, sie ziehen die Erschließung und Besiedelung der Ebene *(faḥṣ)* von Cordoba nach sich, die man nach den Vororten, Friedhöfen und Gärten erreicht.

Von allen diesen Gründungen bleibt dennoch *Madīnat az-Zahrā'* (die

Stadt der Blume), erbaut 936 für eine Favoritin ʿAbdarraḥmāns III., die den Namen *Zahrāʾ* führte, die berühmteste. Es ist eine fürstliche Residenz, 5 km nordwestlich von Cordoba, Verwaltungszentrum und Sitz von Behörden (*dawāwīn*, Pl. von *dīwān*), unter dem Schutz einer slawischen Garde; auch hier wird die Sorge deutlich, eine Hauptstadt permanent unter Kontrolle zu halten, während man weit genug weg bleibt von der immer dichteren Bevölkerung, deren Aufständen man sonst ausgeliefert wäre, wie der Revolte, die der ›Vorort‹ im 9. Jahrhundert erlebte. Madīnat az-Zahrāʾ erforderte gewaltige Arbeiten, die Jahrzehnte in Anspruch nahmen und 10 000 Arbeiter beschäftigten; man importierte Marmor aus Karthago und Sfax, der aus den antiken Bauwerken herausgebrochen wurde. Die Märkte florierten, und jeder Händler, der sich hier niederlassen wollte, mußte eine Zulassungssteuer von 400 Dirhem bezahlen.

Im Jahre 978–979 beschließt der *Ḥāǧib* (Kämmerer) Manṣūr, ein Kanzler, der die Macht an sich gebracht hatte, um eine Dynastie von Hausmeiern, die der ʿĀmiriden, zu gründen, den Bau einer neuen Hauptstadt als Symbol seiner neuen Macht. Er verläßt seine Residenz *ʿĀmiriyya* (ʿĀmiriden-Stadt) und läßt sich östlich von Cordoba in *al-Madīna az-Zāhira,* der ›blühenden Stadt‹, nieder; der Name ist mit einem Adjektiv gebildet, von dem *az-Zahrāʾ,* der Name der oben genannten Favoritin, den Superlativ darstellt. Die neue Residenz wird schnell zum Kern eines neuen Teils, der mit Cordoba zusammenwächst, so daß der Name *al-Madīna az-Zāhira* schließlich die Gesamtheit der östlichen Vororte der Hauptstadt bezeichnet.

Ein Strahlenkranz von Vorstädten, eine Stadt, die ihren Rahmen sprengt und ins Freie vorstößt: Man sieht, wie schnell der Rhythmus der Stadtentwicklung in Cordoba ist; Stadt, Vororte und Satellitenstädte wie *Madīnat az-Zahrāʾ* und *al-Madīna az-Zāhira* bilden ein einziges Stadtgebiet, ein Groß-Cordoba mit ungefähr einer halben Million Einwohnern, einer Zahl, die damals im Abendland beträchtlich war: Paris, bei weitem die größte christliche Stadt des Okzidents, erreicht im 14. Jahrhundert erst 20 000–30 000 Einwohner.

Bleibt noch Sizilien, wo Palermo, wie die islamischen Reisenden ganz richtig bemerken, dieselben Wachstumsraten erkennen läßt wie Cordoba. Im Zentrum, im alten Teil, erhebt sich ›die alte Festung‹ *(al-Qaṣr al-qadīm, Cassaro vecchio)*, inmitten eines Kranzes neuer Vororte. Nach den Schriften von Ibn Ḥauqal aus dem 10. Jahrhundert zu urteilen, umschloß *al-Qaṣr al-qadīm* innerhalb seiner steinernen Mauer mit neun Toren die große Moschee, den Hauptmarkt und die Residenzen der reichen Kaufherren. Von der Festung aus lassen sich vier Stadtviertel unterscheiden: *Ḫalīṣa,* (›die Weiße‹ oder ›die Reine‹), das Fürsten- und Verwaltungsviertel, umgeben von einer Mauer mit vier Toren, die den Palast, die

Büros, das Arsenal und die Gärten schützte; später lag hier die Residenz der normannischen Könige. Anschließend das Viertel der *Ṣaqāliba,* das wichtigste Viertel, das, wie der Name schon sagt, von ›slawischen‹ Sklaven bewohnt war. Dieses Viertel wachte über den Handelshafen und die Kais, die außerhalb der Festungsmauer lagen, mit einer breiten, offenen Flanke zum Meer. Dann das sogenannte Viertel der Moschee von *Ibn Ṣiqlab,* dem ›Sohn des Slawen‹, ebenfalls sehr ausgedehnt; es umfaßte die Gärten, an deren Bächen sich Mühlen drehten, bis zum umliegenden Akkerland, eine ganze Gartenvorstadt *(faḥṣ)*, die der Ernährung der Hauptstadt dient. Schließlich das ›neue‹ Viertel, *al-ǧadīd,* dessen Name allein schon klarmacht, wie sich das Stadtgebiet vergrößert hatte.

Interessante Angaben über Palermo liefert uns der Mönch Theodosius[8], der während des Falles von Syrakus 878 als Gefangener nach Palermo gebracht worden war. Er gibt uns eine gute Vorstellung dessen, was das menschliche Gewimmel einer großen islamischen Stadt sein konnte: »Sehr berühmte und bevölkerte Stadt«, sagt er, »mit einer ungeheuer großen Bevölkerung von Einheimischen und Fremden. Man könnte meinen, daß die gesamte Rasse der Sarazenen hier zusammengeströmt sei. Von Osten nach Westen, von Norden bis zum Meer reichte die Stadt nicht aus für die Zahl ihrer neuen Bewohner. Daher begann man Häuser außerhalb der Stadtmauern zu bauen, auf diese Weise entstanden ganz in ihrer Nähe mehrere andere Städte, nicht weniger blühend und nicht minder gut befestigt.«

So sieht also von einem Ende des islamischen Imperiums bis zum anderen die islamische Stadt in ihrer vollen Entfaltung aus. Wir wollen nun sehen, wie man hier arbeitet, welche Formen die unterschiedlichen Aktivitäten der Menschen annehmen und welche sozialen Gärungen daraus resultieren.

8 Der Brief ist herausgegeben von Carlo Oreste Zuretti in: *Centenario della nascita di Michele Amari,* Palermo 1910, S. 167–173, und von Michele Amari, *Description de Palerme* (vgl. Kap. 3, Anm. 19, S. 97), S. 7–8.

Kapitel 7

Die Organisation der Arbeit und die sozialen Bewegungen

Zwei große Tatsachengruppen bilden den Rahmen des sozialen Lebens und der sozialen Entwicklung der Städte: einerseits der Zufluß von Gold und die Zunahme der Geldmenge, andererseits die Beschleunigung des Rhythmus der Stadtentwicklung und die daraus resultierende Steigerung der Nachfrage. Die Vervielfachung der Zahlungsmittel, die Intensität der Prägung und der schnellere Umlauf der Münzen, die Ausweitung des Kreditvolumens und der Bankoperationen, die Anregung der Nachfrage, die sich aus der Entwicklung der großen Metropolen ergibt, alle diese Tatsachen zusammen haben eine Zunahme der kaufmännischen Aktivität zur Folge, eine Belebung der handwerklichen und landwirtschaftlichen Produktion, eine Minderung des Werts der Edelmetalle und einen langandauernden Anstieg der Preise, der durch den ständigen Zufluß von Münzmetallen aufrechterhalten wird. Dieser Zufluß übersteigt die Zunahme des Produktionsvolumens, trotz der Fortschritte, die auf dem Gebiet der Produktion erzielt wurden.

Vom Preisanstieg profitieren so gut wie ausschließlich die Klasse der Händler und die Hofkreise. Die Kaufleute werden durch den Reichtum, der sich in ihren Händen konzentriert, dazu angereizt, wieder zu investieren und immer gewinnbringendere Geschäfte abzuschließen, während die Palastkreise über den Fiskus und ihre Mittelsmänner, die Bankiers, einen bedeutenden Teil des neuen Reichtums an sich ziehen und unerhörten Luxus zur Schau tragen. Der Wohlstand der Klasse der Kaufleute, den das Stadthaus dokumentiert, und der höfische Luxus, den die fürstliche Residenz symbolisiert, bilden die Stütze der materiellen Zivilisation der Städte und, dank des Mäzenatentums, sogar der Kultur als Ganzes.

Gleichzeitig verarmen die Volksmassen, da die Löhne viel weniger schnell steigen als die Preise und weil es ein großes Angebot an Handwerkern und Lohnarbeitern gibt. So treten zu dem umfassenden Phänomen des Preisanstiegs und der Prosperität die schichtspezifischen Phänomene hinzu, die sich aus der ungleichen Verteilung von Profiten und Kapitalerträgen unter den verschiedenen Klassen ergeben.

Die Ausstrahlung der Stadt auf das umliegende Land hat zur Folge, daß die Domänen zerfallen. Der Reichtum an mobilem Vermögen tendiert dazu, den Großgrundbesitz zu verdrängen. Die lokale Aristokratie der Großgrundbesitzer wird von Geldverlegenheit und Machtverfall heimgesucht. Mit dieser Auflösung der großen Domänen geht ein sozialer Zerfall einher; die Revolten der armen Schlucker des flachen Landes bilden das Gegenstück zu den Aufständen der Sklaven und der Proletarier in den Städten. Alle diese – zunächst nur sporadischen – sozialen Bewegungen fließen bald in einer großen Strömung zusammen, die alle Aufrührer – Sklaven und Freie, Städter und Bauern – vereinigt: in der Revolte der Qarmaṭen, die die ganze Islamische Welt im 10. Jahrhundert erschüttert und zu einer neuen Organisation der Arbeit führt, den Korporationen.

Die Klasse der Kaufleute und der Hof

Die Kaufleute sind die einzigen, die von der monetären Neuorientierung profitieren, wie Pseudo-Dionysos von Tell Maḥrē schon in der zweiten Hälfte des 8. Jahrhunderts dokumentiert.[9] In der Tat stehen die Unternehmungen der Händler an der Spitze des wirtschaftlichen Aufschwungs. Kaufmännische Initiative besitzt in der levantinischen Welt Tradition. Sie manifestiert sich nun in der Verbindung verschiedener Kapitalien und der Gründung von Handels- und Bankgesellschaften. Der Händler, der gleichzeitig Unternehmer ist, stellt Industrien auf die Beine, gibt Arbeit, liefert die Rohstoffe, schießt Geld vor und kümmert sich um den Absatz der Produkte. Er besitzt den Geist des Abenteurers, er wagt sich in ferne Länder, er unterwirft den Sudan – dort handelt er Gold in ganzen Kamelladungen gegen Salz und Schund ein –, er erreicht den Indischen Ozean, wo er, wie Sindbad der Seefahrer, Tausch in vielen Formen betreibt. Die reiche Fracht, die in Basra ankommt, sichert ungeheure Profite; die Ladung eines Schiffes aus China wird auf 500 000 Dinar geschätzt. Im Gebiet der russischen Ströme sind die Sklaven diejenige Ware, die auf den Märkten des islamischen Orients den größten Gewinn erbringt. Wo man auch immer hinkommt, es ist die Zeit vom schnellen Reichwerden, wie Pilze schießen die Handelsfilialen längs der Straßen der bekannten Welt aus dem Boden. Daher der Aufstieg der Händlerklasse, deren Prototyp der Handelsherr darstellt, sei er nun Muslim oder aber auch Jude oder Christ.

Dieser Handelsherr verfügt über Großkapital, das er selbst oder seine Familie besitzt. Er schließt sich mit anderen zusammen, um Handelshäuser zu errichten, die auf Kredite gestützt sind, die sich alle Teilhaber

9 *Chronique,* hrsg. und übers. von Jean-Baptiste Chabot, Paris 1895 [Nachdr. Brüssel 1963], S. 168.

gegenseitig garantieren. Das Kapital wird ohne Unterbrechung in Unternehmungen reinvestiert, deren Umfang immer größer wird; die hebräischen Urkunden der Genīzā Alt-Kairos sind Zeugnis einer fieberhaften Geschäftswelt. Wir kennen, um ein Beispiel zu nennen, den Brief[10] eines jüdischen Kaufmanns aus Syrien, der, wenn man seinem Namen *al-Maġribī* trauen darf, aus Nordafrika stammte; der Brief wurde in den ersten Jahren des 11. Jahrhunderts von Jerusalem über Farama nach Kairo abgeschickt. Er spricht von Schiffen, die in Sizilien ankommen, und erbittet Informationen über ein spanisches Schiff sowie ganz allgemein über jedes andere Schiff, das in Alexandria anlegt. Der Briefschreiber erwartet baldige Antwort von seinen Korrespondenten in Kairuan und Tyrus. Ein anderes Dokument[11] aus der Mitte des 10. Jahrhunderts zeigt die Organisation eines Handelshauses, das von einer Gruppe Familienangehöriger geführt wird. Die Hauptniederlassung steht in Fusṭāṭ, sie wird vom Familienoberhaupt und seinem ältesten Sohn geleitet. Dem jüngeren Sohn untersteht das Kontor in Aden; er hat zwei Reisen nach Indien, bis nach Ceylon und Colombo, hinter sich. Der Onkel der jungen Leute, der Bruder der Mutter, war als Vertreter der Firma nach Indien gesandt worden und dort gestorben.

Der große Kaufherr ist gebildet: Wir können ihn uns vorstellen, wie er inmitten seiner Rechnungsbücher, seiner Geschäftskorrespondenz und seiner Kreditbriefe sitzt. Es gibt im übrigen technische Traktate, die dem Titel nach oft ausdrücklich an Beamte gerichtet sind, deren Inhalt jedoch die praktische Bildung zeigt, die den Geschäftsleuten eigen und für sie bestimmt ist. Abū l-Wafā' (940–997), ein Perser von Geburt, der in Chorassan und in Bagdad lebte, schrieb ein popularisierendes Buch über Arithmetik »über das, was für die Staatssekretäre und Verwaltungschefs an Kenntnissen der Rechenkunst notwendig ist«. Abgesehen davon beherrschen diese Kaufherren natürlich die Kunst der Verschlüsselung und der geheimen Botschaften. Sie bringen sich die Indischen Zahlen bei – die wir ›Arabische‹ nennen –, mit neun Ziffern und der Null; seit Mitte des 9. Jahrhunderts erscheint dieses System in wissenschaftlichen Abhandlungen und wechselt dann vom gelehrten Milieu in das Milieu der Kaufleute über. Neben dieser praktischen Bildung verfügt der Kaufherr häufig noch über Bildung im eigentlichen Sinne, er hält sich gerne etwas zugute auf seine Kenntnisse in Theologie und Poesie. Im Spanien des beginnenden 11. Jahrhunderts lebte der Bruder des Dichters Ibn al-Labbāna; er dichtete auch, machte aber aus dieser Beschäftigung nicht seinen Brot-

10 Richard Gottheil, *Fragments from the Cairo genizah in the Freer Collection,* New York 1927, S. 116–129, Nr. XXVII.
11 Ebd. S. 44–57, Nr. IX.

erwerb, denn er war ja Kaufmann. Umgekehrt bekam der Dichter Abū Bakr Ibn ʿAbd al-ʿAzīz für eines seiner Werke eine große Geldsumme, ließ sich in Almeria nieder und widmete sich einem ertragreichen Handel.

Der Kaufherr leistet Spenden und unterstützt die Armen der Gemeinde; damit spielt er die Rolle eines Mäzens und Wohltäters. Mit seinem Geld trägt er zur Verschönerung der Kultgebäude – Moscheen, Synagogen und Kirchen – bei und unterstützt die frommen Stiftungen, wobei dieser Begriff im Islam ebenfalls gemeinnützige Stiftungen umfaßt, beispielsweise Schulen oder Brunnen. Der Kaufherr stellt Kost und Logis für Studenten und Professoren, er beherbergt Pilger, die auf der Reise sind. Die reichen Kaufherren der jüdischen Gemeinden Alexandrias und Kairos kaufen ihre Religionsgenossen frei, die von muslimischen Piraten gefangengenommen wurden, für die Summe von 33⅓ Dinar pro Kopf; dieser Preis war im ganzen Mittelmeerbecken üblich, er stellte eine Art ›Personenversicherung‹ für jeden reisenden Kaufmann dar.

Der Kaufherr lebt in seinem reichen Stadthaus auf großem Fuß, inmitten einer Schar von Sklaven und Verwandten, umgeben von Büchersammlungen, Reiseandenken und allerlei Raritäten. In der Gesellschaft bekleidet er den – höheren – Rang einer wichtigen Persönlichkeit: Reiche Kaufleute beispielsweise, die man der Mitwisserschaft an einer Revolte verdächtigt, werden zwar festgenommen, aber zur Tafel des Gouverneurs gebeten. Mitunter haben diese Leute Zugang zum Kronrat; der Typ des *Ǧahbaḏ,* des großen, offiziellen Bankiers, der mit dem Hof in Geschäftsbeziehungen steht und dem Kalifen und hohen Persönlichkeiten Geld leiht, liefert ein gutes Beispiel für derartige privilegierte Beziehungen. Es gibt aber auch noch andere: Hoflieferanten – besonders Lieferanten von Luxuswaren – oder Steuerpächter. Jüdische Hofbankiers heben die Steuer in Ahwās ein, investieren sie unmittelbar wieder in die eigenen großen Zucker- und Stoffgeschäfte und stellen dem Kalifen Solawechsel aus, die auf die Guthaben bei ihren Häusern in Bagdad lauten. Diese *Ǧahābiḏa* (Pl. von *ǧahbaḏ*) sichern somit die Liquidität der Vermögen durch spekulative Anweisungen, die zwischen den Provinzen und dem Schatz des Kalifen hin und her laufen.

Auf dem Gipfel dieses Aufstiegs können Kaufherren eine regelrechte amtliche Stellung einnehmen; sie haben Zutritt zum Wesirat, d. h. zur Kontrolle der Staatsfinanzen. Als sehr hohe und einflußreiche Persönlichkeiten erfahren sie mitunter auch plötzlich Ungnade, aufsehenerregende Stürze, die von der Konfiszierung ihrer Vermögen begleitet werden und ihrer Karriere ein Ende setzen. Ein berühmtes Beispiel dafür wird im Rahmen Kairos am Anfang der Herrschaft des Fāṭimiden Mustanṣir (1036–1094) geliefert. Die Gebrüder Tuštarī aus Ahwās, jüdische Bankiers und Kaufleute, die mit Luxuswaren vom Indischen Ozean und aus

China handeln, hatten dem Kalifen aẓ-Ẓāhir (1021–1036) eine schöne, sudanesische Sklavin besorgt. Sie schenkte dem zukünftigen Kalifen Mustanṣir das Leben und regierte nach dem Tode aẓ-Ẓāhirs das Land während der Minderjährigkeit ihres Sohnes, zusammen mit ihren ehemaligen Herren. Die ›Herrschaft‹ der Gebrüder Tuštarī währte zwölf Jahre (1036–1048) und wurde erst durch den Wesir gebrochen, der ebenfalls jüdischer Herkunft, aber konvertiert war. Nachdem er mit ihrer, der Gebrüder Tuštarī, Hilfe das Wesirat erreicht hatte, ließ er sie durch die türkische Garde umbringen. Die Königinmutter *(al-wālida)* wird neun Monate später den Tod der Tuštarīs rächen und diesen Wesir hinrichten lassen.

Ein spektakuläres, aber kein seltenes Beispiel: Viele andere Fälle könnten in der Tat Reichtum und Macht dieser Klasse großer Kaufherren illustrieren, einflußreicher Leute, die sich in die Intrigen des Hofes verstricken und zwischen dem Palastmilieu und dem Milieu der Reichen der Stadt die Verbindung halten. Zusammen mit den Staats- und Hofsekretären sind sie die wichtigsten handelnden Personen im Wirtschaftsleben der Islamischen Welt; sie stützen und tragen eine Kultur, deren Glanz vom 8. bis zum 11. Jahrhundert vieles überstrahlte.

Die kleinen Leute in Stadt und Land

Das wirtschaftliche Zentrum der Stadt ist der Markt, der Sūq, mit seiner traditionellen Bevölkerung von kleinen Leuten, Handwerkern, freien oder unfreien Arbeitskräften, Marktschreiern und Lastträgern. Je prekärer ihre finanzielle Situation mit der Zeit wird, desto aufrührerischer werden sie und desto häufiger werden sie von Revolten erschüttert.

Auf dem Land leben die kleinen Grundeigentümer, die ruiniert sind, mit ihren armseligen Tagelöhnern. Die reichen Wucherer aus der Stadt verdrängen sie von ihrem angestammten Boden, indem sie einen Teil der großen Gewinne aus ihren Handelsgeschäften in Grundbesitz anlegen; der Einfluß der Stadt auf das flache Land wächst von Jahr zu Jahr. Die landwirtschaftliche Bevölkerung wird im übrigen unter der Last der Steuern erdrückt, da deren Satz proportional zur sinkenden Kaufkraft des Geldes steigt und deren Eintreibung seitens der sturen Bürokratie eines großen, zentralisierten Imperiums dessen ungeachtet strikt eingehalten wird. Ein bis in alle Einzelheiten genau beschriebenes Bild dieses Elends der Landbevölkerung liefern uns für Obermesopotamien und Syrien die christlichen (nestorianischen und jakobitischen) Quellen, d. h. die syrischen Chroniken des 9. und 10. Jahrhunderts und die ägyptischen Papyri. Die einzige Möglichkeit, damals heil davonzukommen, war die Flucht aus dem Dorf; Flüchtlinge, entwurzelte Existenzen, irren überall umher, versuchen, sich dem Fiskus und ihren eigenen städtischen Gläubigern zu entziehen, und gleiten nach und nach in die Straßenräuberei ab.

Die Unruhen werden zu einer Landplage. Die Regierung kämpft gegen diese Unordnung in der Absicht, die Stabilität zu sichern, besteuerungsfähige Güter zurückzugewinnen und das Land urbar zu machen. In Ägypten wird ein besonderes Büro geschaffen, das die Flüchtlinge ausfindig machen soll, ein obligatorischer Paß wird eingeführt: für Personen von Rang ein gedruckter Stempel auf einem Dokument, für die armen Schlucker ein Siegel, das direkt am Arm oder an der Hand angebracht, oder auch eine Bleimarke, die um den Hals gehängt wurde.

Dieses Elend der kleinen Leute in den Städten und auf dem flachen Land erklärt die sporadische Existenz von sozialen Bewegungen, die mit magisch-religiösen orientalischen und messianischen Elementen versetzt sind, wie die inbrünstige, von der Agitation verbreitete Erwartung des Mahdī[12]. Diese Bewegungen erschüttern drei verschiedene soziale Milieus: die Bauern, die Sklaven und das Proletariat der Städte.

Bei den Bauern läßt sich die Wiederbelebung der alten iranischen Tendenzen eines agrarischen Egalitarismus beobachten, die schon unter den Sassaniden gegen Ende des 5. Jahrhunderts die Bewegung der Mazdakiten inspiriert hatten, gesellschaftlich ebenfalls mit einem wirtschaftlichen Aufschwung und einer Ausbreitung der Urbanisierungsbewegung verbunden. Im 8. und 9. Jahrhundert bilden der Iran und Mesopotamien den Schauplatz von Revolten; ihre Führer sind angebliche Propheten, die die Ideen Mazdaks für sich in Anspruch nehmen, vor allen Dingen Sunbāḏ der Magier (754–755) und Ustaḏsīs (766–769), beide Anstifter und Anführer von Bewegungen, denen der Groll anhaftet, den die Ermordung Abū Muslims, des Apostels der abbassidisch-alidischen Bewegung in ihrer Anfangsphase, ausgelöst hatte. Später, im Jahre 774/775 wird aus Armenien eine Revolte gemeldet, die aus Steuererpressungen und dem herrschenden Elend geboren ist. Dann die Bewegung des ›verschleierten‹ Propheten, *al-Muqanna'*, in Chorassan 776–780. Schließlich die Agitation der Bāṭiniyya von Ǧurǧān, d. h. der Gegend am Südostrand des Kaspischen Meeres, die im Jahre 782/783 den Erfolg der ›Roten Standarten‹ erlebt. Um das Jahr 800, unter Harun ar-Raschid, entsteht die churramitische Bewegung in Chorassan, die in der großen Revolte Bābaks (816–838) gipfelt, der schlimmsten von allen.

Bābak verbindet die früheren sozialen und religiösen Forderungen und bringt zunächst die Bevölkerung Aserbeidschans zum Aufstand. Von einer Bergfestung aus, mit deren Hilfe er seine Herrschaft sichert und von

12 Das Wort bedeutet ›derjenige, der geleitet wird‹, daher ›der von Gott Inspirierte‹.

der aus er seine Kräfte neu formieren kann, treibt er seine Bewegung immer weiter, nach Armenien im Westen, nach Chorassan im Osten und nach dem Irak im Süden. Er steckt auf diese Weise den ganzen Iran und einen Teil Mesopotamiens an, plündert die Karawanen, behindert den Handel und bringt mehrere türkische Söldnerarmeen zum Stehen, die gegen ihn geschickt werden. Schließlich wird seine Festung genommen und zerstört, er selber wird gefangen und dem Kalifen Mu'taṣim ausgeliefert. Der läßt ihm eine Strafe auferlegen, deren Raffinement auf der Höhe der Schrecken ist, die Bābak ausgelöst hat: Nachdem ihm Hände und Füße abgeschlagen sind, wird er erst auf einem Elefanten durch Bagdad geführt, mit einem Schild, auf dem seine Verbrechen aufgezählt sind; dann wird er in die Haut eines frisch geschlachteten Rindes eingenäht, derart, daß die beiden Hörner sich über seinen Ohren befinden, damit sein Schädel von der austrocknenden Haut zusammengedrückt werde, und so wird er an den Galgen gebunden, bis er tot ist.

Eine andere große Bauernbewegung ist die Revolte der Zuṭṭ von Untermesopotamien, unter der Regierung von Ma'mūn (813–833). Diese Zuṭṭ, Dschatt oder Zigeuner sind gebürtige Inder vom Unterlauf des Indus, die in die sumpfigen Gebiete Untermesopotamiens deportiert wurden, wo sie sich in einer Landschaft von Wasserläufen und Schilf der Zucht des Wasserbüffels widmen. Als das Elend sie zu zermalmen droht, revoltieren sie; es ist der Protest der Parias, denen sich bald Gruppen flüchtiger Sklaven anschließen. Nach ihrer Unterwerfung werden sie an die byzantinische Grenze umgesiedelt, nach Nord-Syrien und in die Orontes-Sümpfe, von wo aus sie nach Anatolien ziehen, dann nach dem Balkan und nach Böhmen.

Die erste bemerkenswerte Sklavenrevolte fällt in das Jahr 770, als die schwarzen Arbeiter der Plantagen und Gruben revoltieren. Aber vor allen Dingen im Jahre 868 macht diese selbe schwarze Bevölkerung Untermesopotamiens wieder einen Aufstand und flüchtet sich in die Sümpfe des unteren Euphrat – dorthin, wo die Zuṭṭ sich 30 Jahre früher erhoben hatten –, unter der Führung eines Persers, der den Titel *Ṣāḥib az-Zanǧ* (Herr der Zanǧ) annimmt; er wird später ›der Böse‹ *(al-Ḫabīṯ)* genannt. Er behauptet, ein Nachkomme 'Alīs zu sein und mazdakitische Ideen zu verfechten. An der Spitze seiner Truppen leistet er dem Kalifen während fast 15 Jahren Widerstand, bis 883, und verursacht schreckliche Verheerungen. Den revoltierenden Sklaven schließen sich andere, flüchtige Sklaven an. Es gelingt ihnen, die reichen Städte des Persischen Golfs und Untermesopotamiens zu überraschen und zu plündern: Ubulla, Ahwās, Basra und Wāsiṭ. Die Einwohner werden erschlagen, der Handel zwischen Bagdad und dem Persischen Golf wird lahmgelegt. Das schwierige Gelände und das Ungestüm der Aufständischen gleichermaßen halten die

Truppen des Kalifen in Schach; schließlich nimmt al-Muwaffaq, der Bruder des Kalifen, die Niederschlagung in die Hand und treibt die Zanǧ langsam in eine Ecke der Sümpfe. Nach langer Belagerung in ihrer letzten Festung werden die Führer gefangengenommen und getötet.

Das städtische Proletariat, das, wenn das überhaupt noch möglich ist, in noch größerem Elend lebte als die Bevölkerung des flachen Landes, befindet sich fast ununterbrochen in Aufruhr. In Bagdad beispielsweise wird das Volk während der Unruhen, die der Streit um die Nachfolge Harun ar-Raschids zwischen seinen beiden Söhnen nach sich zieht, für einen Augenblick Herr der Stadt; das ist die ›Revolte der Nackten‹. Unter Ma'mūn (813–833) erheben sich die koptischen Handwerker im ägyptischen Delta, ein regelrecht sozialer Aufstand, in einer Region mit einer Textilluxusindustrie, die sich auf viele Werkstätten in einer Reihe verschiedener kleiner Städte verteilt. Auch hier weitet sich die Bewegung aus und findet ihren Stützpunkt in einem Sumpfgebiet, den Sümpfen des Deltas, genauer gesagt des Buštūm-Sees. Schließlich wird die Situation für schlimm genug angesehen, um Truppen zu schicken, und der Kalif kommt in eigener Person. Die Besiegten werden zu Tausenden deportiert und als Sklaven nach Syrien und Mesopotamien verkauft. Mit diesem Transfer von Menschen ging ein Transfer bestimmter Techniken der ägyptischen Weberei einher. Im übrigen werden darüber hinaus die ehemaligen Aufständischen wegen ihrer Kampferfahrung im Sumpfkrieg gegen die Zuṭṭ eingesetzt.

So kommt es im 8. und 9. Jahrhundert zu Bauernrevolten, die den alten iranischen Egalitarismus wieder zum Ausdruck bringen, zu Sklavenaufständen und städtischen Unruhen. Im 10. Jahrhundert laufen dann diese ungeordneten, auseinanderlaufenden und heterogenen Bewegungen in einer breiten, homogenen Aufstandsbewegung zusammen, der der Qarmaṭen, die sich anfangs mit der fāṭimidischen Bewegung verbindet und sich vom Iran und dem Persischen Golf bis Ägypten und Nordafrika, mit Verzweigungen bis nach Spanien ausbreitet. Die ganze Islamische Welt wird durch die Bewegung erschüttert.

Die Bewegung der Qarmaṭen bedeutet zunächst den Beginn einer neuen Organisation der Arbeitswelt, der Korporationen, und zwar Handwerkerkorporationen mit sozialer Zielsetzung und Initiationscharakter, die sich von den *ministeria* des spätrömischen und des byzantinischen Reiches wesentlich unterscheiden. Das *ministerium* oder *collegium* der Spätantike ist eine staatliche Organisation, eine Vereinigung von Handwerkern, die von Staatsbeamten kontrolliert wird. Byzanz hatte diese Einrichtung mit den *somata* (Körpern) übernommen, ebenso die Sassaniden. Nach den islamischen Eroberungen wurde das System beibehalten, und der Gouverneur und seine Beauftragten gewährleisteten die Kontrolle der Märkte und die Aufsicht über die Handwerker. Im 10. Jahrhundert ändert sich alles. Die Korporation neuen Typs ist keine offizielle Organisation mehr; mitunter befindet sie sich sogar im Kampf mit der staatlichen Macht. Von nun an stellt sie eine enge Assoziation dar, eine regelrechte Bruderschaft, mit Initiationsriten, geheimen Schwüren, gewählten Häuptern – die ›Meister‹ genannt werden –, beratenden Gremien von Oberhäuptern und einer Ideologie, die sowohl mystisch wie sozial ist.

Die qarmaṭische Bewegung ist also von Anfang an im gleichen Maße sozial, mystisch und politisch. Ihre stark synkretistische Ideologie, die im Schmelztiegel der Islamischen Welt entstand, übernimmt einiges vom alidischen Islam, anderes von häretischen Tendenzen, vom Neoplatonismus, Manichäismus, Mazdakismus und vom Egalitarismus in der Art Bābaks. Das Qarmaṭentum, das aus dem Milieu von Handwerkern und Händlern hervorgegangen ist, gründet sich auf eine Geheimorganisation mit Initiationscharakter und geheimen Emissären, deren Aufgabe es ist, die Ankunft des ›verborgenen Imam‹, des *Mahdī,* vorzubereiten, und außerdem auf eine interkonfessionelle Organisation, die Christen, Juden, Mazda-Anhänger und Häretiker umfaßt. Die Qarmaṭen nehmen im übrigen die Protestbewegungen des 9.–10. Jahrhunderts auf, die einem Moment äußerster kommerzieller, industrieller und städtischer Entwicklung entsprechen; sie fassen in einer einzigen Bewegung die Streiks, die gesellschaftlichen Krisen und die Revolten zusammen und entwickeln eine völlig neuartige Ideologie, die auf der Freiheit des Individuums besteht, die formelle Gesetzgebung des Islam ablehnt und den relativen Charakter eines jeden Systems von menschlichen Beziehungen hervorhebt.

Politisch und säkular führt die Bewegung im 10. Jahrhundert einerseits zum Kalifat der Fāṭimiden, deren Macht oder Ideologie, von Ifrīqiya und Sizilien aus, bis nach Ägypten, Syrien und Westarabien vordringt, und andererseits zur Begründung eines qarmaṭischen Staates am Persischen Golf, der Ostarabien, Untermesopotamien und die iranische Küste umfaßt. Sozial und geistlich bietet das Qarmaṭentum ein neues Modell islamischer Bruderschaft an, das im 10. Jahrhundert erscheint, und zwar zuerst in den Gebieten, die von den Fāṭimiden und den Qarmaṭen kontrolliert werden, und die bestimmte wesentliche Züge in der Islamischen Welt bis in unsere Tage bewahrt hat.

Leider ist es schwer, die Geschichte einer so geheimen Bewegung gründlich zu untersuchen, einer Bewegung, die jedem Archiv mißtraut, dagegen mündliche Information und mündliche Initiation vorzieht. Eine andere Schwierigkeit besteht in der Eigenart der qarmaṭischen Literatur, lieber in Anspielungen und Symbolen zu sprechen, soweit wir nach dem urteilen können, was bis jetzt zu uns vorgedrungen ist. Eine Tatsache jedenfalls ist sicher: das Interesse, das die Begründer der Sekte hegten für die arbeitenden Klassen und die Welt der Arbeit im allgemeinen, für ihre Techniken und ihre Organisation. Sie rühmen die Erhabenheit und Würde der manuellen Arbeit.

In den sunnitischen, nichtfāṭimidischen und nichtqarmaṭischen Ländern sind die Korporationen Verfolgungen ausgesetzt oder bestenfalls strengstens überwacht und tausend Einschränkungen unterworfen, was das grundsätzliche, klassische Mißtrauen gegenüber der Staatsmacht noch länger anhalten läßt, ein Mißtrauen, das kaum gemildert wird durch einige Veränderungen, die unter dem Einfluß der neuen qarmaṭischen Korporationen im Geist oder im Ritual der Genossenschaften eingeführt werden. In den fāṭimidischen Ländern dagegen gelangen die Korporationen zur Blüte; sie werden vom Staat anerkannt. Kurze Zeit nach der Gründung Kairos (969) erringt eine von ihnen einen großen Erfolg: die der Lehrer und Studenten der Universität al-Azhar (eingeweiht 972). Wir haben hier einen Beweis für die Bedeutung, die von der qarmaṭischen Theorie dem Unterricht und der Ausbildung zugebilligt wird, einer Bedeutung, die im übrigen eine berühmte Enzyklopädie, *Die Sendschreiben der Lauteren Brüder,* bestätigt; hier kann man die Absicht, Arbeit generell, ob geistiger oder manueller Art, zu würdigen, gut verfolgen. Die qarmaṭische Bewegung trägt also durch ihre Blüte im fāṭimidischen Ägypten zum industriellen und kommerziellen Aufschwung des Landes bei, wodurch sie übrigens auf ihre Rechnung kommt, denn dank dieses Aufschwungs findet sie im Gebiet des Roten Meers und des Indischen Ozeans Verbreitung. An die Kandare genommen wird sie, jedenfalls in Ägypten, durch den Sunniten Saladin, der den Korporationen im Jahre 1171 unverzüglich ihre Privilegien aberkennt.

Der Interkonfessionalismus der Korporationen macht den grundsätzlichen Unterschied zum Okzident aus. Er erinnert uns daran, daß der Orient ein Synonym ist für Kosmopolitismus, für Öffnung, Mischung und Synkretismus, während der Okzident endogam und abgeschlossen ist. In den orientalischen Korporationen sind Juden, Christen und Muslime gleichberechtigt zugelassen. In einigen sind die Nichtmuslime sogar in der Überzahl, insbesondere bei den Goldschmieden, den Edelmetallkaufleuten und den Bankiers, wo die Juden eine beträchtliche Rolle spielen. Die meisten Ärzte sind Christen oder Juden.

Wir wollen schließen, indem wir noch einmal den jähen wirtschaftlichen Aufstieg der Islamischen Welt und die sozialen Spannungen, die daraus resultieren, mit dem Entstehen der neuen korporativen Bewegung in Zusammenhang bringen. Von allen ihren Charakteristiken – Initiationsriten, Solidarität der Bruderschaft, Eid, gewählte Oberhäupter, mystische und soziale Ideologie – muß man vor allem auf das letzte besonders hinweisen. Dank dieser Ideologie unterscheidet sich die islamische Bruderschaft von den früheren Organisationen – den *collegia* der Spätantike, den byzantinischen *somata,* den Berufsassoziationen des sassanidischen Persien –, die allesamt offiziell staatlichen Ursprungs sind, einfache Handwerkervereinigungen, die von den kaiserlichen Beamten streng überwacht und einem Reglement unterworfen werden, das die Staatsmacht diktiert.

Aber auch in diesen neuen islamischen Korporationen leben Überbleibsel der alten Vorbilder weiter. Gerade diese orientalischen Traditionen, die zu etwas Neuem und Eigenem verschmelzen, unterscheiden, wie schon gesagt, die islamische Korporation des 10. Jahrhunderts von der abendländischen Korporation des 11. und 12. Jahrhunderts; das Abendland übernimmt natürlich einige Wesenszüge der orientalischen Korporationen, paßt sie aber einem Milieu an, das anders, endogam und in gewisser Hinsicht immer noch agrarisch ist. Schließlich sei noch auf die Bedeutung hingewiesen, die heterodoxe Bewegungen bei der Entstehung der islamischen Korporationen spielen, Bewegungen, die man mit der *Pataria* im Italien des 11. Jahrhunderts oder den Albigensern in Südfrankreich vergleichen kann: Sie alle wurden genau wie die Qarmaṭen sowohl von religiösen wie von wirtschaftlichen und mystisch-sozialen Beweggründen angetrieben. Man wundert sich nicht, wenn man bei Patarenern wie Albigensern orientalische und manichäische Elemente wiederfindet, denn Norditalien und Südfrankreich liegen an der Mündung der großen Handelsstraßen, die Orient und Okzident miteinander verbinden.

Dritter Teil

Die Dynamik der Handelsbeziehungen

Kapitel 8

Warenproduktion und Handelswaren

Die Haupteigenart des wirtschaftlichen Klimas, in dem sich das Produktionssystem der Islamischen Welt herausbildet, ist die Entwicklung der Nachfrage: der normalen Nachfrage, die durch die großen, städtischen Zentren entsteht, mit Bedürfnissen verbunden, die immer mehr, sowohl quantitativ wie qualitativ, fordern, da der Lebensstandard immer weiter steigt; aber auch der Nachfrage nach Luxusgütern, die von den Hofkreisen und den reichen Schichten der Bevölkerung ausgeht.

Zunächst ist es sinnvoll, eine Geographie der Produktionsstätten zu entwerfen, um so zu einer Liste zu kommen, die die Handelswaren klar und deutlich nach ihrem jeweiligen Ursprung aufführt. Im Rahmen unserer Untersuchung wird eine solche Karte nicht bloß eine Aufzählung der Produktionszentren sein, sondern darüber hinaus eine ganze Reihe von Problemen deutlich machen. Die Analyse jedes einzelnen Produktionssektors, wenn man ihn als Funktion der Nachfrage und der Verbrauchszentren sieht, wird es ermöglichen, diejenigen Produkte, die an Ort und Stelle konsumiert werden, von denjenigen zu unterscheiden, die mehr oder weniger weit exportiert werden oder, mit anderen Worten, Handelswaren sind. Auf diese Weise werden wir die Entwicklung der Bedürfnisse sowie der Form und des Ausmaßes der Nachfrage abwägen können, die von den großen Zentren in den entscheidenden Situationen ihrer Geschichte ausgeht: bei Entstehung, Entfaltung, Blüte und Verfall.

Angestrebt wird, kurz gesagt, eine Produktionsgeographie, die räumlich – Probleme der Versorgung – und zeitlich – Probleme der Verschiedenartigkeit von Nachfrage und Verbrauch – dynamisch ist. Die Untersuchung der Produktion nach großen Produktgruppen wird die erste Skizze zu einer Karte der Kraftlinien des Handelsnetzes liefern, wobei die Gegebenheiten der physikalischen und der Anthropogeographie zur Kontrolle herangezogen werden. Unter diesem Gesichtspunkt werden wir also untersuchen: Nahrungspflanzen, Produkte der Tierzucht, Holz- und Forstprodukte, Metalle und Waffen, Textilien und Stoffe, Erzeugnisse aus Stein und irdene Produkte, Meeresprodukte, Schreibwaren wie Papyrus, Pergament und Papier, medizinische Produkte, Sklaven.

Die Nahrungspflanzen

Die Ernährung der seßhaften Völker des Orients und des Mittelmeers ist im wesentlichen vegetarisch. Sie basiert auf Getreide – Mehl, Brot, verschiedene Brei- und Teigarten –, auf den Oliven, deren Öl das in der Küche verwendete Fett schlechthin liefert, auf Gemüse und Früchten, insbesondere den Trauben, aus denen der Wein gemacht wird, die Spezialität der mediterranen Antike, und auf der Dattel, der Grundnahrung der Oasenbewohner. Diese vegetarische Nahrung, die an sich ziemlich fade ist, erfordert den Gebrauch von Zutaten und Gewürzen. Die Ernährung der Nomadenvölker Zentralasiens, des Iran, Arabiens und der Sahara beruht im Gegensatz dazu auf den Produkten der Herden, auf Fleisch und Milcherzeugnissen: Als Küchenfett dienen hier Schmalz oder Butter.

Mit der Untersuchung der Essensgewohnheiten – einem wichtigen Aspekt der Wirtschaftsgeschichte, weil es sich dabei um einen ihrer Antriebskräfte handelt – muß die Untersuchung des Transports der Kulturpflanzen einhergehen. Die alten Kulturpflanzen des Mittelmeerbeckens gedeihen vor allen Dingen auf trockenen Böden: Getreide (Weizen, Gerste), Olivenbaum und Weinstock. Die neuen Kulturpflanzen, die hier importiert werden, sind alle von Bewässerung abhängig: Reis, Zuckerrohr, Orangenbaum und Dattelpalme ebenso wie die Nutzpflanzen Baumwolle und Indigo. Die Einführung dieser neuen tropischen oder subtropischen Kulturen ist natürlich an die Vergrößerung der Bewässerungsgebiete und den Fortschritt der Technik gebunden. Die Übernahme dieser Kulturpflanzen wurde durch die Schaffung der Islamischen Welt an sich ermöglicht oder zumindest intensiviert, die dadurch, daß sie die Sphären des Indischen Ozeans und des Mittelmeers miteinander verschweißte, zwei Zonen miteinander verband, deren Produkte sich ergänzten. Von nun an dienen die großen Handelsstraßen, die für den Austausch der Waren da sind, auch der Weitergabe der Kulturpflanzen; die Untersuchung des Zeitpunktes, zu dem diese Wanderung vor sich geht, der Straßen, derer sie sich bedient, der allmählichen Verbreitung der Kulturen und der Bereicherung der pflanzlichen Landschaft, die sie zur Folge hat, ist ein wesentliches Kapitel der Wirtschaftsgeschichte.

Nachfrage und Verbrauch werden vom Lebensmittelbedarf der großen Zentren bestimmt. Diese Tatsache ist in ihren Ursachen und in ihren Folgen von elementarer Bedeutung. Sie zieht vor allen Dingen die Entwicklung der Gemüsekulturen in der Nähe der großen Städte durch die Anlage eines Gartenrandgebiets, *faḥṣ,* nach sich. Eine andere Tatsache, die man zu beachten hat: Gewisse Kulturen findet man in Gebieten, in denen die physikalischen Bedingungen nicht günstig sind und in denen man sich folglich mit Produkten minderer Qualität begnügt, aber Hauptsache ist dabei, daß man sie überhaupt bekommt. Das ist das, was im Abendland geschah, wo der Weinstock in Nordfrankreich und Nordeuropa weit jenseits seiner ›natürlichen‹ Grenze eingeführt wurde. Auch in der Islamischen Welt gibt es dafür zahlreiche Beispiele: Zuckerrohr im Norden Spaniens, Baumwolle in bestimmten Gebieten Nordafrikas, Wein in den Klöstern Oberägyptens, der wegen der Bedürfnisse des christlichen Kultus hierhergebracht wurde. Aber daneben gibt es auch noch andere Produkte, Spezialitäten von Weltruf, die dank der Entwicklung des Fernhandels in Gegenden ausgeführt werden, wo sie bestens aufgenommen werden; so erwähnen Reisende und Geographen die »wohlbekannten Produkte, die überallhin exportiert werden«. Zitieren wir als Beispiel die Datteln des Dscherid, die Nüsse von Tebessa, die Feigen und Rosinen von Malaga und die Pflaumen und Konfitüren von Damaskus.

Getreidepflanzen, vor allem Weizen und Gerste, sind alte Kulturen des Mittelmeergebiets. Die Produktion stützt sich auf drei große Gebiete, die traditionellen ›Kornspeicher‹ der Antike. Zunächst Ägypten, ein Land mit großer Bevölkerungsdichte, also mit hohem Verbrauch, das dennoch enorme, exportierbare Überschüsse produziert: Das ist die bekannte *Annona,* die nacheinander nach Rom, dann nach Konstantinopel und schließlich nach Mekka, Medina und Damaskus geleitet wird. Die Getreideausfuhr ist einer der wichtigsten Posten des ägyptischen Exports, entweder mit Karawanen – nach den Oasen Libyens und der Ostsahara und nach Nubien – oder auf Schiffen – nach der Cyrenaika, den arabischen Häfen des Roten Meeres, nach Aden und dem Persischen Golf, nach Oman, Baḥrain und Basra und von dort nach Bagdad. Syrien wiederum schickt Exporte mit Karawanen nach Innerarabien und über das Euphrat-Knie nach Mesopotamien; das Mehl wird in Mehlsäcken verpackt auf Barken verladen und gelangt dann nach Bagdad und den anderen Städten des Irak. So finden wir mit dem ägyptischen Getreide, das Arabien umfahren hat, und mit dem Mehl aus Syrien, das seinen Weg über den Euphrat und den Nahr ʿĪsā genommen hat, Bagdad ein weiteres Mal im Zentrum des Fernhandels und des Schwertransports. Letzter ›Kornspeicher‹: Nordafrika, an der Spitze Ifrīqiya, vor allen Dingen die Ebenen der Medscherda; Béja fertigt jeden Tag tausend Kamellasten Getreide nach Kairuan und Tunis ab. Weizen und Gerste gedeihen aber auch im mittleren und westlichen Maghreb, in der Gegend von Constantine und Setif, an der Atlantikküste und auf den Hochebenen Marokkos. Dieser Weizen Nordafrikas wird zu Schiff nach Spanien und Sizilien gebracht oder mit Karawanen nach Siǧilmāsa, der Westsahara und dem Sudan; berberische Karawanenhändler werden dann zwischen dem 10. und dem 11. Jahrhundert im sudanesischen Sahel als erste die Technik einführen, Weizenfelder in der Trockenzeit zu bewässern.

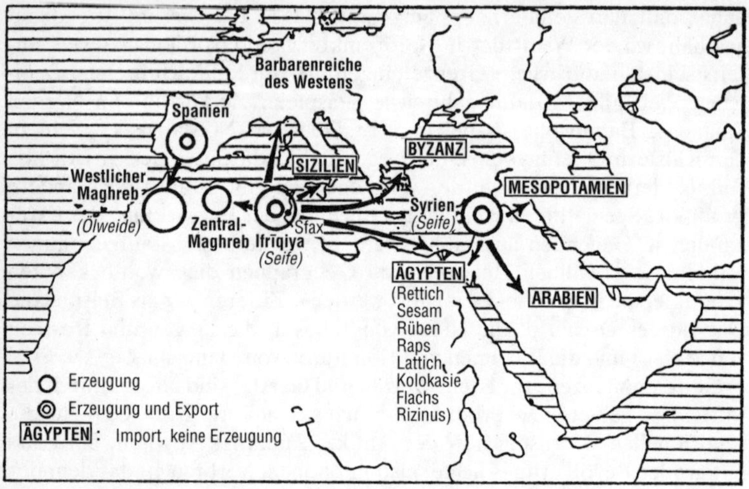

17. Olivenölhandel des islamischen Mittelmeergebiets

In umgekehrter Richtung stößt der Sorghum, das Getreide Schwarzafrikas, nach Norden vor, nach Nubien und Oberägypten, den libyschen Oasen und der Cyrenaika, an einigen Stellen des algerischen Tells und nach Südmarokko.

In dieser Epoche verbreitet sich der Reis, die große asiatische Getreidepflanze, im Mittelmeerbecken; er hatte seinen Weg von Indien nach Untermesopotamien genommen, wo er schon vor der christlichen Ära bekannt war. Von Untermesopotamien aus eroberte er alle die günstigen Gegenden, die ihm das islamische Mittelmeer bot: warme Regionen mit einem Erdboden, der flach und sumpfig oder bewässert ist. Der Reis stößt beispielsweise in die Senke des Ġaur vor, d. h. an die Ufer des Toten Meeres und des Jordan, ins Fayyūm und die Oasen Ägyptens, mit Hilfe von Bewässerungswirtschaft in den Süden Marokkos (Sūs al-aqṣā) und besonders in den Süden Spaniens, wo die Ebene des Guadalquivir und die *Huertas* der Gegend von Valencia eine ergiebige Produktion gewährleisten. So hat also die Islamische Welt zu den alten Getreidekulturen des römischen Mittelmeers zweierlei hinzugefügt: den Sorghum aus dem Süden und den Reis aus dem Osten.

Eine andere Nahrungsgrundlage ist der Olivenbaum, der typische Mittelmeerbaum, da sein Verbreitungsgebiet dem des Mittelmeerklimas genau entspricht. Es gibt zahlreiche große Zentren, die Öl herstellen und exportieren. Zunächst Ifrīqiya, das zusammen mit dem tunesischen Sahel den ›Olivenhain‹ bildet: ein wunderbares Schmuckstück, das von den Römern geerbt und bis zu den Zerstörungen des 11. Jahrhunderts überdauern wird. Sfax ist der Hauptexporthafen – ›der Ölhafen‹, wie Ibn Ḥauqal sagt – nach Ägypten, einem Land ohne Olivenbäume, nach Sizilien, Italien, Byzanz und dem Zentralen Maghreb. In Syrien sind die Olivenbäume vom Süden Palästinas bis zur Gegend um Antiochien bekannt. Syrien ist ein großes Exportland, das sein Öl mit Karawanen nach Ägypten und Arabien und über das Euphrat-Knie nach Mesopotamien verschickt. Spanien exportiert nach dem westlichen Maghreb das Öl der Region des Guadalquivir, vor allen Dingen aus Aljarafe *(aš-Šaraf)*, nordöstlich von Sevilla. Im westlichen Maghreb rückt übrigens der Olivenbaum nach und nach in die Gebiete von Fes und Meknes – genannt ›Meknes der Olivenbäume‹ – vor, wo er mehr und mehr den wilden Ölstrauch ersetzt. Im Mittleren Maghreb erreichen die Massive der Kabylei das Stadium der Großproduktion, beliefern aber vorerst nur den lokalen Markt. Ägypten, das nicht zum Mittelmeerklima gehört und keine Olivenbäume kennt, deckt seinen Ölbedarf in Syrien und Ifrīqiya oder verbraucht lokale Produkte, Öl aus Rettich, Sesam, Rüben, Raps, Lattich, Kolokasie, Leinsamen oder Rhizinus. Um das Thema Olivenbaum abzuschließen, darf man die Industrien nicht vergessen, die Ölderivate produzieren, wie Seifen und aromatische Öle, die zur Herstellung von Parfüms dienen. Auch hier sind die Hauptzentren der Produktion und des Exports Syrien und Ifrīqiya.

Wie der Olivenbaum ist auch der Weinstock eine alte Kulturpflanze des Mittelmeergebiets; er hat sich schon vor langer Zeit von Syrien aus verbreitet, einem Land, dessen Kulte den Wein zu rituellen Zwecken benutzten. Der Islam verbot den Wein, und manche besonders fromme Kalifen, wie Ḥakam II. von Cordoba oder der Fāṭimide Ḥākim beispielsweise, drohten damit, die Weinstöcke ausreißen zu lassen. Aber die Praxis war toleranter; Weintrinken blieb in der ganzen Islamischen Welt üblich, und die Kalifenhöfe hallten oft wider von bacchantischen Gesängen. Der Weinstock wächst fast überall in den Mittelmeerländern, aber die großen Produktionsgebiete, diejenigen, die renommierte Marken exportierten, sind Palästina, berühmt für den Wein von Askalon, Nordsyrien, wo Bait Rās (Chalybonis) schon in der Antike bekannt war, das Nildelta mit den Weinen von Damiette und Maryūṭ, der Sahel von Ifrīqiya und schließlich der Süden Spaniens: Malaga, Priego und Jerez, wobei die Weinstöcke von Jerez aus dem persischen Schiras stammen. Dieses Verzeichnis von Spitzenweinen, das die islamischen Autoren gerne zitieren, beweist, daß die Kultur des Weinstocks trotz der koranischen Bedenken geschätzt wurde, und an dieser Situation änderte sich auch dann nichts, als sich im 11. Jahrhundert das Gesicht des Islam veränderte. Dieselben bereits zitierten Länder liefern außerdem große Mengen getrockneter Trauben: Damaskus und der Hebron in Syrien-Palästina; Esna in Oberägypten und Malaga in Spanien.

Die Dattelpalme ist der Baum Mesopotamiens, soweit es zum Gebiet des Persischen Golfs gehört; sie stammt vom Persischen Golf, wo sie noch am besten gedeiht. Schon vor den islamischen Eroberungen hatte die Dattelpalme Südsyrien, Ägypten und den Süden Tunesiens erreicht. Mit der Eroberung dringt sie noch weiter vor: nach Nordsyrien, besonders Kilikien – die Palmenhaine von Malaṭya und ʿAin Zarbā –, nach Spanien – Elche und Jaen –, und vor allem nach der westlichen Sahara, wo die Erweiterung der Kamelzucht, der Technik des Brunnenbohrens und der Dattelpalmkultur gleichzeitig miteinander auftreten und die wesentlichen Faktoren der Kolonisierung der Wüste darstellen. Die Hauptgebiete für Produktion und Export von Datteln sind die Gestade des Persischen Golfs, der tunesische Süden und der Süden Algeriens, der Dscherid, das ›Land der Datteln‹, und das Gebiet von Biskra, der Zāb.

Zuckerrohr wurde im sassanidischen Mesopotamien, in der Susiana, von Indien aus eingeführt, und zwar unter Chosrau I. Anuschirvan (531–579). Die Susiana oder Chusistan wurde eines der großen Anbauzentren, der Hauptlieferant für den ganzen islamischen Orient. Schon damals läßt sich die Verbindung von Zuckerrohrplantagen und unfreier Arbeit beobachten, die von der Ostküste Afrikas importierte Schwarze leisteten. Der Zuckerrohranbau verbreitet sich dann in der islamischen Zeit von der Susiana aus im Mittelmeerbecken; in Ägypten war im 8. Jahrhundert der gesamte fruchtbarste Teil des Ackerbodens mit Zuckerrohr bebaut. Von Ägypten aus wandert der Zuckerrohranbau nach Syrien, nach Südmarokko – der Gegend des Wādī Sūs –, an die Mittelmeerküste von Spanien, ins Ebrotal und nach Sizilien. Aber Ägypten bleibt das mediterrane Hauptzentrum für Produktion und Export von Zucker. Ägypten verbraucht übrigens selber, jedenfalls am Kalifenhof der Fāṭimiden, enorme Mengen; bei Festen waren die Bäume mit Zukkergußfiguren geschmückt, was einen großen Fortschritt der Konditortechnik beweist. Zuckerwaren, Konditoreierzeugnisse, Gebäck und Konfitüren sind berühmt. Die letzteren stellen einen der Hauptposten des Exports von Damaskus; die ›Desserts‹ sind, das sollten wir nicht vergessen, orientalischen Ursprungs. Ein Teil des verarbeiteten Zuckers erreicht Byzanz und das Abendland: Die erste Erwähnung der Ankunft von *sukkar (zucchero)* in Venedig datiert von 996.

Die Produktion von Gemüsen und Früchten schließlich nimmt rund um die großen Städte in den Gürteln von Gartenkulturen stetig zu; was auf die immer bessere Perfektionierung der Bewässerungsverfahren zurückzuführen ist und wofür Spanien mit seinen *Huertas* der Levante ein gutes

Beispiel bietet. Damals breitete sich am Mittelmeer die Artischocke aus, ferner Spinat, Schalotte, Banane, Zedratbaum, Zitrone und Orange. Der Orangenbaum wird 943 aus Mesopotamien in Syrien eingeführt, dann ist er 970 in Sizilien und im marokkanischen Süden bezeugt. Ende des 10. Jahrhunderts ist er auch in Malaga und in der Vega von Granada eingeführt; im Jahre 1047 finden sich Orangenbäume in Ägypten auf den Terrassen der Häuser, in Kästen, die zu ganzen Orangenhainen zusammengefügt sind. 1068 wachsen Orangen in der Cyrenaika.

So bildet sich der mediterrane Garten, ein Oasengarten mit Bewässerungsrinnen, Gemüsen und charakteristischen Obstbäumen. Er unterscheidet sich sehr vom Garten der Antike, der seinerseits schon in der hellenistischen Zeit um Karotte, Kirsche, Pfirsich und Aprikose bereichert worden war. Dieser selbe mediterrane Garten wird später neuen Zuzug aus Amerika bekommen: Bohnen, Tomaten, Kartoffeln, Mais und Berberfeigen.

Im Ganzen sieht man, daß das 8. bis 11. Jahrhundert eine wichtige Etappe in der Geschichte der Nahrungsmittelkulturen bildet, sowohl durch die Einführung neuer Arten wie durch die Weiterentwicklung der Anbautechniken.

Tierzucht

Man muß natürlich die Tierzucht der Seßhaften, die die Haustiere nur im Rahmen des häuslichen Bedarfs benutzen, von der nomadischen Zucht unterscheiden, die wegen der verschiedenen Verwendungszwecke der Tiere eine sehr viel größere Bedeutung besitzt. Die Tiere dienen der Nahrungsproduktion – Fleisch, Fett, Butter, Milchprodukte –, aber auch der Gewinnung von Rohstoffen für die Weiterverarbeitung – Wolle und Leder – und als Transportmittel: Pferd, Kamel und Maultier oder Esel bildeten die Hauptelemente der Karawane (pers. *kārwān,* arab. *qāfila*), einer endlosen Reihe von Lasttieren, die das Netz der Handelsstraßen entlangziehen. Schließlich, nicht zu vergessen, liefern Tiere die Energie für die hydraulischen Maschinen, die bei der Bewässerung eingesetzt werden *(Noria)*[1].

Die Islamische Welt hat erlebt, wie die Techniken der Assimilation und der Nutzung von Tieren, vor allem der Pferde, sich unter dem Einfluß der Kulturen Zentralasiens weiterentwickelten: Steigbügel, Geschirr, Zaumzeug, Polospiel (pers. *čawgān,* ›Karussell‹). Die wirtschaftlichen, sozialen

1 Georges Séraphin Colin, *La noria marocaine et les machines hydrauliques dans le monde arabe.* In: Hespéris, Bd. XIV, 1932, S. 22ff.

und kulturellen Implikationen der Zucht- und Nutzungstechniken der Tiere sind gewaltig. Daher die große Bedeutung, die dem Studium der Lage, Ausdehnung und Vermehrung der Zuchtgebiete sowie der Verpflanzung der Tierrassen zukommt.

Es gibt zwei Hauptverbreitungszentren des Kamels. Zunächst Zentralasien, die Heimat des zweihöckrigen, sogenannten baktrischen Kamels, also das Gebiet der beiden Ströme Oxus und Jaxartes. Und zweitens Arabien, besonders das Zentrum, die Hochweiden des Nedschd, der ›Mutter der Kamele‹, die Heimat des einhöckrigen Kamels. Zwischen dem 8. und dem 11. Jahrhundert sind die hauptsächlichen Gebiete der Kamelzucht die folgenden: Zentralasien, Iran und Mesopotamien einerseits, dann Arabien – Nedschd, Oman, Ḥaḍramaut, Hidschas – andererseit, ferner Äthiopien und Nubien – beide Länder bieten vor allem im Gebiet der Bedscha Wüstenlandschaften vom arabischen Typ –, und schließlich die Oasen der westlichen Sahara. Das Verbreitungsgebiet des Kamels erweitert sich später nach Nordsyrien, Kleinasien, den pontisch-kaukasischen Steppen Südrußlands, Spanien und dem Sudan. Die Auslese- und Kreuzungstechniken werden immer zahlreicher, wie z. B. bei den großen Herden der Sagyat al-Ḥamrā', die starke und langsame Lasttiere, aber auch schnelle Reittiere für Nachrichten- und Postdienst liefern.

Vier Hauptrassen des Pferdes sind bekannt. Das türkisch-mongolische Pferd Zentralasiens ist klein, von dicker und untersetzter Statur, robust, widerstandsfähig und genügsam; die Kavallerie der großen asiatischen Invasionen stützt sich auf diesen Typ. Die Rasse verbreitet sich nach Osten – Nordchina – wie nach Westen – ost- und mitteleuropäische Steppen. Das iranische Pferd ist groß und stark; es kann einen Reiter mit schwerer Rüstung tragen, den Panzerreiter (pers. *suwār,* arab. *iswār,* Pl. *asāwira*). Mit dieser Pferderasse wird ein sehr lebhafter Export betrieben, sie gelangt über den Persischen Golf nach Indien und bildet dort den Ursprung der Kavallerie des Volkes der Marāthen. Das berberische Pferd stammt aus Numidien, genauer gesagt von den Hochebenen und dem Saum der Sahara. Es ist ein ziemlich kleines Tier, aber sehr kräftig und widerstandsfähig. Seit der Antike nahmen die Pferde aller Länder des westlichen Mittelmeers immer mehr berberisches Blut auf, vor allen Dingen in Italien, Spanien und Südgallien. Die Eroberung Spaniens und Siziliens durch Truppen, in denen das berberische Element und berberische Pferde überwiegen, verstärkt dann diese Tendenz, aus der schließlich das andalusische Pferd hervorgeht, dessen Name (span. *jinete,* franz. *genêt*) auf die Zanāta verweist, eine große Konföderation nomadischer, berberischer Reiter von den Hochebenen des Maghreb. Eine letzte Pferderasse schließlich, das syrische Pferd, entsteht in der Römerzeit durch Kreuzung von berberischen Hengsten, die nach Nordsyrien eingeführt wurden, mit iranischen Pferden. Dieses syrische Pferd nährt sich von den Winterweiden der Wüstensteppe (*bādiyat aš-Šām,* ›Syrische Wüste‹); in der islamischen Zeit dringt es bis zum Nedschd, den Hochweiden Zentralarabiens, vor. Das reinrassige arabische Pferd ist ein ideales Reitpferd, mit feinen Formen, schnell und voller Temperament. Es wird über den Persischen Golf nach Osten exportiert und vermischt sich mit dem iranischen Pferd, das Indien erreicht. Nach Westen geht der Export in die Mittelmeerländer. Ägypten ist das Land, in dem das syrisch-arabische und das nordafrikanische Pferd aufeinandertreffen. Die Kavallerie, die auf dieser Mischrasse beruht, wird der Schrecken der Mongolen wie der Kreuzfahrer.

Dieser Erweiterung der Zuchtgebiete entspricht die Verbesserung der Zuchttechniken, die eine reiche hippologische und hippiatrische Literatur illustriert. Die sorgfältige Klassifizierung der Qualitäten und der Fehler des Pferdes, seiner Krankheiten, seines Verhaltens und seiner Farbe führt zu einer regelrechten Terminologie und zu genau ausgearbeiteten Methoden, die dann ins Byzantinische Reich und ins christliche Abendland übergehen, wie dies mehrere Wörter unseres Vokabulars belegen, beispielsweise das französische Wort *alezan* (fuchsrot).

Eine wichtige Frage, die mit der Pferdezucht verbunden ist, betrifft die Verbreitung der Pflanzen, die zur Ernährung des Pferdes notwendig sind, unter anderem Gerste und Luzerne. Steppen und Wüstenränder liefern natürliche Weiden, aber in den Ländern, in denen Garten- und intensiver Ackerbau betrieben wird, ist es notwendig, künstliche Weiden in der Form bewässerter Wiesen zu schaffen; so wandert die Luzerne, die aus Persien kommt, nach Mesopotamien, Ägypten und Spanien und in der anderen Richtung über Zentralasien bis nach China.

Das Schaf liefert den Nomaden Nahrung und besonders die Wolle. Es ist also natürlich, daß die Verbreitung und die Fortschritte der Schafzucht eng mit der Wollindustrie zusammengehen. In England kann man im 12. bis 13. Jahrhundert dasselbe Phänomen beobachten, wobei die großen Herden der englischen Klöster das Rohmaterial für die flandrische Tuchindustrie liefern.

In der Epoche, die uns interessiert, ist die Islamische Welt der einzige Wollproduzent, wenn man nur die Qualitäts- und Großproduktion berücksichtigt. An erster Stelle ist hier das ›Land der Schafe‹ zu nennen, d. h. die Hochebenen Nordafrikas, auf denen Schafe gezüchtet werden, die außergewöhnlich viel feine und gekräuselte Wolle geben. In Spanien, wo dieser Schafstyp von den dorthin umgesiedelten Berbern akklimatisiert wird, trägt er, wie wir gesehen haben, den Namen *Merino;* abgeleitet von den *Banū Marīn,* einem Berberstamm aus dem westlichen Maghreb bzw. vom arabischen *marīn,* ›sanft, weich, schmiegsam‹. Gleichzeitig mit der Rasse werden in Spanien die Zuchtmethoden einge-

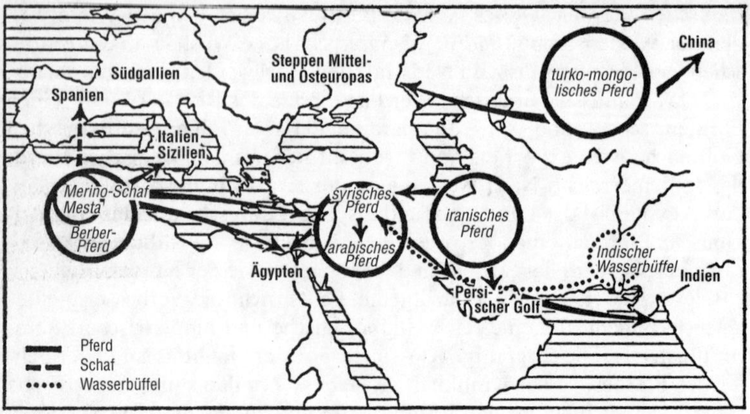

18. Die Wanderung und Akklimatisierung von Tierarten in der Islamischen Welt (8.–11. Jh.)

führt, die die Berber Nordafrikas anwenden: gemeinschaftliche Haltung in großem Maßstab, wobei die Herde für die Zeit der Wanderungen einem Hauptschäfer anvertraut wird, dem Helfer beigegeben sind, alles Spezialisten, die die besten Sommerweiden der Gebirgsgegenden kennen. Spanien besitzt auf diesem Gebiet eine außerordentliche Organisation, die den Ursprung der Mesta darstellt, einer Weideform, die sich bis ins 20. Jahrhundert erhält, mit bestimmten Privilegien, eigenen Wegen, eigenen Weidegebieten und eigener Jurisdiktion. Die Begriffe der Weidetechnik sind im Kastilischen, Valencianischen oder Portugiesischen häufig arabischen Ursprungs: *Mesta* kommt von *maštā* (Quartier in der Regenzeit), *mostrenco* (herrenlos) von *muštarak* (gemeinsam, im Gemeinbesitz), *alganame* (Hauptschäfer) von *al-ġannām* (Schafhirt). Seit der islamischen Epoche (8.–11. Jh.) bilden sich an bestimmten Orten Vereinigungen, Assoziationen von Schäfern und Herdenbesitzern: lokale Mestas. In dieser Zeit bereitet sich also die allgemeine Organisation der Mesta vor, die mit dem 12. Jahrhundert und der Reconquista Gestalt annimmt, als das wieder christlich gewordene Spanien auf diesem Gebiet wie auf so vielen anderen, wie man sieht, nur weiterentwickelt, was schon vorher als islamische Institution da war. Merino und Mesta sind die beiden fundamentalen Beiträge, die die Berber in die Zivilisation Spaniens eingebracht haben.

Die Rinderzucht erfährt in der Islamischen Welt eine weniger große Verbreitung, da sie an ein feuchteres Klima und an einen dichteren

Pflanzenteppich gebunden ist. Diese Zucht wird also vor allem auf den ozeanischen Ebenen Marokkos betrieben, an einigen begünstigten Stellen des algerischen Tells und in Spanien. Ein bemerkenswertes Faktum: die Ankunft des Wasserbüffels aus Indien, die mit der Wanderung der Zigeuner einhergeht. Ursprungsgebiet sind die Sümpfe des Industals, einer Landschaft, die dem Büffel besonders zusagt. Die Zuṭṭ, die, wie wir bereits sahen, im 8. Jahrhundert in die Sümpfe Untermesopotamiens deportiert werden, bringen ihre Tiere mit. Sie ziehen von dort nach Nordsyrien, wo sich ihre Büffel in den Sümpfen des Orontes akklimatisieren.

In der Bilanz also eine geographische Ausweitung der Zucht und eine Verbesserung der Zuchtmethoden. Die Nachteile sind zahlreich: Zerstörung der Kulturen und Wälder, vor allem durch die Schäfer, die sie anzünden, um neue Weideflächen zu schaffen; Verschlechterung der Böden, Schäden, die an den Schößlingen entstehen. Der Mißbrauch der Mesta ruiniert einen großen Teil Spaniens. Der Wald reagiert empfindlich, wenn man ihm eine solche Behandlung angedeihen läßt, ganz zu schweigen von den klimatischen Bedingungen; im Mittelmeergebiet und im ganzen islamischen Orient stößt er an seine natürliche Grenze, er berührt die Steppe, die dazu tendiert, sich immer mehr in Wüste zu verwandeln. Die Mißbräuche der Viehzucht ziehen, wie man sieht, ein anderes Problem von entscheidender Bedeutung nach sich: die Gefährdung des Waldes.

Holz und Forstprodukte[2]

Wälder, die diesen Namen verdienen, kommen in der Islamischen Welt kaum vor. Die Streifen Wald am Südufer des Kaspischen Meeres sind die östliche Verlängerung des pontischen Waldgebietes, das sich von der Nordküste Kleinasiens bis zur Südküste des Kaspischen Meeres erstreckt (Elburs-Massiv). Die Waldgebiete Nordsyriens bilden in derselben Weise die Verlängerung des Waldstreifens, der dem Südrand der anatolischen Hochebene folgt und dann den Antitaurus und den Libanon erreicht. Noch einige Stücke Wald in Sizilien, im Maghreb und in Spanien, das ist alles. Jenseits dieser bewaldeten Flecken gibt es überhaupt keine Wälder: in Mesopotamien, Arabien, Palästina, Ägypten, der Cyrenaika, Tripolitanien, Ifrīqiya und der Sahara.

Außerhalb der Islamischen Welt finden sich die nächsten Waldgebiete vor allem an der Nordküste des Mittelmeers: die Wälder des barbarischen

2 Vgl. Maurice Lombard, *Arsenaux et bois de marine dans la Méditerranée musulmane (VIIe–XIe siècles)*. In: Le Navire et l'Économie maritime du Moyen Age au XVIIIe siècle, Zweites Internationales Kolloquium zur Seegeschichte, Paris 1958, S. 53–106, Karte. – Ders., *Un problème cartographié. Le bois dans la Méditerranée musulmane (VIIe–XIe siècles)*. In: Annales, Econ. Soc. Civil., Bd. XIV, 1959, S. 234–254, 4 Karten.

Abendlands – der Apenninen, der Alpen, Istriens und Dalmatiens – sowie die Wälder des Byzantinischen Reiches – des Balkan und Kleinasiens. Sehr weit östlich, jenseits eines ungeheuren Gebiets von Steppen und Wüsten und der unermeßlichen Fläche des Indischen Ozeans dehnen sich die Wälder der Westküste Indiens, vor allem die Teakwälder von Malabar.

Die alten Holzvorkommen des Orients und der südlichen Mittelmeerküste wurden seit langer Zeit von den Kulturen Mesopotamiens, Phöniziens und Ägyptens genutzt und intensiv ausgebeutet. Sie lieferten das Material für die Öfen der Industrie, für die Bauwerke in der Stadt und vor allen Dingen für den Schiffsbau, besonders für die phönizische Marine. Damals wurden irreparable Zerstörungen angerichtet, die noch durch die zügellose Ausbeutung, der sich die Römer hingaben, verschlimmert wurden. Der Libanon, ein berühmtes Beispiel, war der große Zedernlieferant für alle Flotten des östlichen Mittelmeers. Seit dem Frühen Mittelalter exportiert er kein Holz mehr, und man weiß, wie es heute aussieht: Von einem der schönsten Waldgebiete der Erde sind nur noch einige spärliche Reste übriggeblieben.

Im 8. bis 11. Jahrhundert jedoch war das Baumkleid noch nicht so heruntergekommen wie in unseren Tagen. Zitieren wir als Beispiel dafür den Dschebel Ansariyya – das Nuṣairier-Gebirge –, dessen Holzbestand im 10. und 11. Jahrhundert stark für den Export ausgebeutet werden konnte, während die Landschaft heute fast vollkommen kahl ist.

Das Problem des Waldes ist für das Islamische Imperium um so drängender, als die Nachfrage nach Holz mit der Veränderung der Bedürfnisse enorme Ausmaße annimmt. Bedarf zunächst an Brennstoff für die Industrie: alteingesessene mediterrane Industrien wie Metallverarbeitung und Glasherstellung oder neue Industrien wie die Verarbeitung des Zuckerrohrs. Die Antillen erleiden im 18. Jahrhundert eine vergleichbare Entwaldung wegen der Bedürfnisse der Zuckerindustrie. Ferner Bedarf an Bauholz für die großen Städte, die sich in voller Entfaltung befinden, und für die Bewässerungsanlagen, denn Holz ist unentbehrlich für die Hebemaschinen und die Rohrsysteme der Brunnen. Bedarf an Schiffsholz: für die Handelsflotten, die dank der Entwicklung der Handelsbeziehungen, die über See- und Flußwege (Nilschiffahrt) laufen, stark expandieren; auch für die Kriegsflotten, die mit Byzanz in einem langen Kampf um die Beherrschung des Meeres liegen. Da die Schiffbautechnik sich geändert hat, brauchen die Schiffe mit ihren langen Masten für die lateinischen Segel längere Balken, und infolgedessen werden größere Bäume verlangt. Schließlich Bedarf an Ebenholz, den der überschäumende Luxus auslöst; im Kairoer Museum kann man wunderschöne Exemplare von Holzskulpturen, ziseliertem Holz und Einlegearbeiten sehen. Bei der Gelegenheit kann man feststellen, daß Holzstückchen

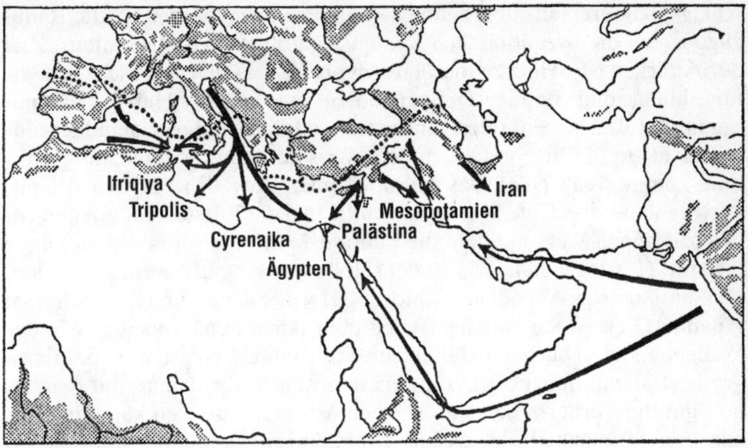

19. Holzversorgung der Islamischen Welt

zusammengesetzt wurden; Holz ist also wertvolles Material, von dem man noch die kleinsten Stücke benutzt. Paradoxe Konsequenz: Die Technik ist hier weiter entwickelt als in den Ländern mit reichem Holzbestand, die große Klötze liefern; im 14. Jahrhundert werden maurische Arbeiter aus Spanien für die Artesonade-Decken im Papstpalast in Avignon herangezogen.

Die Nachfrage nach Holz war also sehr stark, vor allem in Mesopotamien, Ägypten und Ifrīqiya, großen Verbrauchern und gleichzeitig Gebieten, die nicht über eigene Forstbestände verfügten. Unter diesem doppelten Gesichtspunkt ist Ägypten besonders bemerkenswert. Es ist ein Land ohne Wald, besitzt aber dafür hochentwickelte Industrien, die viel Brennholz verlangen, unter anderem die Zuckerrohrverarbeitung und die Bewässerung mit hydraulischen Maschinen, ferner große Städte, vor allem das neue Kairo der Fāṭimiden; alles das zusammen ergibt einen erheblichen Bedarf an Bauholz und Holz für die Kunsttischlerei. Schließlich kommt noch eine sehr bedeutende See- und Flußflotte hinzu mit zwei Fronten, die es zu bewachen gilt: dem Mittelmeer und dem Roten Meer.

Man verfügte damals über drei Möglichkeiten, um das Problem der Holzversorgung zu lösen. Zunächst unterwirft man die wenigen lokalen Vorräte strenger Bewirtschaftung. Im fāṭimidischen Ägypten ist alles Holz, das man vielleicht beim Schiffbau brauchen kann, für die staatlichen Werften reserviert. Man unterhält überdies Domänenwälder mit einer ganzen Organisation zur Überwachung und Kontrolle des Einschlags. Andererseits übernehmen syrische und ägyptische Schiffe Raubzüge gegen die byzantinischen Küsten Anatoliens und Dalmatiens; Ziel der Attacken ist, ›Holz zu machen‹: Zypressen, Pinien und Fichten. Darüber hinaus und vor allen Dingen bedient man sich des Handels und importiert Holz aus mehr oder minder fernen Ländern. So gelangt Holz aus Armenien mit Hilfe von Flößen den Tigris herunter bis Bagdad. Aus Indien kommt Teak *(sāğ)*, das Mesopotamien über den Persischen Golf, Ägypten über das Rote Meer und den ›Kanal des Fürsten der Gläubigen‹ erreicht, einen Weg, auf dem die Stämme in ihrer ursprünglichen Länge bis zum Holzlager *sāḥil al-ḥašabāt* (Holzufer) gebracht werden können. Das barbarische Abendland schickt Kiefern, Fichten und Lärchen vom Apennin, den Alpen und aus Istrien über Amalfi und Venedig. Wie der Waffenhandel ist auch der Handel mit Schiffsholz, wenigstens in der Form großer Balken, durch die byzantinischen Kaiser, die damals mit dem Islam um die Vorherrschaft im östlichen Mittelmeerbecken kämpfen, mit schweren Strafen bedroht. Im Jahre 971 läßt Konstantinopel drei venezianische Schiffe verbrennen, die mit Holz beladen waren; zwei von ihnen wollten nach Mahdiyya in Ifrīqiya, eins nach Tripolis. Aber diese Embargos werden von den venezianischen Händlern nicht mehr respektiert als die Verbote des Waffenhandels. Embargoverstöße sind in der Tat Quelle allzu großer Profite: Der Handel mit Konterbande war zu allen Zeiten lukrativer als der Handel mit erlaubten Waren.

Bei der Versorgung mit Holz findet sich die Islamische Welt also in einer prekären Situation: Sie ist von weit entfernten Waldgebieten abhängig, erreichbar nur über Straßen, die allen Wechselfällen unterliegen, denen Verbindungen über lange Strecken ausgesetzt sind. Dieses Holz muß natürlich sehr teuer bezahlt werden, und zwar in Gold. In dieser Hinsicht ist die Islamische Welt also arm, verglichen mit dem Abendland, dessen Waldbestände überreich und sogar unerschöpflich sind bis zum 14. Jahrhundert, als sich Versorgungsschwierigkeiten bei Holz in den Großstädten bemerkbar zu machen beginnen.

Dieselben Nachschubwege dienen der Versorgung mit anderen Forstprodukten: mit Pech, mit Produkten, die gesammelt werden (Honig), und besonders mit Jagderzeugnissen (Pelzwaren).

Metalle

Die ungenügende Versorgung mit Holz hat eine Begrenzung der metallverarbeitenden Industrie der Islamischen Welt nach sich gezogen. Holz oder Holzkohle, das Brennmaterial, das man bei der Verarbeitung der Minerale braucht, wird in Massen noch nach antiken Verfahren gewonnen, die ganze Wälder verschlingen: 150 Kubikmeter Holzkohle sind notwendig, um nur 10 Kilo Eisen zu erhalten. Die Metallverarbeitung der alten orientalischen Kulturen ist ein regelrechter Waldfresser.

Eine andere, noch grundlegendere Beschränkung: die relativ schlechte Versorgung der Islamischen Welt mit Metallen. Diese Armut ist zunächst auf die geringen Bodenschätze selbst zurückzuführen; der Orient besitzt nur wenige Gebiete mit bedeutenden Metallvorkommen. Dazu tritt die Erschöpfung der leicht zugänglichen Adern durch eine rücksichtslose Ausbeutung, die manchmal Tausende von Jahren zurückliegt. Schließlich muß man auch die ungenügenden technischen Prozeduren der Metallgewinnung berücksichtigen, als deren Folge ein wichtiger Teil des Metalls in der Form von Schlacken verlorenging.

Auch hier gleicht der Fernhandel, wenigstens teilweise, die Mängel aus. In den Gebieten jenseits der Grenzen der Islamischen Welt gehen Schiffe und Karwanen auf mitunter sehr weite Suche nach Rohstoffen wie Gold, Eisen und Zinn oder Fertigprodukten wie Schwertern und Kupfergegenständen. Die Lieferländer, Zentren von Bergbau oder Metallverarbeitung, sind: Kaukasus, Ural, Altai, Indien, Nordafrika und das barbarische Abendland. Auch die Versorgung der islamischen Wirtschaft und Zivilisation mit Metallen ruht auf einer zerbrechlichen Grundlage: Sie ist ein weiteres Mal vom Ausland und vom Fernhandel abhängig.

Zunächst die Edelmetalle Gold und Silber, das Ausgangsmaterial der Gold- und Silberschmiedekunst. Wir haben schon bei Gelegenheit der Minenregionen, die die Münzstätten versorgen, bemerkt, daß das islamische Gebiet nur sehr wenig Goldvorkommen umfaßt. Sie liegen in Arabien und Armenien, dazu muß man noch die Wäschen goldhaltigen Sandes in Kerman und Spanien – am Tajo – erwähnen. Wir haben aber auch gesehen, daß enorme Goldreserven durch die islamischen Eroberungen wieder in Umlauf gebracht wurden, und vor allen Dingen, daß das islamische Gebiet mit Hilfe des Handels aus den umliegenden Ländern im Norden, Osten und Süden Gold abzog. Das Gold Asiens kommt aus dem Kaukasus, dem Ural, dem Altai, aus Tibet und aus Turkestan. Erheblich mehr Gold kommt aus Afrika. Auf diesem Kontinent zeichnen sich drei große Nachschubzentren ab: zwischen Nil und Rotem Meer das nubischäthiopische Gebiet, dann Ostafrika; dort transportieren Träger das Gold von den Feldern im Landesinnern, wo es durch die Schwarzen gewonnen wird, bis zu den Faktoreien, die die Muslime an der Küste eingerichtet haben, unter anderem *Sūfalat aḏ-ḏahab* (Gold-Sofala) – vielleicht das Ophir der Antike –, und weiter im Norden bis zu den Handelsniederlassungen im Land der Zanǧ; schließlich der westafrikanische Sudan – Senegal, Niger und die ›Goldküste‹ –, dessen Gold Berberkarawanen durch die Sahara bis zum Maghreb bringen.

All dieses Gold liefert das Material für die Prägung des Dinars und für ein sehr bedeutendes Goldschmiedehandwerk. Palastwerkstätten, städtische Betriebe und Goldschmiedebasare haben einen großen Ausstoß; das Gold ist in großen Mengen in Umlauf, es wird immerzu geschmolzen und umgeschmolzen, wie *e contrario* die Inventare der fāṭimidischen Paläste belegen, von deren Schätzen nur sehr wenige Gegenstände bis heute überdauert haben.

Silber wird meistens aus silberhaltigen Bleiminen gewonnen, wobei ein Verfahren angewandt wird, das das Blei ausscheidet. Die beiden wichtigsten Gebiete, aus denen die Islamische Welt ihren Bedarf an weißem Metall deckt, sind die breite silberhaltige Zone des nördlichen Iran – vom Kaukasus bis zum Tien-Schan, mit der großen Mine von Benǧhīr nördlich von Kābul – und das islamische Spanien, das so intensiv ausgebeutet wird, daß heute nur noch Bleiadern übrig sind. Silber, auf dem ein bedeutendes Silberschmiedehandwerk und die Prägung der Dirhems beruhen, wird in großen Mengen nach Ägypten eingeführt; hier gibt es fast gar keine eigenen Vorkommen, man schätzt dieses Metall fast genauso hoch wie Gold, wie die gepunzten, epigraphischen Silberbänder in den Moscheen von Kairo beweisen.

Die Islamische Welt ist arm an Eisen. Die Gewinnung wird meistens im Tagebau betrieben, wobei die überirdischen Lager zwar schon mehr oder minder oxydiert, aber leicht zugänglich sind. Diese Lager waren seit langem bekannt, sie befinden sich im Libanon, in Nordafrika und in Spanien, vor allem in ›Eisen-Qusṭantīniyya‹ westlich von Cordoba am Rand der Sierra Morena. Auch hier muß die Islamische Welt die Lieferungen benachbarter oder ferner Länder in Anspruch nehmen. Sie deckt beispielsweise im Kaukasus ihren Bedarf an Mineral und an Fachkräften, den Erben der ältesten Tradition der Metallverarbeitung: Die Täler von Daghestan sind auf die Herstellung von Harnischen und Kettenpanzern spezialisiert. Aber vor allen Dingen bezieht die islamische Wirtschaft Produkte aus Indien und dem barbarischen Okzident, Ländern, die ganz bestimmte Verfahren der Stahlproduktion kennen und berühmte und sehr begehrte Schwerter herstellen.

In Indien hat sich einer der größten Fortschritte der Metallurgie vollzogen; hier wurde in der Tat um die Zeitenwende der geschmolzene Stahl erfunden. Das Verfahren ergibt durch Spheroidisation der Moleküle besseren Stahl, mit charakteristischer Makrostruktur und Linien, die sich im Stahl abzeichnen und auf der Klinge des Schwerts sichtbar sind. Das Mittelmeergebiet importierte diesen bemerkenswerten Stahl seit der römischen Zeit, es war das *ferrum sericum* – vom ›Land der Seren‹, vielleicht dem dravidischen Königreich der Chera im mittleren und südlichen Dekkhan. Die Nachfrage nahm in der islamischen Zeit noch zu, der Stahl aus Indien heißt jetzt *hindawānī* oder *hindī* (mit Artikel *al-hindī,* daher

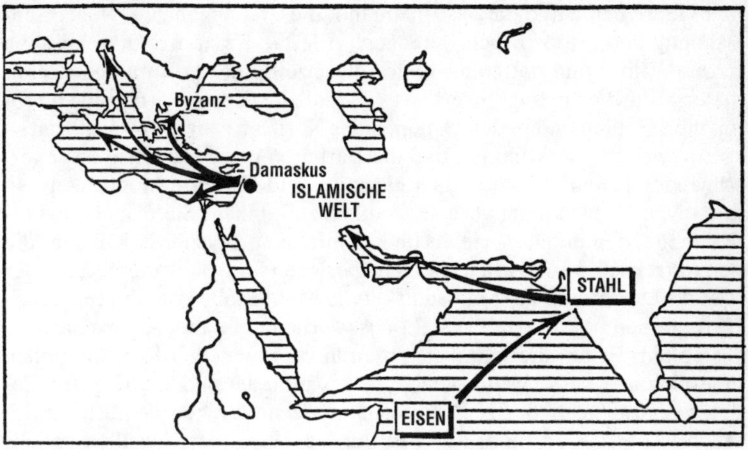

20. Im- und Export von ostafrikanischem Eisen und indischem Stahl

das spanische Wort *alinde:* ein Spiegel aus poliertem Stahl). Dieser Stahl kommt dann zur Weiterverarbeitung nach Damaskus und den anderen großen Zentren der Waffenproduktion, vor allem Toledo. Er wird aber auch direkt aus Indien in der Form von Schwertern importiert, deren Härte, Schärfe und Biegsamkeit in der ganzen arabischen Literatur sprichwörtlich sind.

Es ist übrigens bemerkenswert, daß dieser indische Stahl mit Hilfe eines Erzes produziert wird, das von der Ostküste Afrikas kommt, aus dem Land der Zanǧ; dieses Erz galt zur Herstellung geschmolzenen Stahls für besser geeignet als das indische Erz. Es wird von Schwarzen auf grobe Weise abgebaut, von muslimischen Händlern nach Indien gebracht, dann in indischen Stahl umgewandelt und in der Form von Rohstahl oder Schwertern in die Islamische Welt exportiert. Der Weg, den man aus einem Mosaik orientalischer Quellen rekonstruieren kann, erlaubt uns, die Bedeutung dieser Schwertransporte ebenso wie die Spezialisierung der Verarbeitungszentren einzuordnen, also einen Weg zu rekonstruieren, der vom Rohstoff zum Halbfertigprodukt und schließlich zum Endprodukt führt.

Das barbarische Abendland besitzt dagegen zahlreiche Eisenvorkommen in der Form von Mineralsteinen, die an der Oberfläche liegen, den ›Eisenknollen‹. Die östlichen Alpen Tirols und der Steiermark, das Noricum der römischen Zeit, waren damals bekannt als ein sehr wichtiges Zentrum der Waffenproduktion. Ferner muß man die Gebiete an Mosel und Meuse nennen, dann das Rheinland, die Champagne um Nogent-en-Bassigny und die östlichen Pyrenäen. Alle diese Landschaften besaßen reiche Wälder und hatten also auch gleichzeitig das notwendige Brennmaterial zur Verfügung. So erklärt sich, daß die Eisenverarbeitung im römischen Gallien und in den Ostalpen des Noricum sehr entwickelt war.

Ein wichtiges Faktum ist, daß die Barbaren diese Industrie nicht verschwinden lassen, sondern allzu glücklich sind über die Möglichkeit, so ihre eigene Bewaffnung vervollständigen zu können. Sie bringen außerdem neue, bemerkenswerte Techniken mit; sie produzieren Klingen, die den starren gallo-römischen Klingen überlegen sind, dank der Technik des Pseudo-Damaszierens. Man stellt dünne Metallstäbe von verschiedenen Härtegraden her, ein Teil besteht aus weichem, ein anderer aus hartem, gestähltem Eisen; diese Stäbe werden in verschiedenen Kombinationen untereinander verschweißt, geglättet, geschmiedet und wiedergeschmiedet, so daß sie schließlich den echten Damaszenerklingen ziemlich ähnlich sehen. Aber dieser Eindruck wird durch Aneinanderschweißen erzielt, während der echte Damaszener Stahl als Masse entsteht, und zwar durch Abkühlung nach der Verbindung im Schmelzofen.

In beiden Fällen ist übrigens die Qualität der Waffen fast identisch und beruht auf der Mischung härterer und weniger harter Teile: So ergibt sich Solidität, Widerstandsfähigkeit und Schärfe und gleichzeitig Geschmeidigkeit und Biegsamkeit. Dank der archäologischen Funde und insbesondere dank der Funde auf merowingischen Friedhöfen konnten diese Waffen untersucht werden; die karolingischen Gräber sind weniger ergiebig, da die Sitte, den Krieger mit seiner Waffe zu beerdigen, im 9. Jahrhundert verschwand. Karolingische Schwerter findet man dann aber in Skandinavien und im Gebiet der russischen Ströme, wo sich die entsprechende Begräbnissitte bis zum 11. Jahrhundert erhalten hat.

Jedenfalls bleiben uns genug Texte aus dem karolingischen und ottonischen Reich sowie aus der Islamischen Welt, die uns einiges von abendländischen Schwertern erzählen. Die Schwerter der Firanğa, der Franken, das heißt des barbarischen Abendlandes, sind berühmt. Die Islamische Welt importiert sie in großer Zahl, und zwar über das *bilād aṣ-Ṣaqāliba* (Land der Slawen) und *al-Andalus,* d. h. das islamische Spanien. Der Import nach dem islamischen Osten nimmt den Weg über die russischen Ströme und das Kaspische Meer; nach dem islamischen Mittelmeer über das Rhônetal und Venedig, eine Stadt, die sich, wie wir gesehen haben, auf den Handel mit Konterbande spezialisiert hat und die das Verbot bricht, das die Basileis dagegen aufgestellt haben, Waffen oder Langholz an die Muslime zu verkaufen.

Bleiben Kupfer und Zinn. Die Islamische Welt steht bei der Kupfergewinnung besser da als bei der Produktion von Eisen. Die wichtigsten Lagerstätten besitzen Zentralasien, Obermesopotamien mit der Mine von Arghana, Südmarokko und Spanien. Wenn das Zinn ein Produkt ist, das der Fernhandel von den Inseln Britanniens bis zur malaiischen Halbinsel herbeischafft, so wird umgekehrt das sublimierte Zinkoxyd oder *Tuzia* (arab. *tūṯiyā,* aus dem Pers.) von Armenien und Nordafrika geliefert. Die Kupfer-, Bronze- und Messingindustrie steht in Blüte, den Kunsthandwerker, der seine Kupferprodukte selbst verkauft, findet man auf allen Märkten der großen islamischen Städte.

Die Armut an Metallen, Kupfer ausgenommen, zwingt die Islamische Welt zu großen Importen. Die expandierende islamische Zivilisation giert nach Metallen, die sie für die täglichen Bedürfnisse braucht, und nach Edelmetallen für Münzprägung und Luxus. Ihr gegenüber erstreckt sich das Gebiet des barbarischen Abendlandes, das reich ist an Erzen und Wäldern, die den notwendigen Brennstoff für die Verarbeitung liefern. Mit diesen reichen Bodenschätzen, die kaum erschlossen sind, stellt der Okzident ein junges Land dar gegenüber den alten Ländern, deren Rohstoffquellen fast erschöpft sind.

Stoffe

Die islamische Zivilisation ist eine Textilzivilisation. Textilien selbstverständlich für die Kleidung, aber vielleicht mehr noch für Möbel und Wohnung. Die orientalische, mediterrane Wohnungseinrichtung steht in der Tat im Zeichen des Teppichs, des wichtigsten, mitunter auch einzigen Einrichtungsgegenstandes. Stoff dient zur Kleidung, als Schmuck der Innenräume, aber auch zur Herstellung von Zelten und Fahnen. Überall arbeiten Betriebe und bringen bemerkenswerte Stücke hervor, Leinenstoffe von extremer Feinheit, Musselin aus Wolle oder Baumwolle und goldbrochierte Seide. Die Staatsbetriebe *(ṭirāz)* haben die Aufgabe, wertvolle Stoffe für den Bedarf des Hofes zu liefern, Ehrenkleider, die dazu bestimmt sind, den Prunk der Zeremonien zu steigern. Im übrigen werden sie als eine Art Geldreserve betrachtet, das Wort *ḫizāna* bedeutet sowohl ›Schatz‹ wie auch ›Garderobe‹. Sehr häufig werden Geschenke, Löhne und Belohnungen in Stoffen angegeben: Das Ehrenkleid mit dem eingewobenen Namen des Souveräns steht so am Ursprung der fürstlichen Livree, und es entsteht eine ganze Hierarchie, die sich nach dem Grad des Prunks dieser offiziellen Gewänder gliedert. Man findet hier einen alten Usus orientalischer Monarchien, ob nun byzantinisch oder sassanidisch, wieder, der in den islamischen Brauch übergegangen ist, vor allem unter den Abbassiden, die sich sehr darum sorgten, durch ihr Zeremoniell und ihre Etikette die iranischen Sitten der verblichenen Monarchie wieder aufzunehmen. Wie bei den Nahrungsmitteln kann man auch die Textilmaterialien, die seit langer Zeit benutzt wurden, den neueingeführten Produkten gegenüberstellen. Die herkömmliche Produktion hält sich gerade, mitunter weicht sie sogar vor der jüngeren Konkurrenz zurück.

Die herkömmlichen Textilmaterialien sind: Wolle – von der wir schon bei Gelegenheit der Schafzucht gesprochen haben –, die von Zentralasien, Armenien, Nordafrika und Spanien geliefert wird, und Flachs. Flachs gedeiht vor allen Dingen in Ägypten, dort wird er besonders im Delta und an mehreren Stellen des Niltals angepflanzt. Der Boden Ägyptens, tiefes Schwemmland, bekommt ihm sehr gut, und das notwendige Wasser zum Rösten[3] liefern Kanäle und Lagunen im Überfluß. Die Fasern ergeben ein erstklassiges Material, das die Herstellung sehr feiner Stoffe *(qaṣab, šarb, dabīqī)* gestattet. Dieselben Produktionsbedingungen finden sich in Obermesopotamien und außerdem besonders in der Susiana, nicht zu reden von einigen Gegenden in Syrien, Nordafrika und Spanien, in denen Wassermangel die Ausdehnung des Anbaus begrenzt. In Obermesopotamien allerdings verliert der Flachs dann gegenüber der Baumwolle immer mehr an Boden, in der Susiana gegenüber dem Zuckerrohr, Pflanzen, die dieselben physischen und menschlichen Produktionsbedingungen fordern: eine dicke Bodenschicht, Wasser und Arbeitskraft in unbeschränktem Umfang. Als bedeutender Textilartikel hält sich Leinen nur in Ägypten, wo zwar das Zuckerrohr eingeführt wird, aber nicht die Baumwolle, jedenfalls noch nicht zu jener Zeit.

Die Baumwolle, ein neues Textilmaterial, stammt aus Indien; sie wird in Mesopotamien seit dem 7. Jahrhundert n. Chr. angepflanzt und nimmt in der islamischen Zeit weite Gebiete in Obermesopotamien in Besitz, in der Gegend des Großen Chabur und bei Ḥarrān, zwischen Euphrat-Knie und Tigris. Die erste Erwähnung von Baumwolle in Turkestan, an der buddhistischen Route, die Indien über die Pässe des Hindukusch und Zentralasien mit China verbindet, stammt aus dem 6. Jahrhundert. Im folgenden Jahrhundert, der Zeit, in der die Islamische Welt entsteht, dringt die Baumwollkultur (*al-quṭn,* span. *al-godón*) in den Mittelmeerraum vor; man findet sie zuerst in Nordsyrien vom Euphrat-Knie bis Aleppo, einer Gegend, die die natürliche Fortsetzung der Region des Großen Chabur bildet. Dann erreicht sie einerseits den Ġaur, den tektonischen Graben des Roten Meers, wo der Boden flach, feucht und warm ist, und von dort die Oase von Damaskus, und nach der anderen Seite in Kilikien: das dreieckige Gebiet der Schwemmlandebene, die den Raum zwischen dem Taurus und dem Syrischen Relief ausfüllt. So ist zwar Sy-

3 Vom mittelhochdeutschen *roezen,* ›faul machen‹; ein Gärvorgang, bei dem Bastbündel und Holzteile voneinander getrennt werden. (Anm. d. Ü.)

rien im Mittelalter ein großer Produzent von Baumwolle, aber es gelingt der Pflanze nicht, in Ägypten Wurzeln zu schlagen; hier behauptet der Flachs eine sehr feste Position, er bleibt das traditionelle Textilmaterial, aus dem sich die Stoffe von außerordentlicher Qualität herstellen lassen. Das mittelalterliche Ägypten bezieht seine Baumwollstoffe aus Indien und Syrien. Schließlich dringt der Baumwollanbau nach Nordafrika vor, besonders in den Süden Tunesiens (den Dscherid), nach Marokko (ins Hochtal des Umm ar-Rabīʿa, die Ebene von Tadla und, mit Bewässerungsbau, bis nach Sūs al-aqṣā), nach Spanien (ins Tal des Guadalquivir) und nach Sizilien (in die Umgebung von Palermo); später erreicht die Baumwolle Zypern, wo sie sich zur Zeit der Lusignan einbürgert, und in der venezianischen Zeit Kreta.

Zweites neues Textilmaterial: die Seide, deren Produktion auf der Kultur des Maulbeerbaums und auf der Seidenraupenzucht beruht. Die Seidenraupenzucht wird zuerst in China, in Zentralasien, an den Ufern des Kaspischen Meeres und in Armenien praktiziert. Im 6. Jahrhundert wurden Seidenraupen heimlich ins Byzantinische Reich gebracht, nach Nordsyrien: Es ist die Geschichte des nestorianischen Mönchs aus Zentralasien, der die wertvolle Ware im Innern des Schilfrohrs transportiert, das ihm als Wanderstock dient. Die Anekdote ist bezeichnend für die wirtschaftliche Trennung zwischen den Welten des Sassanidischen und des Byzantinischen Reiches. Ebenso wie die Baumwollkultur von Obermesopotamien aus erst mit der Entstehung der Islamischen Welt weiterwandert, verbreitet sich auch die Seidenraupenzucht erst, als ein umfassendes, einheitliches Wirtschaftsgebiet entsteht. Es ist im übrigen im Hinblick auf die Vermittlung von Herstellungs- und Verarbeitungsverfahren bemerkenswert, daß im selben 6. Jahrhundert, in dem das Mittelmeergebiet von Turkestan die Seidenraupenzucht erhält, Turkestan seinerseits aus Indien die Baumwolle übernimmt.

Mit den islamischen Eroberungen breitet sich die Seidenraupenzucht in allen Gebieten des Mittelmeers aus, in denen sie praktiziert werden kann, da der Luxus, den man mit der Kleidung treibt, einen gewaltigen Bedarf an Seide hervorruft. Zu den produzierenden Gebieten zählen: Südsyrien, Südtunesien – das Gebiet von Gabes –, vor allem aber Südostspanien und Sizilien. Im Gebiet der Alpujarras und in der Gegend um Jaen wird die Seidenherstellung von Syrern aus der Gegend von Qinnasrīn, dem Seidenzentrum Nordsyriens, eingeführt; sie haben sich in dieser Region Spaniens im 8. Jahrhundert niedergelassen. Die Fabrikation von Seide ist eine der wichtigsten Eigentümlichkeiten des islamischen Spanien im abendländischen Europa. Die Seide Siziliens wiederum verbreitet sich in Süd- und Norditalien erst, als die Insel wieder zum Gebiet des christlichen Abendlandes gekommen ist.

So entfaltet sich die Seidenproduktion in der ganzen Islamischen Welt im großen Maßstab. In der Sassanidenzeit erreichten die Importe chinesischer Seide die iranischen Werkstätten und, unter Umständen, von dort aus Byzanz. In der islamischen Zeit hingegen hörte die Einfuhr von Rohseide aus China sehr schnell auf. Der Import bestimmter Seidenstoffe jedoch, die eine chinesische Spezialität darstellen, bleibt auf seinem normalen Niveau. Die Islamische Welt verarbeitet übrigens nicht alle Seide, die sie produziert, in ihren eigenen Werkstätten. Sie exportiert auch große Mengen nach Byzanz. Die wichtige byzantinische Seidenindustrie hängt vollkommen von der Lieferung islamischen Rohmaterials ab, und das trotz der Seidenraupenzucht des Peloponnes, vorausgesetzt, es ist richtig, daß diese Produktion, die erst im 12. Jahrhundert bezeugt ist, schon im 10. Jahrhundert begonnen hat.

Die Farbstoffe, die am häufigsten benutzt werden, sind Indigo, Kermes und Safran. Indigo, den man zum Blaufärben benutzte, wurde aus Indien und Mesopotamien nach den warmen, flachen und bewässerten Gebieten des syrischen Ġaur der libyschen Oasen, der Schotts des Dscherid und des Hodna und nach Sūs al-aqṣā verpflanzt; der Indigoanbau hat den Anbau von Färberwaid überall zurückgehen lassen. Die Kermesschildlaus oder das Scharlach-›Korn‹, ein Parasit der Eiche, den man zum Rotfärben benutzt (arab. *qirmiz, qirmizī,* daher franz. *cramoisi*) wird in Armenien und Spanien gesammelt; Kermes steht in Konkurrenz mit Rot- oder Brasilholz *(baqqam)*, das aus Indien gekommen ist, und beide drängen Krapp und Purpur – die phönizische Stachelschnecke – zurück. Zum Gelbfärben wird Safran benutzt: Gelb ist die am meisten verwendete orientalische Farbe. Gelb ist die Farbe der Sonne und der sassanidischen Könige. Man färbt Kleidungsstücke gelb, aber auch Papier und offizielle Dokumente, und zwar unter dem Einfluß von China, wo gelb die kaiserliche Farbe ist. Die Anbauflächen von Safran, der in der Küche ja auch als Gewürz benutzt wird, erfahren in der gesamten Islamischen Welt eine enorme Erweiterung.

Mit der Vervielfältigung des Angebots an Textilmaterialien und Färbestoffen finden fortschrittliche Fabrikationstechniken Verbreitung: Webstühle mit hohem oder tiefem Schaft; Trittwebstühle chinesischen Ursprungs; das Verfahren zur Herstellung der Knüpfteppiche, das aus Zentralasien kommt; die *Sūsanǧird*-Nadeltechnik aus Persien; die Technik, gewobene Gobelins herzustellen aus Ägypten. Die berühmtesten Produkte werden imitiert: *Irminī*-Teppiche (aus Armenien) in Spanien, in Assiut/Oberägypten und in Tarsus/Syrien; *Ǧurǧānī*-Stoffe (aus der Landschaft Ǧurǧān) in Almeria/Spanien; *Iṣfahānī*-Stoffe in Antiochien; *Dabīqī*-Stoffe (aus Dabīq, einer Stadt im ägyptischen Delta) in Spanien; *ʿAttābī*-Stoffe aus Bagdad in Almeria; *Ṣiqillī*- (d. h. ›sizilianische‹) Stoffe in Ägypten, Obermesopotamien und Spanien. Überall verbreiten sich unterschiedliche Techniken, wie man sehen kann; allenthalben behaupten sich große Zentren dank ihres differenzierten Angebots und des weltweiten Renommees ihrer Stoffe.

Jede große Stadt besitzt ihre Tuchspezialität und jedes Textilzentrum produziert eine bestimmte Tuchsorte, die ihm unabhängig von anderen Stoffen, die dort auch hergestellt werden, eine Sonderstellung auf dem internationalen Markt garantiert. Bestimmte Gegenden sind regelrechte Zentren der Textilproduktion, in denen ganze Städte und Dörfer dieser Industrie obliegen. Um die Ware auf den Markt zu bringen, braucht man Kaufleute, die das Rohmaterial besorgen und den Absatz der Fertigprodukte sichern. Die Stoffe tragen am Rand eingewoben den Namen der Stadt, aus der sie kommen. So liest man den Namen der Stadt Fasā in Fars, die für ihren Brokatstoff, den *wašy,* berühmt ist, einen Stoff aus fester, changierender Seide, den der Kalif Mu'taṣim am Hof in Mode gebracht hatte, ferner für ihre Teppiche aus wertvoller Wolle, für Decken aus *ḫazz* (Flockseide) mit getupftem Muster, die für den Kalifen reserviert waren, für *Sūsanǧird*-Nadelstickereien, die besser und haltbarer waren als die Stickereien von Qurqūb: Die Applikationen waren auf Wollstoff, nicht auf Seide angebracht. Fasā liefert Stoffe, in denen Wolle und Seide zusammen verarbeitet sind, aber auch reine Seidenstoffe *(ḥarīr)*, die überall verlangt werden. Das Gebiet von Fars-Chusistan besitzt schließlich ebenfalls in Qurqūb einen Staatsbetrieb, der allein für den Bedarf des Kalifen und seines Hofes arbeitet: eine große Textilfabrik, die Luxus- und auch Gebrauchsstoffe produziert und über die Häfen von Basra und Sīrāf verschifft.

Ein anderes Beispiel für Großproduktion: das ägyptische Delta, ein Zentrum der Luxus- und Gebrauchsstoffweberei, ohne Zweifel das bedeutendste des großen Mittelmeerraums. Vom Deltagebiet geht der Export in den islamischen Osten, nach dem Indischen Ozean, Syrien und dem Byzantinischen Reich, dem islamischen Okzident und den italienischen Häfen. Ausgangsmaterial der Textilindustrie ist hier Leinen, das an Ort und Stelle produziert wird, aber mit Einschuß von syrischer Seide oder Goldfäden. Auch hier findet man ein sehr großes und differenziertes Angebot; es reicht vom extrem feinen Stoff, dem *šarb,* bis zu den schweren, golddurchwirkten Wandbekleidungen. Eine Reihe kleiner Manufakturstädte – mehr als zwei Dutzend –, jede mit eigenem Ṭirāz-Betrieb und Dörfern, die für sie arbeiten, führen die ägyptische Textilproduktion an. Zu den wichtigsten zählen: Damiette, Dabīq, Damīra und vor allem Tinnīs (heute Manzala), mitten in dem See, der damals nach der Stadt benannt war. Die Stadt Tinnīs wurde von Barken versorgt, ihren Lebensunterhalt lieferte der Fischfang; die lagunenähnliche

Landschaft besaß Wasser, das man für die Röstung[4] des Flachses brauchte, im Überfluß, und die Feuchtigkeit des Klimas erleichterte das Zwirnen der feinen Textilfasern. Fünftausend Webstühle stellen jedes Jahr den Umhang der Kaaba her. Die Zentren des Deltas haben sich spezialisiert, einige auf das Weben von weißen Stoffen, andere auf das Bleichen der Fäden, andere auf Walken oder Pressen des Tuchs, wieder andere auf Zurichten der Seide – mit Hilfe von sudanesischem Gummi –, auf Färben oder auf Goldwirkerei. Der Export dieser Erzeugnisse geht weit ins Ausland, und mit ihnen wandert die Kenntnis der Herstellungsverfahren, so daß ziemlich überall Imitationen auftauchen: *Qaṣab*- und *Dabīqī*-Stoffe beispielsweise kommen bald aus den Werkstätten Mesopotamiens und von Fars. Dank der Vielfalt ihrer Produkte nimmt die Islamische Welt so an der Seite Chinas und von Byzanz einen Platz unter den großen Produzenten und Exporteuren von Luxusstoffen ein.

Produkte aus Stein und irdene Waren

Stein wird nur noch in kleinen Stücken bearbeitet, er liefert Kapitelle, Plaketten, die mit Bas-Reliefs geschmückt sind, und Becken für die rituellen Waschungen, wie das Exemplar von Madīnat az-Zahrā'. Als normales Baumaterial dient wegen des Holzmangels Ziegelstein, nicht nur für die Mauern, sondern auch für die Gewölbe; in Fusṭāṭ mußte man für die Konstruktion des Gouverneurspalastes – *Dār al-imāra* – Palmstämme requirieren. In den Moscheen verwandte man die Marmorsäulen wieder, die man in antiken Bauten fand. Karthago beispielsweise wurde zum Steinbruch für die neuen Städte Kairuan und Tunis, Säulen aus Karthago und aus Sfax finden auch in Madīnat az-Zahrā' Verwendung.

Die Wände sind normalerweise aus Ziegelsteinen gemauert und in den Innenräumen reichlich mit Putz verkleidet, um die Ärmlichkeit des Materials zu verbergen: mit Gips und Stuckverzierungen, die bemalt und vergoldet werden, wie in Samarrā, den ṭūlūnidischen Häusern in Ägypten oder im nordafrikanischen Sedrata. Vor allen Dingen werden sie aber mit Fayence-Fliesen gekachelt, einem Produkt mesopotamischer und iranischer Technik, das schon in den Palästen der Achämeniden und Sassaniden bekannt war und sich nun im ganzen Mittelmeerraum verbreitet. Das ist das *zulaiǧ,* ›Kachelwerk‹ (span. *azulejo*). Eine Einschränkung müssen wir allerdings machen: Das byzantinische Gebiet bleibt der aufwendigen Mosaikdekoration treu, die aus goldschimmernden und farbigen Glaswürfelchen zusammengesetzt wurde. Die Omayyaden von Damaskus

4 Siehe Anm. 3, S. 186. (Anm. d. Ü.)

und später von Cordoba ziehen byzantinische Kunsthandwerker heran, um ihre großen Moscheen schmücken zu lassen. Diese Kunsthandwerker bilden an Ort und Stelle Schüler aus, die die Technik der byzantinischen Mosaikkunst an die Islamische Welt weitergeben.

Eine andere Industrie, die mit Erde arbeitet, ist die Keramikherstellung. Die islamische Kultur hat uns eine Reihe wunderschöner Schalen, Vasen und Aquamaniles hinterlassen. Auch hier findet man, wie bei den Fliesen, Techniken und Dekor aus Mesopotamien und dem sassanidischen Iran wieder. Man muß aber bei der Keramik nun noch die chinesischen Einflüsse berücksichtigen, die teils über die Routen Zentralasiens, mit der Zwischenstation Rayy, bis nach Samarrā drangen, wo chinesisches Porzellan gefunden wurde, oder über die Routen des Indischen Ozeans und des Roten Meeres bis nach Fusṭāṭ-Kairo, wo Grabungen ebenfalls chinesisches Porzellan zutage gefördert haben. Die Wörter *ṣīnī* (Porzellan) und *ṣīniyya* (Porzellanschale) sind vom Namen China *aṣ-Ṣīn* abgeleitet. Die Techniken der Keramikproduktion sind erstaunlich, vor allem die Lüstertechnik, bei der der Glanz auf die Goldreflexe zurückzuführen ist, die dadurch entstehen, daß man der Masse vor dem Brennen Metall beimischt. Die Hauptzentren sind Rayy (Rhages) im Iran und Samarrā im 9. Jahrhundert, Ägypten im 9. und 10. Jahrhundert, ebenfalls im 10. Jahrhundert Nordafrika und Spanien mit Madīnat az-Zahrā', das im 12. Jahrhundert von Calatayud abgelöst wird. Diese Tradition besteht weiter: Im 13. und 14. Jahrhundert entstehen die großen ›spanisch-moriskischen‹ Schalen aus vergoldeter Keramik, der Ursprung der Majolika der italienischen Renaissance.

Glasfabrikation ist eine alte mediterrane Technik, die schon seit der Antike in den phönizischen Städten Tyrus und Sidon und in Alexandria bekannt war, Gebieten mit einer Art von Sand, die für die Glasherstellung hervorragend geeignet ist. Syrien und Ägypten bleiben in der islamischen Zeit die Hauptzentren der Produktion sowohl von Gebrauchsglas wie von Luxuswaren. Allerdings entsteht im Irak ein neues Zentrum, das in Mengen das *'Irāqī*-Glas exportiert, von dem die spanisch-christlichen Dokumente des 10. und 11. Jahrhunderts berichten. Die luxuriösen Glasgefäße aus Ägypten, Syrien oder dem Irak sind koloriert, vergoldet, emailliert, mit Silber- oder Goldfäden übersponnen, geschnitten oder graviert; sie werden bis China exportiert, von wo Porzellan zurückkommt. In der Kreuzzugszeit raffen die abendländischen Ritter die farbigen syrischen Gläser an sich, weil sie glauben, sie seien aus Edelstein geschnitten. Die Venezianer ihrerseits importieren aus Tyrus allen Glasabfall und alle minderwertige Ware, um dieses Material zu Hause einzuschmelzen. So entsteht die Glasindustrie in Venedig (Glasbläsereien von Murano). Ein anderes Zentrum der Glasindustrie wird im islamischen

Andalusien aufgebaut. Im 9. Jahrhundert soll ʿAbbās Ibn Firnās das Verfahren entdeckt haben, Bleikristall herzustellen: durch genaue Dosierung der einzelnen Mischungselemente und durch Hinzufügung von Blei.

Was schließlich den Handel mit Edelsteinen angeht, so kann man sagen, daß die Muslime ihn monopolisieren. Die Smaragde (griech. *smaragdos,* arab. *zumurrud*) der arabischen Wüste in Oberägypten werden bis zur Entdeckung Amerikas die einzigen bleiben, die man kennt. Aus der Landschaft Badachschan im Pamir kommt ein berühmter Rubin der *balaḫš,* daher das französische *rubis ›balais‹* [und das deutsche Wort ›*Ballas*‹-Rubin]. Diamanten werden von Indien und von Ceylon geliefert, Bergkristall vom Maghreb und von Spanien. Überall verfaßt man Abhandlungen über Edelsteine, Bücher, von denen sich später die Lapidarien des abendländischen Mittelalters ableiten, die von den Steinen und ihren magischen Eigenschaften handeln. Die Technik der Bearbeitung der Edelsteine, die ja ein hartes Material sind, beherrscht man vollkommen; Facettierung und Gravur sind bemerkenswert. Das beweisen uns die Gemmen, die Kameen und die wunderschönen Bergkristallgefäße – große Wasserkaraffen, Schalen oder Kugelvasen, hauptsächlich aus dem fāṭimidischen Ägypten –, die man im Louvre, im Schatz von San Marco in Venedig oder in anderen Museen Europas bewundern kann. Die Technik der Steinschneidekunst, die die Islamische Welt also erhalten und weiterentwickelt hat, ist aus dem barbarischen Abendland ganz verschwunden und wird dort erst später wieder eingeführt.

Meeresprodukte

Über weite Strecken orientalischer Küsten, so am Roten Meer, in Südarabien und am Persischen Golf, bildet Fisch die Grundnahrung der Bevölkerung. Am Mittelmeer kommt der Fischerei weniger Bedeutung zu, da die fischreichen Gebiete wegen der geringen Ausdehnung des Festlandsockels, der plötzlich großen Tiefen Platz macht, begrenzt sind. Fischfang ist nur an einigen Punkten möglich: in den Lagunen des Nildeltas, an den Flachküsten der Meerenge von Sizilien und der Ostküste Tunesiens, im Gebiet der Meerenge von Gibraltar und, nicht zu vergessen, im Ozean, auf dem Vorsprung des Festlandsockels an der Atlantikküste Marokkos. Überall dort lebt eine seefahrende Bevölkerung, die Fischfang nach althergebrachten Techniken betreibt. Außerdem wird jedes Jahr anläßlich der großen Wanderungen des Thunfisches auf Fischfang gefahren, entweder mit der Harpune, wie heutzutage noch in der Meerenge von Sizilien, oder noch häufiger mit der Madrague, einem großen, aus mehreren Teilen bestehenden Zugnetz, in das man die Thunfischschwärme hineindirigiert. Diese Netze werden heute in Sizilien *tonnaria* genannt; das Wort *madrague* kommt vom arabischen *maḍraba,* einer flaschenförmigen Reuse mit engem Hals.

Ein anderer Stoff, Salz, wichtig als Bestandteil der Nahrung, aber auch für die Industrie – zum Pökeln von Fleisch und Fisch oder bei der Herstellung von Stoff und Leder – benutzt, wird an der Küste in Salinen gewonnen oder in Form von Steinsalz abgebaut. Auf Salz beruht der Großhandel mit den Ländern der Schwarzen, dem Sudan; die Karawanen laden es in Taghāza, einer Oase der Nordsahara (Taūdenī) auf, bringen es zu den Ufern des Niger und des Senegal und tauschen es dort gegen Gold und Sklaven.

Das Meer liefert auch andere sehr wertvolle Materialien, wie Korallen, Perlen, Schildpatt und Ambra. Rote Korallen sind eine Spezialität des Mittelmeers; man fischt sie bei Marsā l-Ḫaraz, dem ›Perlenhafen‹ (La Calle östlich von Bône). Sie werden in ungeheuren Mengen nach dem Persischen Golf, in dem keine roten Korallen vorkommen, und nach Indien exportiert, wo man daraus Schmuckstücke, Amulette und sehr gesuchte Glücksbringer herstellt. Rote Korallen bilden einen großen Posten im Indienexport der jüdischen Handelshäuser von Fusṭāṭ-Kairo. Perlen kommen aus dem Indischen Ozean; die großen Perlenfischereien des Persischen Golfs beliefern die Städte der Islamischen Welt. Korallen- und Perlenhandel setzen eine bestimmte Organisation der Fischerei voraus, ferner bedeutende Handelsflotten, die Kontrolle des Fischfangs durch Händler und Agenten, staatliche Überwachung und staatliche Besteuerung. Schildpatt kommt vor allen Dingen von der Ostküste Afrikas, von dort geht es nach Fusṭāṭ-Kairo, wo Handwerker sich auf seine Verarbeitung spezialisiert haben. Ambra, ein Sekret, das sich im Verdauungstrakt des Pottwals bildet, findet man an den Küsten des Indischen und des Atlantischen Ozeans. Die Stücke, die an Land gespült werden, sammelte man, und zwar genauer gesagt an den Küsten Arabiens, Ost- und Westafrikas und an der Atlantikküste der Iberischen Halbinsel. Ambra dient zur Herstellung von Parfüms und aromatischen Stoffen.

Die Muslime, die den Edelsteinmarkt kontrollieren, beherrschen also auch den Handel mit verschiedenen wertvollen Produkten, die aus dem Meer gewonnen werden.

Schreibmaterial

Die antike Welt kannte zwei Beschreibstoffe, die sehr geschätzt waren: den Papyrus aus Ägypten und das Pergament. Papyrus wird aus der Rinde der Papyrusstaude gemacht, deren Lamellen, abwechselnd in horizontalen und vertikalen Schichten übereinandergelegt und dann zusammengepreßt, ein Blatt ergeben, das man mit Stärke überzieht. Pergament wird aus Schafshaut gemacht, die man abschabt und glättet. Pergament wurde zuerst in Kleinasien hergestellt – das Wort kommt vom Namen der Stadt Pergamon –, dann benutzten es die Seleukiden, während die Ptolemäer fortfuhren, Papyrus zu verwenden. Im Römischen und Byzantinischen Reich war ägyptischer Papyrus bei offiziellen Dokumenten Vorschrift, als eine Art von Stempelpapier, mit einem besonderen Protokoll als Kopf; Pergament war umgekehrt der charakteristische Beschreibstoff der parthischen, seleukidischen und dann der sassanidischen Monarchie.

Die Kanzleien des omayyadischen Kalifats benutzten alle Papyrus; im 8. Jahrhundert werden die griechischen Protokolle durch arabische ersetzt, womit man eine Politik verfolgt, für die die Schaffung einer islamischen Münze und die Einführung des Arabischen als Kanzleisprache andere Beispiele sind. Die Abbassiden, die für persische Sitten empfänglicher waren, und ihre iranischen Wesire, die Barmakiden, ersetzten in den Büros der neuen Hauptstadt Bagdad, wo in der Mitte des 8. Jahrhunderts so viele andere persische Traditionen eingeführt wurden, den Papyrus durch das Pergament.

Ende des 8. Jahrhunderts tritt eine entscheidende Änderung ein: Dschafar, der Wesir von Harun ar-Raschid und Enkel des Urhebers der gerade genannten Reform, Ḫālid Ibn Barmak, führt in den Kanzleien des Staates den Gebrauch des Papiers ein. Die Gründe, die die iranischen Autoren für diese Reform anführen, sind die geringeren Materialkosten und vor allen Dingen die Tatsache, daß es unmöglich sei, auf Papier etwas zu radieren oder auszuwaschen, ohne Spuren zu hinterlassen, was bei Papyrus und Pergament möglich war; mit dem Papier hatte man also eine wirklich authentische Urkunde.

Woher kam dieses Papier? China kannte schon seit dem 1. Jahrhundert unserer Zeitrechnung Papier aus Flachs oder Hanf. Die ältesten bekannten Dokumente auf Papier sind Manuskripte des 2. und 3. Jahrhunderts, die aus Ostturkestan, bis ins 8. Jahrhundert chinesische Einflußzone, kommen; sie werden im British Museum aufbewahrt. Die Papierfabrikation geht also von China nach Zentralasien über. Das Sassanidenreich kennt Papier zumindest, wenn es auch selber keins fabriziert, und importiert es aus China. Im Jahre 751 öffnet der Sieg der Armeen des Islam über die Chinesen an den Ufern des Talās Zentralasien dem Einfluß der Islamischen Welt, der sich bis nach Turkestan ausdehnt. Die Anekdote, nach der chinesische Gefangene die Papierfabrikation in Samarkand, wo es riesige Flachs- und Hanffelder gab, eingeführt hätten, macht eine historische Realität deutlich: den Übergang Turkestans in den politisch-ökonomischen Umkreis der Islamischen Welt, ein Übergang, der die Wanderung chinesischer Techniken nach der Islamischen Welt erleichtert. Im Hinblick auf den Wesir Dschafar, den Gründer der ersten Papierfabrik in Bagdad im Jahre 794 oder 795, ist es nicht ohne Interesse anzumerken, daß sein Bruder genau zur selben Zeit Gouverneur von Samarkand war.

Papier verbreitet sich so im 9. und 10. Jahrhundert in der ganzen Islamischen Welt. Berühmte Papierfabriken gibt es in Syrien, wo der Hanfanbau günstige Bedingungen vorfindet, in Sizilien, in Andalusien, wo man in Jativa (lat. *Saetabis,* arab. *Šāṭiba*) *šāṭibī*-Papier herstellt, ein Name, der auch als Bezeichnung einer Sorte dicken Papiers aus Marokko benutzt wird. Ägypten selbst gibt nach und nach die Fabrikation von Papyrus auf; ein Koran, der auf Papier geschrieben ist, findet sich hier schon im 10. Jahrhundert. Die Urkunden des 10. bis 11. Jahrhunderts sind kaum noch auf Papyrus geschrieben; von ihm hat sich nur noch der Name ›Papier‹ erhalten. Die Kanzleien der Päpste und der byzantinischen Kaiser, die bis dahin traditionell Papyrus benutzt hatten, gingen Ende des 10. Jahrhunderts davon ab. Die ersten abendländischen Dokumente auf Papier, die erhalten sind, stammen vom Anfang des 11. Jahrhunderts. Es handelt sich dabei um Importpapier, das in den Fabriken Spaniens und Siziliens gekauft wurde. Byzanz seinerseits besorgt sich das Papier in Syrien und Ägypten. Erst im 13. Jahrhundert geht auch die Technik der Papierproduktion in den Okzident über, und Papierfabriken werden in Italien und Südwestfrankreich gegründet.

Pharmazeutische Produkte

Die Entwicklung dessen, was man die jüdisch-arabische Medizin genannt hat, geht in Wirklichkeit auf der Grundlage der antiken griechischen Medizin vor sich, deren Werke ins Syrische, Aramäische oder Arabische übersetzt wurden, mit anderen Worten, ins semitische Gebiet übergingen. Mit dieser griechischen Ausstattung arbeiten die jüdischen, christlichen und muslimischen Ärzte, wobei sie allerdings noch das Erbe des Alten Orients, vor allem der iranischen Schule von Gonde-Schapur in Chusistan, und das Erbe Indiens hinzufügen. Der Kreislauf der griechischen Medizin vermischt sich wie der des griechischen Denkens überhaupt mit dem Kreislauf der Werke von Aristoteles: Sie wandern zunächst von Griechenland nach Syrien, dort werden die medizinischen Werke ins Syrische, Aramäische oder Arabische übersetzt und dann in die großen Zentren Bagdad, Kairo und Cordoba gebracht, wo später spanische Juden an der Übersetzung ins Lateinische beteiligt sind. In dieser Form erreicht die Überlieferung schließlich die Zentren des christlichen Abendlands: seit dem 9. Jahrhundert Salerno, dann Montpellier. Byzanz bildet vom 8. bis zum 11. Jahrhundert eine archaische Insel, die in medizinischer Hinsicht zurückgeblieben ist. Die Kontakte zwischen dem Orient und dem lateinischen Abendland über den westlichen islamischen Mittelmeerraum sind enger und gehen viel weiter zurück als die direkten Beziehungen zu Byzanz. Simeon Seth ist im Jahre 1075 in Konstantinopel der erste, der über Zucker schreibt und die Heilmittel aufzählt, die die Araber benutzen. Die eigentlichen Araber übrigens kommen, mit Ausnahmen, erst im 10. Jahrhundert zur Medizin. Es waren nestorianische Christen, die noch lange Zeit die Schule von Gonde-Schapur leiteten. Der Einfluß der indischen Medizin, die schon am Sassanidenhof in Ansehen gestanden hatte, vergrößert sich noch unter den Abbassiden seit 750. Neue Beobachtungen bereichern die *Materia Medica.* So wird beispielsweise der Zucker der Plantagen von Chusistan in Gonde-Schapur untersucht und erringt in der orientalischen Pharmazie grundlegende Bedeutung für die Herstellung und die Darreichungsformen von Medikamenten.

Die Verbreitung medizinischer Traktate ebenso wie die Vielzahl medizinischer Zentren, Hospitäler und Apotheken in der Islamischen Welt erklären die Bereicherung des Angebots an Drogen und Medikamenten. Die chemisch-pharmazeutischen Studien führen andererseits auch zur Fabrikation von Luxusartikeln: Rosen-, Veilchen- und Levkojenöl, Salben und Pomaden, Schminken und Parfüms, erfrischenden Getränken und Sirups. Der Handel mit Drogen und Toiletteningredienzien gewinnt damals erheblich an Bedeutung, ob es sich um Produkte mineralischen Ursprungs handelt, wie Alaun aus Ägypten, Borak aus Armenien und Ägypten, Schwefel aus Sizilien, Judenstein und Erde aus Barka oder aus Maghām bei Toledo, um Produkte tierischen Ursprungs, Bibergeil aus Bulghār, Bezoarstein aus Persien oder aus den Gebieten an der chinesischen Grenze, Theriak aus Jerusalem, der unter Verwendung von zermalmten Schlangen hergestellt wird, oder auch um Produkte pflanzlichen Ursprungs: Hanf und Opium werden als Inhalationen oder Räucherwerk in der Islamischen Welt viel gebraucht. Diese narkotischen Pflanzen finden auch in der Magie Verwendung. Gleichfalls wissenschaftlich untersucht werden das Gummiharz des Storax (Benzoegummi aus Syrien), Balsam aus Judäa, Minze, Rhabarber, die Myrobalane aus Transjordanien, Kassia, Rhizinus aus Ägypten usw.

Wein wird als Heilmittel angesehen. Er wird mit Gewürzen vermischt getrunken. Zucker ersetzt den Honig bei der Herstellung von Latwergen, Mischungen von Pulver und medikamentösen Pflanzenextrakten. Über den Ursprung dieser Drogen, die von weither kommen und deren Zusammensetzung nicht bekannt ist, laufen Sagen um: ›Tabaschir‹ beispielsweise soll von einem weißlichen Gummistoff kommen, den eine in China und an der Malabar-Küste wachsende Bambusart ausschwitzt und der zu Asche verbrannt wird. Tabaschir galt bis zum 17. Jahrhundert als Allheilmittel. In Alexandria, Pisa und Venedig ist Tabaschir eines der höchst notierten Produkte, eine der wichtigsten Handelswaren des Mittelalters. Unzählige Heilpflanzen, ganz einfache Pflanzen, von denen manche noch heute benutzt werden, sucht, sammelt und exportiert man eifrig, andere werden aber auch aus Indien, China, Indochina und Ostafrika importiert. Der Drogenhandel besitzt erhebliche Bedeutung; er trägt zur großen Entwicklung des Fernhandels bei, aber auch zur Veränderung der Sitten: Um diese Zeit gelangt das Opium aus dem Iran nach Zentralasien und dem Fernen Osten.

Sklaven

Wie die großen Zivilisationen der Antike und des Byzantinischen Reiches nutzte auch die islamische Zivilisation Sklavenarbeit. Kraft- und Energielieferanten waren damals zum großen Teil die Muskeln der Sklaven, ob diese Sklaven nun in großen Trupps auf Plantagen oder in den Minen arbeiteten – dort wurden ausschließlich Sklaven eingesetzt – oder in den Städten, in denen Sklavenarbeit Seite an Seite mit freier Arbeit vorkam.

Vergessen wir nicht die Haussklaverei: Frauen und Eunuchen im Harem, Diener, Sänger und Musikerinnen in den Palästen der Herrscher und der Reichen. Der Harem von ʿAbdarraḥmān II. (912–961) in Cordoba zählte 6300 Frauen, der des Fāṭimidenpalasts in Kairo 12000. Die *sitāra,* das Kammerorchester, spielte eine wichtige Rolle bei der Prachtentfaltung. In Bagdad, Medina und Cordoba gab es besondere Schulen, die Sklaven und Sklavinnen in Musik und Tanz ausbildeten; ferner unterrichtete man sie in Literatur, Poesie und Grammatik. Sklaven, die derart ausgebildet waren, erreichten mitunter astronomische Preise, manche gewannen großes Renommee, so Išrāq as-Suwaidā', die schöne junge Schwarze, die im 10. Jahrhundert in Spanien für ihre Kenntnisse von Grammatik und Prosodie berühmt war.

Als letzte, keineswegs unbedeutendste Form der Sklaverei: die Militärsklaverei. Die Leibgarden sind im wesentlichen Sklavengarden; ein Beispiel dafür ist das Mamlukencorps, das unter den Ṭūlūniden mit 24000 Türken und 40000 Schwarzen in Fusṭāṭ steht. Die spanischen Omayyaden halten sich im 10. Jahrhundert in Cordoba eine Garde von 10000 slawischen Mamluken. Diese Sklavengarde, die unter dem Kommando von Offizieren stand, die aus den Reihen der Freigelassenen ausgesucht wurden, hat immer eine außerordentlich wichtige Rolle gespielt; Ibn Ṭūlūn war Sohn eines türkischen Freigelassenen; Abū l-Misk Kāfūr (der Vater des Moschus, Kampfer), der Herr Ägyptens 966–968, war ein schwarzer Eunuch.

Wie die Freigelassenen im Römischen Reich und die Eunuchen in Byzanz spielen die ehemaligen Sklaven in der Islamischen Welt mitunter die Hauptrollen: Hier haben wir auf politischem und militärischem Gebiet das Gegenstück zu der Rolle, die den Sklaven, allerdings als riesige Masse menschlichen Arbeitsviehs, im wirtschaftlichen und sozialen Leben zukommt. Wir haben gesehen, welche schweren Erschütterungen die Revolte der Zanǧ in Untermesopotamien hevorrief.

Den Sklavennachschub zu sichern ist also Aufgabe eines Handelszweigs, dem allergrößte Bedeutung zukommt. Allerdings findet er seine Ware nicht mehr innerhalb der Islamischen Welt: Seit die Zeit der Eroberungen beendet ist, gibt es innerhalb der Grenzen nur noch Muslime oder Schutzbürger – *ḏimmī,* also Juden, Christen oder Zoroastrier –, die alle miteinander nicht mehr versklavt werden können, von wenigen Ausnahmen abgesehen, wie beispielsweise den Kopten des Deltas, die revoltiert hatten und als Sklaven verkauft wurden. So muß man den Nachschub also von jenseits der Grenzen beziehen, aus benachbarten oder fernen Ländern; Razzien oder Kauf sind die Mittel, deren man sich gegenüber Gesellschaften bedient, die schwach und noch unorganisiert sind und sich kaum verteidigen können.

Es gibt also drei große Sklavenjagdgebiete, drei menschliche Gemeinschaften, die verfolgt werden, drei große Potentiale: erstens das *bilād aṣ-Ṣaqāliba,* das ›Land der Slawen‹, das ›Sklavenland‹ an und für sich (das Wort *ṣaqlab* und ›Sklave‹ hängen zusammen) –: das Gebiet der zentral- und osteuropäischen Wälder. Zweitens das *bilād al-Atrāk,* das ›Land der Türken‹, nämlich Turkestan, d. h. die Steppen Mittelasiens. Drittens das *bilād as-Sūdān,* das ›Land der Schwarzen‹, die Savanne und der Saum der afrikanischen Regenwälder.

Im 8. bis 11. Jahrhundert besiedeln die Slawen diejenigen Regionen, wohin sie sich vorgeschoben haben, nachdem die Germanen im 3. bis 4. Jahrhundert westwärts gewandert waren. Die Slawen ziehen bis zur Elbe, zur Saale, den Ostalpen, Istrien, Dalmatien, dem Balkan und sogar bis zum Peloponnes, aus dem sie nach dem 6. Jahrhundert wieder vertrieben werden. Im Osten fällt ihre Siedlungsgrenze mit dem Saum der großen nordischen Wälder zusammen: mit dem oberen Dnjepr, dem oberen Don und der oberen Wolga, abgesehen von einigen Vorstößen in die Ebene, wo Poljanen und Drewljanen einander bekämpfen. Jenseits des slawischen Landes breiten sich nach dem Baltikum hin die finnischen Völkerschaften aus, die von den arabischen Geographen ebenfalls unter dem Namen *Ṣaqāliba* zusammengefaßt werden. In den Steppen Südrußlands und des Donaugebiets leben turko-mongolische Völker: Chasaren, Bulgaren, Madjaren. Die Slawen führen in Wäldern und an Flüssen ihr Leben als Fischer, Jäger und Sammler; sie verteilen sich zunächst auf einzelne Stammesverbände ohne jeden Zusammenhalt, aber gegen das 10. Jahrhundert beginnen sich jedenfalls in zwei Gebieten Staaten zu kristallisieren, in Böhmen und in Polen. Überdies wird seit dem 8. Jahrhundert das Gebiet der Ströme Wolga, Don und Dnjepr von Skandinaviern – Warägern, Rūs – durchstreift, die im 9. Jahrhundert am Dnjepr das russisch-skandinavische Fürstentum von Kiew gründen, das nun der dritte Kristallisationspunkt wird. Der skandinavische Handel wendet sich einmal nach der Nordsee und Westeuropa – Stationen der Route, die nach Spanien, dem islamischen Maghreb und dem Mittelmeer führt –, ferner nach dem Kaspischen Meer und dem islamischen Orient und schließlich nach dem Schwarzen Meer und nach Byzanz. Dieser Handel besteht vor allen Dingen aus slawischen Sklaven, die über den Sklavenhalterstaat von Kiew die Islamische Welt und Byzanz erreichen.

Im Osten durchziehen die Sklaven des Land der Chasaren an der unteren Wolga; in Itil am Kaspischen Meer werden die Sklavenimporte verzollt und dann weiter verteilt: über den Landweg nach Derbend und Armenien, einem Kastrationszentrum, und über den Seeweg, also das Kaspische Meer, nach Tabaristan, Rayy und Bagdad. Eine andere Transitstrecke passiert Großbulgarien, d. h. sie führt über Bulghār, am Zusammenfluß von Kama und Wolga; diese Route führt weiter durch die Steppe nach Choresmien, wo Urgentsch, das den Sāmāniden untersteht, den zweiten großen Markt für die Sklaven aus Zentralasien bildet. Dieses sāmānidische Fürstentum, in dem auch die beiden Kastrationszentren Samarkand und Buchara liegen, ist ein Sklavenhalterstaat. Seine wirtschaftliche Kraft bezeugt die große Zahl sāmānidischer Dirhems, die längs der russischen Ströme gefunden werden[5], wo sie dazu dienten, Sklaven und andere Waren zu bezahlen, die über Bulghār kamen: Pelze, Honig, Pferde und Leder. Von Choresmien aus schließlich gelangten die Sklaven dann über Zentralasien nach dem Iran und Mesopotamien und dann zu den übrigen Märkten des islamischen Orients.

Im Westen wird der Sklavenhandel von den fränkischen und vor allen Dingen von den jüdischen Händlern getragen, die an der oberen Donau, am Rhein und in dem Korridor wohnen, den Meuse, Saône und Rhône bilden. Von Böhmen aus, wo Prag ein Zentrum für Kastrationen war,

5 Vgl. Alexei Konstantinowitsch Markof, *Topografia kladofostotchnykh Monet,* Sankt Petersburg 1910, sowie die Ergänzungen von Richard Vasmer, seit 1927 in: *Trudy Numizmatcheskoj Komisij* und in: *Beiträge zur Kunde Estlands.* Ferner die zahlreichen Aufsätze über arabische Münzfunde in Polen, vgl. Romana Gupieniec, *Bibliografia numizmatyki Polskiej za lata 1945–1957,* Warschau 1959 (= Polskie towarzystwo archeologiczne, Biblioteka numizmatyczna 1).

werden die Sklaven nach Regensburg befördert. Eine andere Gegend, die germanischen Marken an Elbe und Saale, schickt Sklaven nach Verdun – einem großen Zentrum des Sklavenhandels und auch Kastrationsstätte –, dann weiter über Saône und Rhône nach Lyon, wo die jüdischen radhanitischen Kaufleute wirken, deren Existenz Ibn Churdadhbih – er schreibt 847 – und die Pamphlete des Bischofs Agobard von Lyon (gest. 840) bezeugen.[6] Von Lyon aus werden die Sklaven über Arles und Narbonne nach Spanien oder über das Meer direkt nach Ägypten und Syrien exportiert.

Im Süden schließlich ist Venedig die Drehscheibe des Sklavenhandels. Venedig bezieht slawische Sklaven von der oberen Donau und aus dem Rheinland über die Alpenpässe oder – durch Sklavenjagd ganz in der Nähe – aus den Ostalpen, aus Istrien oder Dalmatien. Anschließend werden die Sklaven von den venezianischen Seeleuten nach den Häfen der mediterranen Levante exportiert. Es ist ein sehr rentabler Handel, der die Einnahmen noch vermehrt, die Venedig bereits mit Hilfe der Embargowaren Holz und Waffen erzielt.

Riesiger Handel, enorme Gewinne. Im 10. Jahrhundert spricht Liutprand von Cremona im Hinblick auf die Sklavenhändler und die ›Fabrikation‹ von Eunuchen in Verdun von »immensum lucrum«[7], von einem »ungeheuren Profit«. Einen anderen Beweis für das Volumen dieses Handels liefert das Ergebnis dreier aufeinanderfolgender Zählungen, die ʿAbdarraḥmān III. (912–961) in Cordoba unter den *Ṣaqāliba,* den ›slawischen Sklaven‹ veranstalten ließ: 3750, 6087 und dann 13 750 Mann, das bedeutet eine Zunahme von 10 000 Sklaven innerhalb von etwa 50 Jahren, und zwar an einer einzigen Stelle in der Islamischen Welt. In der Zeit der Auflösung des Kalifats von Cordoba am Anfang des 11. Jahrhunderts ergreifen dann slawische Offiziere, freigelassene ehemalige Sklaven, die Herrschaft in mehreren kleinen Königreichen, als sogenannte *Reyes de Taifas* (*mulūk aṭ-ṭawāʾif,* ›Teilkönige‹), vor allem in den Fürstentümern von Denia und Valencia.

Während die Slawen in den großen Wäldern siedeln, bevölkern die Türken die Steppen Zentralasiens bis hin nach Südrußland. Die wichtigsten Zonen, aus denen türkische Sklaven in die Islamische Welt eingeführt werden, sind einerseits die Gegend, die Ferghana, Schasch und *Mā warāʾ an-Nahr* (Transoxanien) entspricht, mit den großen Märkten Samarkand und Buchara, andererseits Choresmien, wo, wie wir gesehen haben, auch eine der großen Importrouten für slawische Sklaven endete,

6 Monumenta Germaniae Historica, *Epistola Bd. III,* S. 183 und 185.
7 *Antapodosis,* Monumenta Germaniae Historica, *Scriptores Bd. III,* S. 156 [= *Quellen zur Geschichte der sächsischen Kaiserzeit,* Freiherr vom Stein Gedächtnisausgabe, Bd. 8, Darmstadt 2. Aufl. 1977, S. 490.

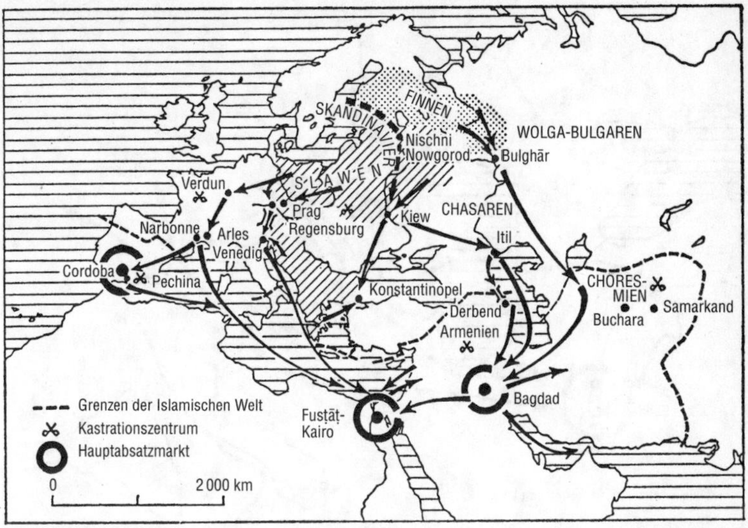

21. Sklavenhandel: Import slawischer Sklaven

die vom Sklavenhalterstaat der Sāmāniden (10. Jh.) kontrolliert wurde. Von diesen Zonen aus werden die türkischen Sklaven auf die Sklavenmärkte des Iran, Mesopotamiens und der anderen Gegenden der Islamischen Welt verteilt. Die erste Funktion der türkischen Sklaven besteht darin, als Mamluken Leibgarden zu bilden. Das Abbassidenkalifat, aus einer Bewegung entstanden, die von Chorassan ihren Ausgang nahm, läßt später in Zentralasien massive Sklavenkäufe tätigen; namentlich Mu'taṣim (833 – 842) bildet aus 70 000 Türken eine Miliztruppe, die, da sie zu zahlreich ist, in Bagdad Unruhen hervorruft und ihn dazu veranlaßt, sich in Samarrā niederzulassen. Seither hält die Infiltration der Türken an. Freigelassene bekommen als Offiziere große Macht: Sie werden Generäle, Chefs der Garde und, wie in Ägypten Ibn Ṭūlūn, sogar regelrechte Souveräne. Sie setzen Kalifen ein und ab; mit der Rückkehr nach Bagdad im Jahre 892 beabsichtigt der Kalif, sich von der türkischen Vormundschaft zu befreien, der er in Samarrā unterstellt ist. Die Infiltration der Türken in Armee und Verwaltung erleichtert die Islamisierung derjenigen Türken, die außerhalb der Grenzen des Kalifats geblieben sind, und bereitet das Islamische Reich für die großen türkischen Eroberungen des 11. Jahrhunderts vor. Seit der Mitte des 13. Jahrhunderts erreichen diese Prätorianer als ›Mamluken‹ in Ägypten den Höhepunkt ihrer Laufbahn.

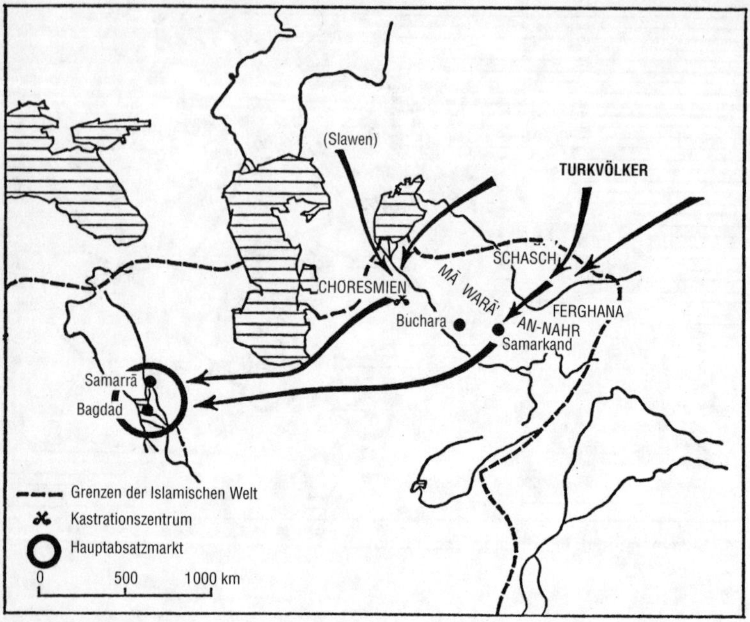

22. Sklavenhandel: Import türkischer Sklaven

Die schwarze Welt bildet das dritte Hauptgebiet, aus dem sich die Islamische Welt mit Sklaven versorgt; es belieferte sie am längsten, fast bis in unsere Tage. Mehrere Gruppen sind zu unterscheiden: Die Nubier vom Oberen Nil werden über Assuan importiert, das südliche Eingangstor Ägyptens und ein Zentrum der Kastration, die insbesondere in den christlichen Klöstern vorgenommen wird; das sind die *Barābra,* die mitunter noch in unserer Zeit als *barbarins* bezeichnet werden und einen Ruf als Diener haben. Die Äthiopier – *Ḥabaš,* ›Abessinier‹ –, Semiten, werden durch die Täler des Blauen und des Weißen Nils importiert oder über die Häfen des Roten Meers, und zwar nach Ägypten und Arabien. Die Somali aus Berbera kommen über Zaila‘ nach Aden und auf den großen Verteilermarkt Zabīd, im 8. Jahrhundert gegründet. Die Zanǧ, d. h. die Bantu der ostafrikanischen Küste, sind die Hauptware eines Handels, der in voller Entwicklung begriffen ist und mit der Expansion des islamischen Fernhandels über den Indischen Ozean in enger Verbindung steht. Die Schwarzen werden auf Razzien geraubt, oder sie werden den Kleinkönigen des Landesinnern gegen Schundwaren abgekauft. Diese Sklaven

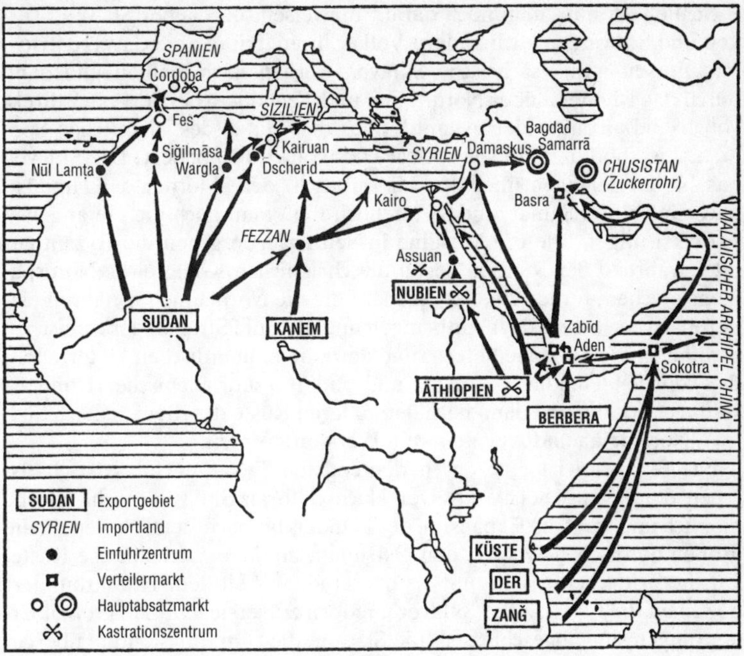

23. Sklavenhandel: Import schwarzer Sklaven

wandern dann zu den Handelsniederlassungen der Küste, von dort werden sie nach den Kastrationszentren Sokotra oder Aden verschifft, von wo aus sie über das Rote Meer nach Ägypten oder über den Persischen Golf nach Mesopotamien gelangen. Wie wir gesehen haben, führte die enorme Konzentration schwarzer Sklaven im Irak in den Jahren 869 – 883 zu der schrecklichen Revolte der Zanğ. Schließlich das letzte Nachschubzentrum, der westliche Sudan. Hier haben wir es mit neuen Jagdgebieten zu tun, die erst erschlossen wurden, seit sich der Transsahara-Handel organisierte, der Gold und Sklaven vermittelte. Die Sklaven sind Saracholle (Takrūr) vom Senegal, Soninke aus Ghana, Songhai aus Gao, und Šoa aus Kanem im Tschad. Sie werden nach Nūl Lamṭa und Siğilmāsa exportiert, von wo aus sie nach Marokko und Spanien gelangen, nach Wargla und dem Dscherid, wenn sie für Ifrīqiya bestimmt sind, oder nach Fezzan, Tripolitanien und der Cyrenaika, wenn Ägypten ihr Bestimmungsland ist, und von dort geht es weiter nach dem gesamten islamischen Orient.

Schließlich muß man noch darauf hinweisen, daß außer Slawen, Türken und Schwarzen auch andere Völker ihren Tribut an Sklaven entrichten müssen. Angelsächsische Sklaven werden nach Gallien und dann durch das Rhônetal über Norditalien und Venedig exportiert oder direkt von Irland aus über den Atlantik nach den Häfen des islamischen Spanien, Lissabon und al-Qaṣr (Alcacer do Sal) transportiert. Die Sklaven aus Indien gelangen über den Hindukusch, den ›Mörder der Hindus‹, nach Balch und Samarkand. Schließlich muß man noch die Gefangenen berücksichtigen, die die Muslime in den Kriegen gegen die Byzantiner oder während der Razzien gegen die christlichen Königreiche Nordspaniens machen, ferner die Gefangenen, die die Normannen von ihren osteuropäischen Streifzügen mitbringen und über die Straßen der russischen Ströme an die Muslime liefern, und auch die lombardischen Untertanen, die von den Händlern Amalfis und anderer süditalienischer Handelsstädte erworben und dann nach der anderen Küste des Meeres, nach Sizilien, Nordafrika und Ägypten weiterverkauft werden.

Die Sklaverei ist eine der bedeutendsten Tatsachen im Wirtschaftsleben der Islamischen Welt. Der Nachschub an Sklaven macht Kriege möglich und trägt die Expansion des Handels bis nach Zentralasien, in die großen nordischen Wälder, den Ostsudan, an die ostafrikanische Küste, auf die britischen Inseln und bis nach Indien. Seit dem 11. Jahrhundert beginnen die Quellen der Sklaverei jedoch zu versiegen. Die großen Eroberungen sind abgeschlossen, die Slawen, die zum Christentum übergetreten sind, werden an die Muslime nicht mehr verkauft, während die Türken, die zum Islam übergetreten sind, nicht mehr versklavt werden dürfen. So bleiben nur noch die Schwarzen. Aber auch hier läßt der Fortschritt des Islam die Jagdgebiete immer weiter zurückweichen. Daraus entsteht eine Krise auf dem Arbeitsmarkt für Unfreie, die, wie im spätrömischen Reich des 4. Jahrhunderts, andere Formen der Organisation der Arbeitskräfte nach sich zieht. Die Invasionen der Barbaren des 11. Jahrhunderts – Türken, Banū Hilāl, Almoraviden – folgen den Wegen des großen Sklavenfernhandels: Als diese Wege gebahnt waren und die städtischen Relaisstationen an der Mündung der Routen zu den wilden Gesellschaften, die das Reservoir der Sklaven darstellten, sich gebildet hatten, stand den neuen Invasionen nichts mehr im Weg.

Die landwirtschaftliche und industrielle Produktion der Islamischen Welt vom 8. bis 11. Jahrhundert zeigt uns demzufolge sowohl Zeichen der Stärke wie der Schwäche. Die Stärke ruht zunächst auf der ehemaligen historischen Situation: Die Grundlage für die wirtschaftliche Hegemonie der Islamischen Welt ergibt sich vor allem aus dem günstigen Erbe sehr alter Kulturen, deren Techniken sie übernimmt und verbessert. Gleichzeitig ist die Islamische Welt in der Lage, sich vor den negativen Folgeerscheinungen dieser alten Kulturen in acht zu nehmen. Ein Fernhandel großen Ausmaßes versorgt sie mit bestimmten Produkten, und ein Netz aktiver Städte, in denen diese Produkte verarbeitet werden, erlaubt ihr, sich das zu beschaffen, was sie selber nicht oder nicht mehr besitzt, da die vorangehenden Kulturen durch intensive Ausbeutung alle Ressourcen verschleudert haben.

Die wirtschaftliche Anfälligkeit der Islamischen Welt ergibt sich ganz einfach aus ihrem Mangel an eigenen Hilfsquellen, vor allen Dingen an Holz, Metall und auch Wasser, denn die Gebiete mit Bewässerungsanbau kann man nicht ins Unermeßliche ausdehnen: Ihre Grenzen beschränken die Lieferung der vegetarischen Produkte, die für die Ernährung des Orients wichtig sind. Die wirtschaftliche Macht des Islam hängt also vom Bewässerungssystem, zum mindesten von dessen Erhaltung ab, vom Netz der Straßen, von der Goldzufuhr und vom Aufschwung der Städte. Daher kann man verstehen, daß die Kraft, die man in einer bestimmten historischen Situation aus der geographischen Lage zieht, zur Schwäche wird, sobald die Bedingungen des großen Kreislaufs nicht mehr gegeben sind, d. h. im 11. und 12. Jahrhundert, unter dem Einfluß der Invasionen: der Türken überall im Orient, der Banū Hilāl in Nordafrika, der Almoraviden in Spanien, der Normannen in Sizilien und der Kreuzfahrer in Spanien und Syrien.

Die Krise der Islamischen Welt, die ewige Krise der alten Länder des Orients, die verbraucht sind und Invasionen ausgeliefert, wird durch die siegreiche Konkurrenz der neuen Länder des Abendlandes noch verschlimmert, sobald sie selbst, in der Folge der anregenden Einflüsse, die von eben diesen Bewegungszentren der Islamischen Welt ausgegangen waren, in der Lage sind, ihre enormen Ressourcen an Wasser, Holz und Metallen ausbeuten zu können, Hilfsquellen, die um so unermeßlicher wirken, als die der alten Länder des islamischen Orients von nun an fast erschöpft sind.

Kapitel 9

Die Handelsbeziehungen in der Islamischen Welt

Wir haben zunächst den Verlauf der Geldströme im Großen skizziert und die Gebiete abgesteckt, aus denen neues Material hereinfloß, das den allgemeinen Warenaustausch belebte. Dann haben wir skizziert, welche Rolle die großen islamischen Städte, regelrechte Verbrauchszentren und Antriebsmotoren der Gesamtwirtschaft, bei der Wiederverteilung des Geldes spielen. Die Untersuchung der Geldströme muß nun durch die Untersuchung der Hauptrichtungen der Warenströme vervollständigt werden. Unter diesem Aspekt müssen wir jetzt von Zwischenhändlern sprechen: Juden, Christen und Muslimen.

Die Zwischenhändler: Juden

Der Kern des jüdischen Handels ist eine Frage der Diaspora, der ›Zerstreuung‹, die durch das erste Exil – unter Nebukadnezar –, dann durch das zweite Exil – nach der Zerstörung des Tempels von Jerusalem – hervorgerufen wurde. Diese Diaspora hat längs der wichtigen Handelsstraßen Ketten jüdischer Gemeinden entstehen lassen, so daß die Fernverbindungen und die Linien der Judaisierung einander entsprechen. Diese Straßen, die gleichzeitig religiösen und kommerziellen Verbindungen dienen, führen vom sassanidischen Mesopotamien aus zum einen nach Armenien, den Ländern des Kaukasus, des Kaspischen Meeres und dem Land der Chasaren (untere Wolga und pontisch-kaspische Steppen), zum anderen nach Iran, Chorassan, Choresmien und Transoxanien und zum dritten zum Persischen Golf und nach Indien (Küste von Malabar).

Aus den beiden byzantinischen Provinzen Syrien und Ägypten wandern die Juden zunächst nach Nordarabien, Südwestarabien (Jemen), Äthiopien und in alle Gebiete des Roten Meeres; dann aber auch in die Oasen der Qsur, die sich längs des Nordrandes der Sahara von Ägypten bis Südmarokko hinziehen. Durch diese zweite Zone von Niederlassungen geht ein tiefer jüdischer Einfluß auf die ursprüngliche arabische Welt aus, die eritreische Welt – an den Küsten des Roten Meers – und die Welt der Sahara, wo Legenden den Juden die Einführung mancher Techniken und die Gründung großer Herrschaften südlich der *ǧazīrat al-Maġrib* (Insel des Maghreb) zuschreiben.

Dritte Ausbreitungszone: Von Konstantinopel und Kleinasien aus erreichen die Juden das Schwarze Meer, die Krim und Südrußland, wo auch die Grenze der Judaisierung Kaspisches Meer – Chasarenland verläuft. Schließlich dringen sie von Italien und Südspanien aus – beides Gebiete alter Handelsstädte, die traditionell seit der phönizischen Kolonisation im semitischen Einflußbereich liegen und außerdem auch, über die Straßen von Gibraltar und Messina, Transfergebiete sind – ins barbarische Abendland vor: in die Languedoc, die Täler von Loire, Rhône, Saône und Meuse und ins Rheintal. In der merowingischen Zeit spricht Gregor von Tours von den *Syri,* d.h. von den christlichen Levantinern, und von den Juden.

Die Gebiete, die damit umrissen sind, werden dann im Mittelalter die Schauplätze des jüdischen Handels sein. An manchen Stellen sind jüdische Gemeinden zahlreicher und aktiver. Da ist zunächst der sassanidische Orient mit Mesopotamien, dem Land des babylonischen Exils; hier wird die jüdische Gemeinde von einem politischen Oberhaupt geführt, dem Exilarchen – *Resch Galutha,* ›Haupt des Exils‹ –, und von hier strahlt der jüdische Einfluß der religiösen Führer (hebr. *ge'ōnīm,* Sg. *ga'ōn* [›Herrlichkeit‹]) aus, die in den beiden Theologenschulen von Sūrā (südlich von Kufa) und Pumbedita (etwas weiter nördlich) wirken, Schulen, in denen der sogenannte babylonische Talmūd seine endgültige Form bekommt. Im byzantinischen Reich ist Palästina das große jüdische Zentrum, mit der Schule von Jerusalem und dann, als die Juden von dort vertrieben worden waren, von Tiberias; in diesem Milieu entsteht dann der sogenannte jerusalemische Talmūd. Auch Ägypten besitzt ein sehr lebhaftes Zentrum: Aus dem alexandrinischen Judentum ist die Septuaginta hervorgegangen. Im barbarischen Abendland schließlich kann man später das blühende Leben der jüdischen Gemeinden in Südspanien konstatieren, das die Verfolgungen der Westgoten auf sich zieht, und der Gemeinden in Sizilien und Süditalien, die von den jüdischen mittelalterlichen Chroniken aus Oria, Bari und Rossano geschildert werden.

Diese Zentren halten untereinander allerdings nur sporadisch Kontakt; auch hier findet man wieder die Zäsur zwischen dem barbarischen Abendland, dem Byzantinischen Reich und dem sassanidischen Imperium, die in wirtschaftlicher Hinsicht ebenso viele getrennte Gebiete darstellen. Abgesehen davon, daß die Gemeinden noch nicht so organisiert sind und ihnen von den *Syri* Konkurrenz gemacht wird, sehen sie sich auch noch Verfolgungen ausgesetzt. Die sassanidischen Judenverfolgungen verursachen einen Rückzug der Juden nach Armenien, dem Gebiet des Kaspischen Meeres und dem Indischen Ozean. Byzanz vertreibt die

Juden aus Jerusalem und unternimmt Zwangsbekehrungen, nachdem die Juden den persischen Invasoren des 7. Jahrhunderts einen guten Empfang bereitet hatten, daher auch hier Auswanderung nach den Gebieten des Schwarzen und des Kaspischen Meeres. In Alexandria wütet der Antisemitismus seit der Antike. Auch im byzantinischen Sizilien suchen sich die Juden der Herrschaft Konstantinopels zu entziehen, die sich auf die Seestädte beschränkt, daher wechseln sie nach Italien über. Die Königreiche der Westgoten sind nicht gnädiger, wilde Verfolgungen bedrücken die Gemeinden des Südens (Malaga) und Septimaniens (Narbonne), so daß die Juden nach Marokko emigrieren, wo sich auf diese Weise die Ströme der Judaisierung verstärken. Man kann verstehen, daß diese Gemeinden im allgemeinen den muslimischen Eroberern einen guten Empfang bereitet haben; an vielen Orten, besonders in Syrien und Ägypten, geht es schon bis zu offener Kollaboration, wodurch es den Arabern erleichtert wird, das Land in kurzer Zeit in Besitz zu nehmen. Von den spanischen Juden indessen, die nach Marokko emigriert waren, kehrt eine große Anzahl in der Gefolgschaft der berberischen Armeen nach Spanien zurück; während die muslimischen Truppen ihren Vormarsch nach Norden fortsetzen, wird den Juden sogar die Überwachung der Städte im Süden der Halbinsel anvertraut.

In diesen jüdischen Gemeinschaften, die untereinander noch wenig Verbindung haben, beginnt sich eine Klasse von Kaufleuten und Handwerkern abzuzeichnen, die den kaufmännischen Geist und die alten merkantilen Methoden des semitischen Orients ebenso kultivieren wie die Handwerkstechniken der Bearbeitung von Edelmetallen, der Färberei, der Gerberei und der Glasbläserei. In der Beschreibung der jüdischen Gemeinden, die im 12. Jahrhundert der Rabbiner Benjamin von Tudela verfaßt hat, geht es dann um Kaufleute, Bankiers und Ärzte, um Färber, Goldschmiede, Gerber und Glasbläser. Am Vorabend der islamischen Eroberungen ist der Rahmen gefügt, und die Fäden sind gespannt.

Dieses vorislamische jüdische Substrat erklärt in einem gewissen Maße die Schnelligkeit, mit der sich die arabischen Eroberer durchsetzten, und die Expansion der arabischen Sprache in Ländern, die außerhalb des großen Blocks von semitischen Sprachen liegen, den Arabien, Syrien und Mesopotamien bilden, anders gesagt, die sprachliche Arabisierung in Ägypten, Nordafrika – zumindest in den Städten und Verbindungskorridoren außerhalb der berberophonen Massive – und in Spanien.

Es erklärt vor allen Dingen den Aufschwung des jüdischen Handels, der mit der Aufrichtung des großen islamischen Imperiums verbunden ist (8.–11. Jh.). Mit der Bildung eines großen, wirtschaftlich geeinten Gebietes entsteht auch ein zusammenhängendes Netz jüdischer Händlergemeinschaften. Die alten, ursprünglich jüdischen Zentren, die als Pioniersiedlungen längs der Handelsstraßen mehr oder minder isoliert waren, werden verknüpft und mit den expandierenden Zentren des offiziellen Judentums verbunden. Indien, Choresmien, der Kaukasus, das Rote Meer, die Oasen der Sahara und Spanien treten dann mit der rabbinischen Orthodoxie in Kontakt, mit Mesopotamien und dem *Talmūd bablī* (babylonischen Talmūd), mit Palästina und dem *Talmūd jerušalmī* (jerusalemischen Talmūd), mit Ägypten und seinem jüdischen Zentrum in Alexandria. Als Mitte des 8. Jahrhunderts die Abbassiden Bagdad gründen, das bestimmt ist, Hauptstadt des Kalifats und Pol der wirtschaftlichen Aktivität der Islamischen Welt zu werden, bauen die jüdischen Zentren Untermesopotamiens ihre religiöse Vorherrschaft und ihre intellektuelle Überlegenheit aus.

Die wichtigste jüdische Gemeinde Mesopotamiens befindet sich im Viertel al-Karch, dem Handelszentrum Bagdads. Das Oberhaupt der Gemeinde ist, wie wir schon gesagt haben, der Resch Galutha, der Exilarch, eine bedeutende Persönlichkeit am Hofe des Kalifen; er hat bei den offiziellen Zeremonien einen festen Rang. Die beiden Schulen von Sūrā und Pumbedita nahe Bagdad – Sūrā ist mit der neuen Hauptstadt durch den *Nahr Yahūdiyya* (jüdischen Fluß) verbunden – sind berühmt durch ihre Häupter, die, wie der Gaon Saadia im 10. Jahrhundert, ihre Responsen (Antworten) auf sämtliche Fragen der Gemeinden der Diaspora verschicken. Sehr wenige ›Antworten‹ der Gaonen kommen aus den Schulen Palästinas; der größte Teil wird in den babylonischen Schulen verfaßt. Den Talmūd in seiner babylonischen Form übernahmen dann auch die abendländischen Judengemeinden in Spanien, Gallien und im Rheinland. Schließlich wird auf Initiative der Schulen Babyloniens im Orient und im Okzident Geld gesammelt, häufig durch Zahlungsanweisungen von Gemeinde zu Gemeinde. Mesopotamien und Chusistan mit dem Zentrum Tuster erscheinen so als Mittelpunkt des weltweiten Judentums.

Verschiedene Ströme religiöser, philosophischer und mystischer Art treten zutage, die mit Strömungen derselben Art in islamischen Kreisen in Verbindung stehen. Dem offiziellen, konformistischen und arrivierten Rabbinismus stellen sich Illuminatentum und Mystik (Kabbala) entgegen. Besonders von 762 an gewinnt das Karäertum (von hebr. ›Lesung‹) an Kraft, das zu einem Bibelstudium zurückkehren möchte, das sich des Ballastes der talmūdischen Kommentare entledigt hat. Dadurch daß Vertreter ehrwürdiger Traditionen des Judentums und neue sektiererische Bewegungen sich dieser Richtung anschließen, entsteht ein zweites Netz von Gemeinden, das dem Netz der rabbinischen Gemeinden parallel läuft: Gemeinden, die noch fester miteinander verknüpft und auf wirtschaftlichem Niveau infolgedessen noch effektiver sind und als Minderheiten, die von der Orthodoxie zurückgestoßen und mehr und mehr verfolgt werden, sehr stark zusammenhalten. Dieses doppelte Netz jüdischer Gemeinden, dessen Zentrum Mesopotamien ist, gewinnt schließlich für die Handelsbeziehungen außerordentliche Bedeutung.

Die Verbindung der Knotenpunkte des orientalischen und okzidentalischen Judentums vollzieht sich mit Hilfe des offiziellen Rabbinismus in der Islamischen Welt in ähnlicher Weise, in der sich das Christentum in der Römischen Welt ausgebreitet hatte. Vom 8. bis zum 11. Jahrhundert kommen viele große babylonische Gaonen aus den Mittelmeerländern, wie Saadia, der einer ägyptischen Familie entstammt.

Das Netz der intellektuellen und religiösen Beziehungen nachzuzeichnen bedeutet im übrigen gleichzeitig, die Straßen des jüdischen Fernhandels zu skizzieren, deren Verlauf so mitunter deutlicher, jedenfalls aber immer verständlicher wird. Der rabbinische Zentralismus und die Handelsbeziehungen, die von den Bewegungszentren des abbassidischen Mesopotamien ausgehen, haben gleiche Bedeutung. Diese Beziehungen setzen sich jenseits der Grenzen der Islamischen Welt fort, da die Gemeinden auch hier mit ihren fernen Glaubensbrüdern rabbinischer oder karäischer Richtung in Verbindung stehen, ob sie nun in den Ländern der Schwarzen, der Chasaren, der russischen Ströme oder des barbarischen Abendlandes leben.

Die Organisation nach Gemeinden ist gewissermaßen das Gerüst, dessen sich der Handel bedient. Diese Organisation ruht auf gemeinsamer Verantwortlichkeit, einer grundsätzlich wichtigen Solidarität, die bei Handelsgeschäften und Kreditoperationen als Treu und Glauben in Erscheinung tritt. Respondenten, Korrespondenten, Gesellschaften, Handelshäuser mit zahlreichen Filialen, diese ganze solide Organisation wird von der muslimischen Staatsmacht begünstigt, die in der Tat dabei auf ihre Kosten kommt, weil Ruhe und Ordnung und die Eintreibung der Steuern gewährleistet sind. Das orientalische Regierungssystem beruht ganz allgemein gesagt auf einem Mosaik von Gemeinden, die in der Person ihrer religiösen Oberhäupter verantwortlich sind. Juden und Christen bewohnen besondere Viertel, die leicht zu kontrollieren sind. Die Gemeinde unterhält einen Boten, der die Aufgabe hat, sie über Ankunft, Wert und Art der Waren einer Karawane unverzüglich zu unterrichten, eine Hilfskasse, Respondenten, die die Reisenden beherbergen, einen Richter für Handelssachen, einen Aufseher für Transaktionen und Märkte und einen Beauftragten für den Rückkauf von Gefangenen, wobei, wie gesagt, ein Tarif galt, der überall im Mittelmeergebiet gleich war.

Die Verbindung von Land- und Seehandel ist eine Spezialität der radhanitischen Juden[8], die durch einen wichtigen Text von Ibn Churdadhbih (847) bekannt sind.[9] Das Wort Radhaniten scheint von *(nahr) Rūḏānū* zu kommen, der Rhône, eine Erklärung, die wahrscheinlicher ist als die, die de Goeje vor rund 100 Jahren vorgeschlagen hat, nach der das Wort vom persischen *rāhdān* (Wegekundiger) kommt.[10] Diese Kaufleute sitzen in zahlreichen, rührigen Kolonien, die sich auf das Gebiet Meuse – Saône – Rhône verteilen, von Verdun, Saint-Jean-de-Losne und Lyon bis Arles und Narbonne, dem großen Hafen, dessen Erinnerung der Familienname Narboni aufrechterhält, der noch jetzt unter den Juden des Mittelmeergebiets sehr verbreitet ist. Aber der Text von Ibn Churdadhbih, so wichtig er ist, stellt doch nicht den einzigen Beleg dar; er wird von anderen Zeugnissen arabischer und persischer Autoren bestätigt, von den Genīzā-Dokumenten und von den jüdischen und lateinischen Chroniken des Abendlands.

Ein großer Teil des Warenaustauschs liegt also in den Händen von Juden und jüdischen Handelshäusern, die sich, wie es im Mittelalter die Regel war, nicht auf bestimmte Handelswaren spezialisiert hatten. Die Juden kaufen und verkaufen alle Waren, die Gewinn versprechen. Sie handeln hauptsächlich mit Stoffen – Seidenstoffen aus der Islamischen Welt, Brokat aus dem Byzantinischen Reich, der im 10. Jahrhundert im christlichen Spanien verkauft wird –, mit Getreide in großen Mengen – von Ägypten über das Rote Meer und den Persischen Golf nach Bagdad –, mit Zucker – die großen Plantagen der Susiana (Chusistan, Ahwās) liefern gegen einfache schriftliche Bestellung nach Bagdad und garantieren die Bezahlung der Durchgangszölle –, mit Gewürzen und Drogen, die die jüdisch-arabische Medizin braucht, mit Gold und Goldschmiedewaren, mit Luxuswaren aus China: mit einem Wort, mit allem, was wertvoll ist

8 Vgl. Karte 24, S. 216/217.

9 *Kitāb al-Masālik wa l-mamālik* (Buch der Straßen und Reiche), hrsg. und übers. von Michael Jan de Goeje (Bibliotheca Geographorum Arabicorum VI), Leiden 1889 [Nachdr. Beirut 1963], S. 114–116.

10 Über die sehr kontroverse Deutung von Radhaniyya vgl. für die Erklärung ›Händler der Rhône‹: Louis Rabinowitz, *The Routes of the Radanites.* In: The Jewish Quaterly Review, Bd. 35, 1944, S. 251–280; Ders., *Jewish Merchant Adventurers,* London 1948; für die Erklärung ›Routiers‹: Claude Cahen, in: *Revue Historique,* Bd. 205, 1951, S. 119–120; Bernard Blumenkranz, *Juifs et Chrétiens dans le monde occidental (430–1096),* Paris/Den Haag 1960, S. 13–15; Claude Cahen, *Y a-t-il eu des radhanites?* In: Revue des études juives, 1964, S. 499–506; Franciszek Kmietowicz, *The term ar-Rāḏāniya in the work of Ibn Ḫurdāḏbeh.* In: Folia Orientalia, Bd. 10, 1969, S. 163–173; Jürgen Jacobi, *Die Rāḏāniya.* In: Der Islam, Bd. 47, 1971, S. 252–264; Claude Cahen, *Quelques questions sur les Radhanites.* In: Der Islam, Bd. 48, 1972, S. 333–334; Moshe Gil, *The Rādhānite Merchants and the Land of Rādhān.* In: Journal of Economic and Social History of the Orient, Bd. 17, 1974, S. 299–328; Jürgen Jacobi, *Antwort auf einige Fragen über die Rāḏāniya.* In: Der Islam, Bd. 52, 1975, S. 226–238; Ders., *Bemerkungen zur Etymologie von rāḏānīya.* In: Folia Orientalia, Bd. 17, 1976, S. 175–188.

und von weither kommt. Ferner mit Sklaven – dieser Handel wird ergänzt durch die ›Fabrikation‹ von Eunuchen und die Unterrichtung und Erziehung von Sklaven und Sklavinnen –, schließlich mit Geld und Krediten.

Diese jüdischen Händler gewinnen am Abbassidenhof weiter an Bedeutung, mehr noch vielleicht bei den ägyptischen Fāṭimiden[11], bei denen die Juden sehr in Ansehen standen. Zeugen dafür sind Ǧauhar, ›Juwel‹ (Paltiel), ein Jude aus Süditalien, der Eroberer Ägyptens und – im Namen des Kalifen Mu'izz (953–975) – Erbauer Kairos; Ya'qūb Ibn Killis, der Wesir von 'Azīz (975–996); und die Gebrüder Tuštarī während der Zeit der Minderjährigkeit von Mustanṣir. Zahlreiche Pamphlete richten sich gegen die Juden und gegen die außerordentliche Rolle, die sie am Fāṭimidenhof spielten; man wirft der Dynastie sogar jüdischen Ursprung vor, so groß ist der Neid auf Luxus und Macht der Handelsherren und Bankiers sowie der reichen Gemeinden von Alexandria und Kairo.

Die Positionen, die die Juden im Handel schon vor den islamischen Eroberungen erreicht hatten, erlauben ihnen also, sich eine Hauptrolle zu sichern, nachdem das ungeheure Gebiet des Islamischen Reiches entstanden ist. Nach und nach ersetzen sie im Handel mit dem zunächst karolingischen, dann ottonischen Abendland ihre christlichen Rivalen, die *Syri*. Die ›Syrer‹ hatten vor allen Dingen orientalische Luxuswaren ins barbarische Abendland importiert; ihre Zentren lagen im Orient, ihr Verkaufsgebiet lag im Okzident. Die radhanitischen Juden sind, wie der Text von Ibn Churdadhbih beweist, Exporteure von Sklaven, Pelzen und Schwertern; ihre Zentren liegen im Okzident – Rhein – Meuse – Saône – Rhône – Languedoc – und ihre Verkaufsgebiete im islamischen Orient. Die Umkehrung der Richtung des Handels zwischen Okzident und Orient geht zum Teil darauf zurück, daß das ungeheure Gebiet der Islamischen Welt dem Netz der jüdischen Gemeinden ideale Entfaltungsmöglichkeiten bietet.

Im 11. Jahrhundert tritt der jüdische Handel in den Hintergrund, er wird im Abendland von den italienischen Handels- und Bankhäusern und im Orient von den armenischen Händlern verdrängt. Durch verschiedene Verfahren werden die Juden nach und nach aus den Märkten vertrieben: durch Zünfte, Heiraten (in den italienischen Städten), brutale Reaktionen, Verbote und Massaker (im Rheinland anläßlich des ersten Kreuzzugs). Nachdem die venezianischen Verbote die Juden aus dem maritimen Fernhandel entfernt haben, halten sie sich nur noch auf den Festlandsverbindungen, die von der Oberdonau nach den slawischen Ländern führen. Im Handelsleben werden sie Stück für Stück auf den zweiten Platz ge-

11 Jacob Mann, *The Jews in Egypt and Palestine under the Fatimid caliphs,* Oxford 1920–1922, Bd. I, S. 16f.

schoben; sie werden in die Rolle von Ladeninhabern, Geldleihern und Wucherern gedrängt. Aber vom 8. bis zum 11. Jahrhundert haben sie die Straßen und Märkte der Alten Welt klar beherrscht. Wenn sie auch, wie wir gleich sehen werden, nicht die einzigen Händler waren, so waren sie jedenfalls die wichtigsten und überall präsent.

Die Zwischenhändler: Christen und Muslime

Bis zur islamischen Zeit waren die christlichen *Syri* die Herren des Orient-Okzident-Handels. Sie wurden dann auf maritimem Gebiet – Mittelmeer und Indischer Ozean – allmählich von den Juden abgelöst und behielten wirkliche Bedeutung nur noch im Landhandel Ägyptens, Syriens, Mesopotamiens, Armeniens, des Iran und Zentralasiens. Das ist darauf zurückzuführen, daß sich in diesen Gebieten der Handel auf eine Kette von jakobitischen und nestorianischen Gemeinden stützen konnte. Wir haben weiter oben gesehen, welchen Rang der nestorianische Katholikos am abbassidischen Hof einnahm; die Synoden traten in Bagdad zusammen. Mehr als alles andere muß man allerdings die wirtschaftliche Funktion der Klöster unterstreichen. Sie spielen die Rolle von Gelddepots und Banken, zu denen wichtige Persönlichkeiten häufig Zuflucht nahmen, wenn es darum ging, Vermögen zu verstecken, das auf etwas fragwürdige Weise erworben worden war. Die Klöster waren aber auch Herbergen für die Reisenden, Gaststätten und Wirtschaften, in denen auch Wein ausgeschenkt wurde, und schließlich, besonders in Armenien und Oberägypten, Zentren der Kastration von Sklaven. Zahlreiche Hinweise koptischer, syrischer und arabischer Quellen erlauben, das Netz der Handelsbeziehungen von einem christlichen Zentrum zum anderen zu skizzieren, ein Netz, mit dem auch Besuche heiliger Stätten und Pilgerfahrten verknüpft waren. Hier haben wir also wiederum ein Klima, das für Handelsgeschäfte deswegen günstig war, weil es vom Korpsgeist einer Minderheit und dem Vertrauen, das die Gemeinden untereinander verband, bestimmt wurde. Das Netz, das derart gespannt worden war, verband allerdings nur die Routen des Landhandels.

Einen besonderen Platz muß man den Armeniern einräumen[12]; ihr Handelsgebiet umfaßt in der Tat die Kontaktzone zwischen Islamischer Welt und Byzantinischem Reich, an der großen Straße, die Obermesopotamien mit Trapezunt verbindet. Die Ausbreitung der Armenier, die der islamischen Eroberung folgt, erinnert mit ihrem tropfenweisen Eindringen und ihrer kaufmännischen Diaspora ein wenig an diejenige der Ju-

12 Vgl. Karte 25, S. 218.

den. Die Armenier ziehen nach Obermesopotamien und dann nach Bagdad; dort bilden sie später eine wichtige Kolonie. Sie erreichen auch Kleinasien und Konstantinopel, wo sie als Soldaten, Architekten und Händler auftreten; der Kaiser Basileios I., der Ende des 9. Jahrhunderts herrscht, ist armenischer Herkunft. In Nordsyrien oder Kleinarmenien mit dem Hafen Āyās sind die Armenier in der Kreuzzugszeit die Herren des Handels. Schließlich stoßen sie nach Ägypten vor: Badr al-Dschamali, der fāṭimidische Wesir vom Ende des 11. Jahrhunderts, ist Armenier; er schafft sich eine Leibgarde aus Landsleuten und zieht armenische Architekten und Kaufleute nach Kairo.

Daß die muslimischen Händler mit andersgläubigen Kaufleuten, Juden oder Christen, in Konkurrenz stehen, legt schon die Formel nahe, die sie in ihren Geschäftsbriefen benutzen: »Möge Gott Eure Geschäfte und die der Muslime gedeihen lassen.«[13]

Der spezifisch muslimische Handel der großen Messen, die zur Zeit der Pilgerfahrt (Haddsch) in Mekka abgehalten werden, ist eine bekannte Erscheinung. Dieser Handel wird einerseits für die großen Massen von Pilgern veranstaltet, die ernährt werden müssen, und andererseits von denjenigen Pilgern betrieben, die selbst Waren mitbringen, vor allen Dingen wertvolle Steine, die die Basare der Juweliere füllen; der berühmteste Stein ist der Türkis, der *makkī* (Mekkaner) genannt wird, weil davon zur Zeit der Pilgerfahrt in Mekka große Mengen abgesetzt werden. Jedenfalls haben wir es auch hier im wesentlichen mit geschlossenen Gemeinden zu tun; angesichts des Islam, der offiziellen und siegreichen Religion, sind es heterodoxe Gemeinschaften, die sich das enge Netz der Handelsbeziehungen zunutze machen.

Das Musterbild für diese Art von Gemeinde bieten die charidschitischen Gemeinden Nordafrikas.[14] Die Charidschiten, die wiederum in Ṣufriten und Ibāḍiten gespalten sind, bewahren ihre Unabhängigkeit gegenüber der Zentralregierung des Kalifats. Charidschiten, die in der Wüste Zuflucht suchen, gründen 757 Siğilmāsa, die große Karawanenstadt. Sie wird dann Hauptstadt einer lokalen Dynastie, der Midrāriden, und entwickelt sich seit dem Ende des 8. Jahrhunderts zum großen ›Wüstenhafen‹ und Hauptmarkt für Gold und Sklaven. Zur selben Zeit geht im zentralen Maghreb, in Tahert (Tiaret), der Stern der Rustemiden auf, die persischen Ursprungs sind und als Flüchtlinge nach Nordafrika gekommen waren, wo sie das Erbe der großen charidschitischen Bewegungen antraten, die das Land während der ersten Hälfte des 8. Jahrhunderts

13 Vgl. Jean David-Weill, *Papyrus arabes d'Edfou*. In: Bulletin de l'Institut français d'Archéologie orientale du Caire, Bd. XXX, 1931, S. 33 – 44, mehrere Abb.

14 Vgl. Karte 26, S. 219.

erschüttert hatten. Die Rustemiden nehmen den ganzen mittleren Maghreb und die ganze Wüstenfront in Besitz: Nach Südosten – südlich der aghlabidischen Staaten von Ifrīqiya, sunnitischen Staaten, die die Souveränität Bagdads anerkennen – breiten sie sich bis zum Dschebel Nefūsa aus, bis zu den Oasen von Ghadamès und des Fezzan, beherrschen Tripolis, die Insel Dscherba und für einen Augenblick sogar den gesamten Golf von Gabes. In Richtung Südwesten – südlich des Staates der Idrissiden von Fes, der Ende des 8. Jahrhunderts gegründet wurde – dringen sie bis Siǧilmāsa vor, wo die Midrāriden ihre Vorherrschaft anerkennen, und dann weiter bis Sūs, Nūl Lamṭa und zum Atlantik. So kann der charidschitische Handel auf einer großen Linie manövrieren, die vom Fezzan in Libyen bis Südmarokko reicht, eine Verbindung, die im Süden über die Oasen von Hodna und Wargla den transsaharischen Karawanenhandel mit dem westlichen Sudan kontrolliert und die es erlaubt, im Norden den charidschitischen Handel bis ins Herz des Maghreb voranzutreiben. Tahert, mit dem Beinahmen ›Klein-Basra‹, die Hauptstadt der Rustemiden, steht einem rigoristischen Land vor, das geschickt und ehrenhaft in Geschäftsdingen ist und die Organisationsprinzipien einer Sekte zur Staatsräson erhoben hat, mit Respondenten, Glaubensbrüdern und Beziehungen von Gemeinde zu Gemeinde – das alles kann übrigens möglicherweise von Einflüssen mitgeprägt worden sein, die aus alten berberischen und saharischen Judengemeinden kamen und sich erhalten hatten.

Zu Beginn des 10. Jahrhunderts ersetzen die schiitischen Fāṭimiden die Herrschaft der Aghlabiden in Ifrīquiya. Im Jahre 909 marschiert die fāṭimidische Armee auf Siǧilmāsa und zerstört im Vorbeigehen das charidschitische Tahert. Der letzte Rustemide von Tahert zieht sich nach Süden zurück und gründet Sedrata, bei Wargla. Später, im 11. Jahrhundert, dringen die Charidschiten, als sie verfolgt werden, in die Sebchas des Mzab ein, wo sie Brunnen graben und Städte gründen, wiederum bewundernswert gut plaziert an den Endpunkten von Karawanenstraßen, die aus dem Land des Goldes und der schwarzen Sklaven kommen. In einer späteren Epoche schleichen sich die Kaufleute aus dem Mzab schließlich ins Gebiet des Sahel ein, wo man sie als reiche Stoffhändler findet, oder in die Städte ganz Nordafrikas als kleine Kolonialwarenhändler. Sie ziehen die Goldmünzen nach dem Mzab ab, wo sie kleine Schätze ansammeln und vergraben, sobald das Geld knapp wird. Auch der Mzab ist ein Land, das Gold verschlingt.

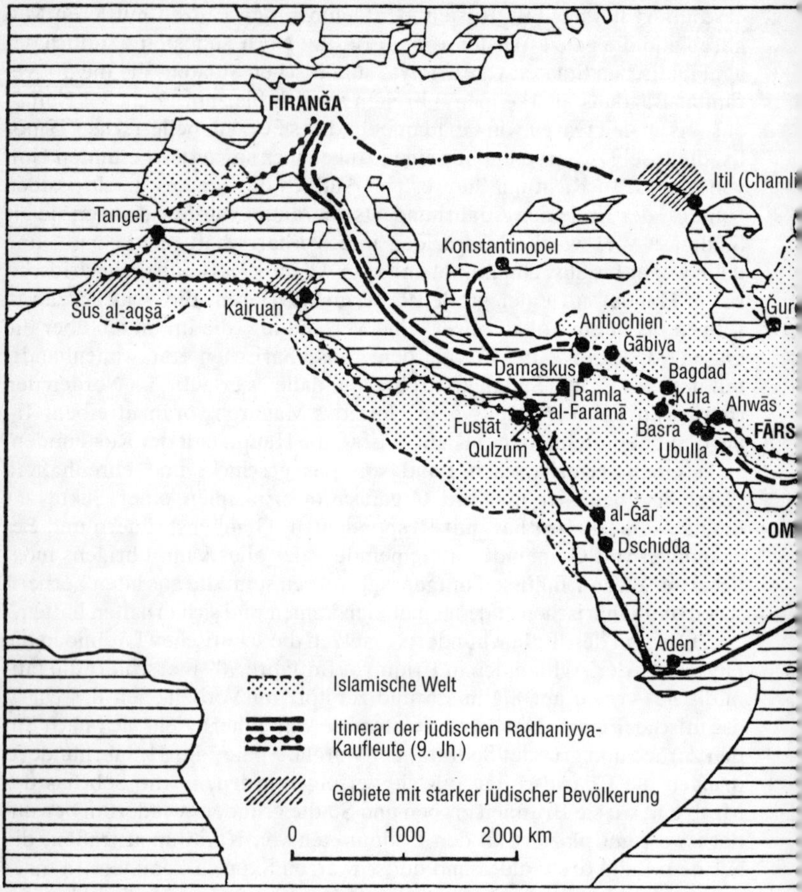

24. Handelswege der jüdischen Radhaniyya-Kaufleute

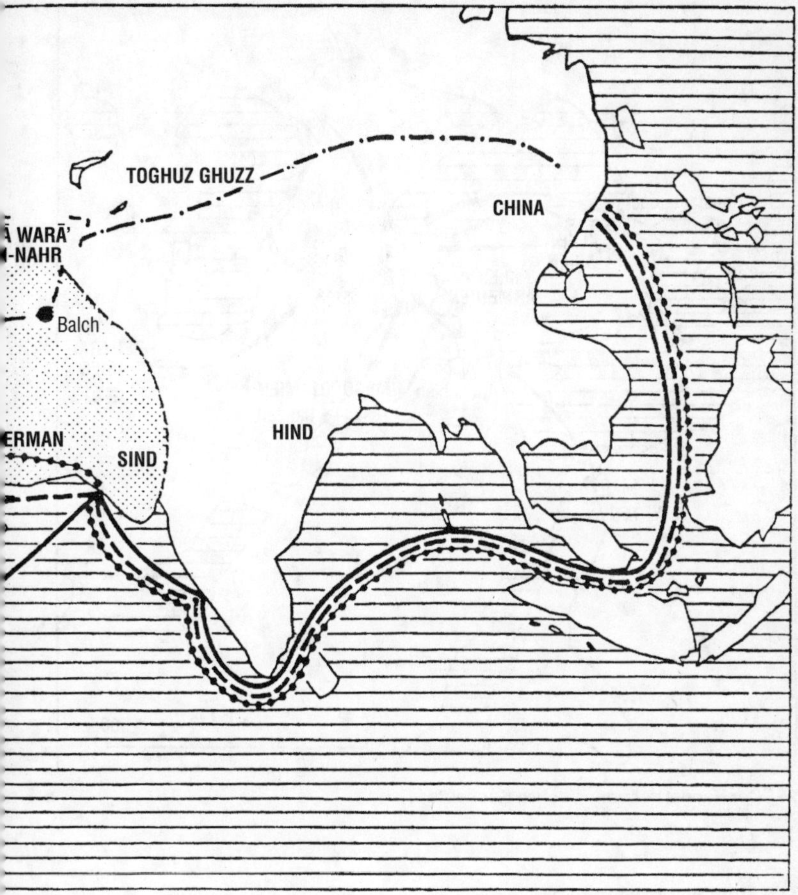
TOGHUZ GHUZZ
Ā WARĀ'
-NAHR
Balch
CHINA
ERMAN
SIND
HIND

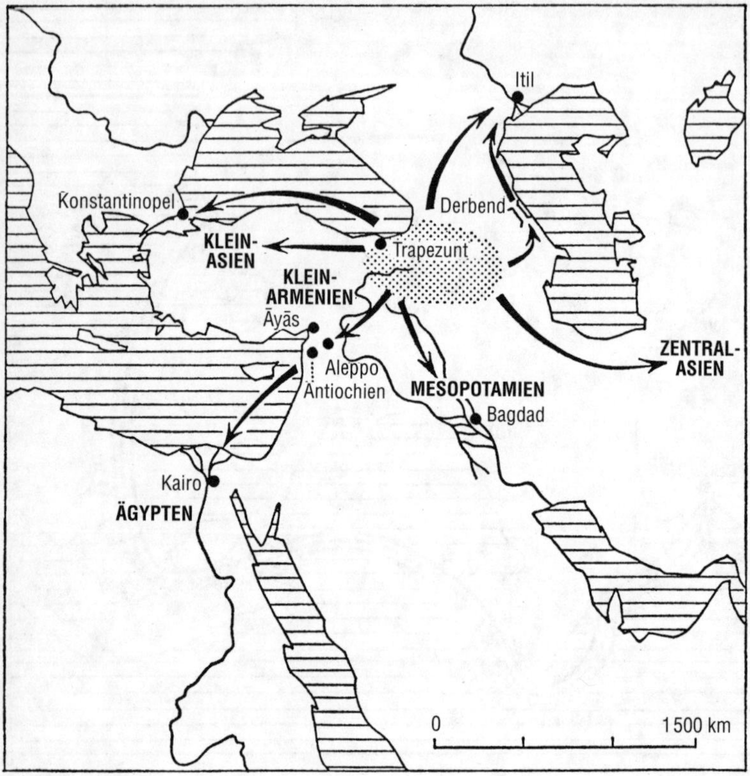

25. Der Handel der armenischen Kaufleute

Die Handelsbeziehungen

Die Handelsverbindungen führen in breiten Strömen an die Flanken oder in Bündeln zu den großen städtischen Zentren des *bilād al-Islām*. Die Nordostflanke umfaßt die kontinentalen Oasenrouten, über die man von Mesopotamien nach dem Iran und Zentralasien und dann weiter ins Land der Türken und nach Nordchina oder in anderer Richtung nach Nordindien gelangt. Die Südostflanke umfaßt die Seerouten des Indischen Ozeans, über die man einerseits von Mesopotamien und dem Persischen Golf aus, andererseits von Ägypten und dem Roten Meer aus nach der Westküste Indiens, nach Malabar kommt, dann nach Ceylon, Indone-

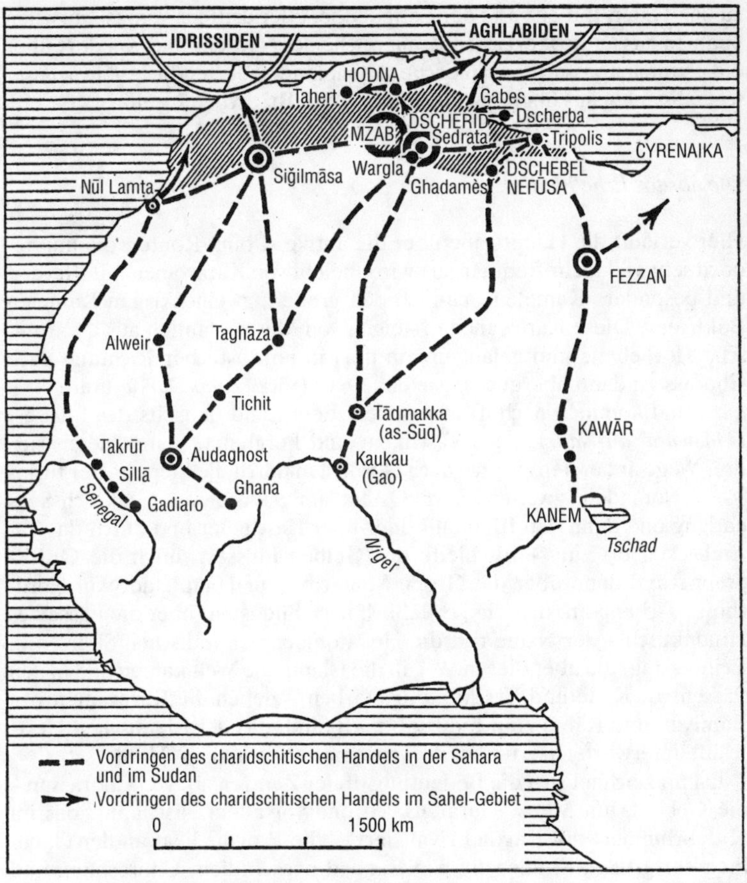

26. Handelsnetz der Charidschiten in Nordafrika

sien, Indochina und Südchina oder ins Land der Zanğ (ostafrikanische Küste) und nach Madagaskar. Die südwestliche Flanke umfaßt die Karawanenrouten der Sahara und Nordafrikas, die ins ›Land der Schwarzen‹ *(bilād as-Sūdān)* führen. Die nordwestliche Flanke schließlich umfaßt See-, Fluß- und Kontinentalrouten; sie führen einerseits von Mesopotamien oder Armenien aus in die Länder des Kaspischen Meers, der russischen Ströme und dann weiter in die Ostseeländer und nach Mitteleuropa, oder andererseits von den islamischen Häfen des Mittelmeers aus zu den Häfen Italiens und der Languedoc, oder drittens vom islamischen Spanien aus in die iberischen Königreiche des Nordens und von dort über die Pyrenäenpässe ins fränkische Abendland, oder endlich vom islamischen Spanien aus über den Ozean nach den Britischen Inseln.

Die nordöstliche Flanke[15]

Hier verläuft die Haupttraße über die antike ›China-Route‹, die nun jedoch sehr viel mehr frequentiert wird, belebt von Karawanen mit Pferden und besonders Kamelen, nämlich den großen, zweihöckrigen Kamelen Baktriens. Diese Karawanen ersteigen von Mesopotamien aus die iranische Hochebene und gelangen von dort in nordöstlicher Richtung nach Chorassan; dann überqueren sie den Oxus (türk. *Āmū Daryā,* arab. *Ǧaihūn*) und kommen nach Transoxanien, dem Land ›jenseits des Flusses‹ *(Mā warā' an-Nahr)*, nach Taschkent und Ferghana. Dann bieten sich drei Wege an: erstens weiter nach Nordosten durch die Steppen der türkischen Nomaden; zweitens nach Osten, am Südufer des Balkasch-Sees entlang und dann den Ili hinauf oder über Kaschghar und durch das Tarimbecken bis zur Nordschleife des Gelben Flusses, durch die Ordos-Steppe und dann über die Große Mauer bis zur Hauptstadt von Nordchina, Tschang-an; drittens schließlich nach Südosten: über die Pässe des Hindukusch – der Name ruft die Hekatomben von indischen Sklaven in Erinnerung, die über diesen Weg in die Islamische Welt kamen und in den Pässen vor Kälte und Erschöpfung starben – ziehen die Karawanen von Bāmiyān und Kābul zum Industal, nach Sind, das der islamischen Herrschaft unterworfen ist, und dann weiter nach Nordindien, Hind.

Damit zeichnet sich die Bedeutung dreier Zentren ab: von Chorassan – die Gebiete um Merw, Herat, Balch und vor allem Nischapur, das im 11. Jahrhundert mit Bagdad rivalisiert –, die Provinz liegt an der Gabelung der großen Straße, die von Bagdad nach Indien, Choresmien und China führt. Choresmien, das zweite wichtige Zentrum, ist das Gebiet des Oxusdeltas am Aralsee. Mit seinen großen Städten wie beispielsweise Urgentsch, einem kommerziellen Zentrum ersten Ranges, ist Choresmien die Drehscheibe des Handels mit den Türken, mit Indien und mit China, besitzt aber auch eine Schlüsselposition gegenüber den Pisten, die zum Kaspischen Meer, nach dem Land Bulghār (d. h. dem Tal der Wolga) und nach Osteuropa führen. Schließlich das dritte und letzte wichtige Zentrum: die Oasen von *Mā warā' an-Nahr* (Transoxanien), die die Wege nach dem Land der Türken und nach China beherrschen.

15 Karte 3, S. 50/51.

Die Bedeutung des Gebietes, das wir damit abgegrenzt haben, nimmt in der Dynastie der Sāmāniden (875–999) Gestalt an, die auf ihrem Höhepunkt über Chorassan, Choresmien und Transoxanien herrschte, also von den türkischen Marken im Osten bis zu den Ufern des Kaspischen Meeres im Westen. Die sāmānidischen Hauptstädte Buchara und Samarkand halten die Verkehrswege Zentralasiens unter Kontrolle. Man hat sāmānidische Münzen in großen Mengen längs der russischen Ströme sowie in den Ländern der Nord- und Ostsee gefunden; mit diesen Münzen wird im 10. Jahrhundert auch auf dem Markt von Mainz bezahlt.[16] Im übrigen ist bemerkenswert, wie sich das Geld in den Grenzprovinzen der Islamischen Welt konzentriert, die große Importgebiete sind: in unserem Falle Choresmien, Chorassan und Transoxanien. Längs der drei großen Achsen des Verkehrs an dieser nordöstlichen Flanke gelangen die importierten Waren ins Land.

Vom Land der Türken, aber auch vom Land der Slawen aus, über Bulghār, erreichen die Handelswaren das Nordufer des Kaspischen Meeres und dann West- und Südufer des Aralsees um Urgentsch. Importiert werden Pelze (aus der Steppe, aber vor allen Dingen aus den sibirischen Wäldern), Sklaven (wir haben den enormen Bedarf des abbassidischen Kalifats an ›Mamluken‹ gesehen), ferner Metallwaren: Eisen und Waffen – in diesem Produktionszweig gelten die Türken als Experten –, Kupfer und Kupfergeräte, endlich Filz, eine Spezialität der Nomaden. Umgekehrt exportiert die Islamische Welt an die Türken einige Seidenstoffe, auch Ramschwaren, aber vor allen Dingen Geld.

Aus China wird Seide importiert – chinesische und Chotan-Seide –, obwohl eigentlich die Entwicklung der Seidenraupenzucht in der Islamischen Welt sehr schnell die Nachfrage in dieser Richtung hätte überflüssig machen müssen. Jedenfalls wird chinesische Fertigseide zu allen Zeiten eingeführt, und zwar ganz besonders Luxusware, ebenso wie andererseits die Chinesen trotz der technischen Perfektion und der künstlerischen Qualität ihrer eigenen Produkte weiterhin Luxusstoffe aus der Islamischen Welt einführen; diese Tatsache wird durch die Angaben chinesischer Quellen belegt und durch den Einfluß iranisch-islamischer Motive, der sich auf bestimmten, bis heute erhaltenen Stücken chinesischer Seide beobachten läßt. Seide ist im übrigen nicht die einzige Austauschware: China exportiert auch Porzellan, vergoldetes Papier und Jadearbeiten. Im ganzen scheint der Warenaustausch zwischen der Islamischen Welt

16 Der arabische Reisende at-Tartušī, ›aus Tortosa‹ in Spanien stammend, sah gegen 973 auf dem Markt von Mainz Dirhems, die in Samarkand 913–915 geschlagen waren. Vgl. Qazwīnī, *Cosmographie,* Ed. Wüstenfeld, Göttingen 1848/49 [Nachdr. Wiesbaden 1967], Bd. II, S. 409 [dt. Ausgabe: Georg Jacob, *Arabische Berichte von Gesandten an germanische Fürstenhöfe aus dem 9. und 10. Jahrhundert,* Berlin/Leipzig 1927].

und China, der über Zentralasien lief und sich in der Ein- und Ausfuhr von Zahlungsmitteln ausdrückt, relativ ausgeglichen zu sein.

Aus Nordindien schließlich – d. h. vom Oberen Indus, aus den Tälern des Himalaya und aus Tibet – werden indische und tibetische Sklaven importiert, Kaschmir-Stoffe, die aus Ziegenhaar hergestellt sind, sowie Duftstoffe, vor allen Dingen Moschus, der aus Tibet stammt und ein Sekret des Moschusochsen ist. In Richtung Indien wie in Richtung der türkischen Länder geht durch den Handel islamisches Geld verloren, und zwar Gold – durch die indische Thesaurisierung – und Silber – wir befinden uns in Indien in einem Gebiet mit Monometallismus auf der Basis von Silber, der Rupie (von Sanskr. *rūpya,* ›Silber‹).

Die südöstliche Flanke

Hier wird die Grenze des Handels vom Indischen Ozean gebildet, einem Gebiet mit Schiffahrt in west-östlicher und ost-westlicher Richtung, die abwechselnd vom regelmäßigen Rhythmus des Monsun abhängt (arab. *mausim,* ›Jahreszeit, Saison‹, Pl. *mawāsim,* daher portugies. *monção*). Südlich des Äquators ist umgekehrt die Zone der Passatwinde, die von Südosten nach Nordwesten wehen. Die Grenze zwischen den Gebieten des Monsun und des Passat fällt auf diese Weise zusammen mit der Grenze zwischen dem Gebiet, das von der Schiffahrt erschlossen ist, und dem unerforschten, leeren Gebiet.

Der Indische Ozean ist ein traditionsreiches Verkehrsgebiet, das von der alten Schiffahrt der Araber und der Perser frequentiert wird, seit dem ersten christlichen Jahrhundert fuhren hier Seeleute aus Alexandria, und später werden die malaiischen Prahu mit ihren Auslegerbooten dazukommen; es besteht Einigkeit darüber, daß die malaiischen Wanderungen nach Madagaskar in einer relativ frühen Zeit stattgefunden haben. Vom 8. bis zum 11. Jahrhundert dominieren muslimische Seeleute im Indischen Ozean, und es findet ein grundlegendes Ereignis statt: das dreieckige Segel wandert vom Indischen Ozean in das Gebiet des Mittelmeers, wo es den Namen ›lateinisches Segel‹ bekommt. Der Raum des Indischen Ozeans hat als Vermittlungsgebiet große Bedeutung, vor allen Dingen für den Übergang von Kulturpflanzen aus Indien nach dem Persischen Golf und Syrien einerseits und andererseits nach der ostafrikanischen Küste, nach Südarabien, dem Roten Meer und Ägypten. Der Gebrauch der Betelwurzel etwa ist im Jemen seit dem 9. Jahrhundert bezeugt. Auf diese Weise stellen die beiden Routen über den Persischen Golf und das Rote Meer eine enge Verbindung zwischen den Räumen des Indischen Ozeans und des Mittelmeers mitsamt ihren Techniken, Kulturen und Bräuchen her.

Diese islamische Beherrschung des Indischen Ozeans muß man allerdings nuancieren. Von der Mitte des 8. bis zur Mitte des 10. Jahrhunderts zieht das abbassidische Kalifat mit seinen Städten Bagdad und Basra und der Nachfrage, die von ihnen ausgeht, die Vorherrschaft auf dem Persischen Golf nach sich. Ende des 10. Jahrhunderts schafft das Fāṭimidenkalifat eine rivalisierende Herrschaft, woraus eine Konkurrenz zwischen dem Persischen Golf und dem Roten Meer entsteht. Die Häfen Qulzum (Clysma) und vor allem 'Aiḏāb sichern die Verbindung zwischen diesem Meer auf der einen Seite und andererseits dem Nil und dem Mittelmeer.

Die Zeit zwischen dem 8. und dem 11. Jahrhundert ist jedenfalls diejenige Epoche, in der der muslimische Handel an allen Küsten des Indischen Ozeans und auf den Routen nach China Raum gewinnt; diese Expansion stützt sich auf Kolonien, die allenthalben gegründet werden, auf einen muslimischen Schiffstyp, der ganz aus Teakholz gebaut ist, und auf eine Währung, deren Dinare diese Handelsroute abstecken. An der ostafrikanischen Küste, im Land der Zanǧ, entstehen Städte wie Mombasa und Barawa, wo man kufische Inschriften aus dem 8. Jahrhundert gefunden hat. Die Moschee in Sansibar geht aufs 11. Jahrhundert zurück. Jenseits dieser Faktoreien verlaufen die Linien der Islamisierung nach dem Innern Afrikas längs der Trägerstationen, über die die Schwarzen die Produkte zu den Handelsstationen der Küste bringen. Eine Expansion findet auch an der Küste von Malabar statt – hier werden Moscheen gebaut, die muslimischen Kolonien haben ihren eigenen Richter, den *honarman* –, in Ceylon (dem *Serendib* der arabischen Quellen), auf den Sundainseln – hier entwickelt sich der Islam in der Tat erst später, bis er in unseren Tagen Millionen Muslime zählt, eine arabische Inschrift auf Java stammt aber schon aus dem Jahr 1082 –, in Indochina – hier wurden arabische Inschriften aus dem 10. bis 12. Jahrhundert gefunden – und schließlich in China, zur Zeit des Höhepunkts der T'ang und der ersten Sung-Kaiser (7.–11. Jh.); dort kennen die Muslime den großen Hafen im Süden, Kanton, das *Ḫānfū* der arabischen Geographen.

Den Mechanismus des Handels im Indischen Ozean kann man folgendermaßen beschreiben: Die Kaufleute laden bei der Abfahrt aus Ägypten mindere Waren – Korallen, Schildpattkämme, Eisenstäbe – oder Getreide und tauschen diese Produkte auf den Inseln oder an den Küsten des Indischen Ozeans gegen die Produkte dieser Länder – Weihrauch, Elfenbein, Horn vom Rhinozeros, Schildkrötenpanzer, Kampfer, Aloe aus Sokotra – und befördern sie nach China. Dort wiederum werden diese Waren gegen einheimische Luxusprodukte eingetauscht – Seide, Porzellan, Nippes usw. –, die dann als Rückfracht nach Ägypten transportiert und über die großen Märkte des Mittelmeers verteilt werden.

Aber die Kaufleute versorgen die Islamische Welt auch direkt mit Zinn aus Malaysia, mit Holz, Waffen, Indigo und Rotholz aus Indien und Hinterindien, mit Edelsteinen und Perlen aus Ceylon, vom Persischen Golf und vom Roten Meer, mit grauer Ambra, die an der Küste gefunden wird, mit Schildpatt aus den südlichen Meeren, den das kleine Handwerk braucht, um seine Artikel produzieren zu können, die auf einem besonderen Markt in Fusṭāṭ vertrieben werden. Der Indische Ozean ist schließlich der wichtigste, wenn nicht der einzige Lieferant von Gewürzen, Parfüms, Duftstoffen und Heilpflanzen. Der Drogenhandel nimmt in Verbindung mit dem Fortschritt der jüdisch-arabischen Medizin vom 8. bis zum 11. Jahrhundert zu. Alexandria wird der Haupthafen, der Gewürze und Drogen für das ganze Mittelmeerbecken liefert; er versorgt Cordoba, das christliche Abendland und auch Byzanz, wo Leo der Armenier (813 – 820) später für einen Augenblick versucht, diesen Handel zu unterbinden: Er verbietet seinen Untertanen, nach Ägypten und Syrien zu gehen, und bringt selber aromatische Pflanzen auf den Markt, ›wie diejenigen, die aus Indien zu uns kommen‹.

Die südwestliche Flanke

Auch hier Kontinuität und Aufschwung. Die Islamische Welt nimmt das Netz der alten Handelsstationen wieder auf und erweitert es erheblich – ein Netz von Beziehungen, die die berberischen Kamelreiter vom 4. bis zum 8. Jahrhundert durch die Sahara in Richtung auf den nigerischen Sahel vorangetrieben hatten. Diese Tatsache von unabsehbarer Bedeutung, eine der wichtigsten Tatsachen des Frühen Mittelalters, ist leider in ihren chronologischen Details und in der geographischen Entwicklung zu wenig bekannt, da es an zeitgenössischen Quellenzeugnissen der Ereignisse fehlt.

Jedenfalls verbindet seit Ende des 8. Jahrhunderts – Gründung von Siǧilmāsa 757 – der Handel der Islamischen Welt dieses neue Karawanennetz mit den alten Wegenetzen des Orients und des Mittelmeers und öffnet so den gesamten Horizont der sudanesischen Welt, des *bilād as-Sūdān* (Land der Schwarzen), für den Kreislauf des allgemeinen Austauschs. Der neue Handel liefert, wie wir bereits gesagt haben, Gold und schwarze Sklaven, aber auch Gummi, das zum Entbasten der spanischen Seidenstoffe gebraucht wird, und graue Ambra von der Atlantikküste. Über die Handelsstraßen gelangen auch Einflüsse der alten orientalischen und mediterranen Kulturen nach Süden zu den schwarzen Völkern, neue Kulturpflanzen (Weizen, Baumwolle), neue Zuchttiere (Kamel, Pferd), neue Techniken und neue soziale Organisationsformen (Stadt und Staat).

Diese Straßen verteilen sich auf drei große Bündel von Karawanenpisten, die von Brunnen und Palmenoasen gesäumt werden und sich von der *ǧazīrat al-Maġrib* – der ›Insel‹ bzw. ›Halbinsel des Maghreb‹ – bis zum Sahel – dem ›Ufer‹ des Senegal und des Niger – erstrecken. Das erste Bündel, im Westen, geht von Südmarokko – Sūs al-aqṣā – oder noch weiter nördlich, von Fes aus; die beiden großen ›Wüstentore‹ sind Nūl Lamṭa – an der Mündung des Oued Nun, zwischen dem Oued Sus und dem Oued Draa – und vor allem Siǧilmāsa, die neue, große Karawanenstadt, deren Bedeutung man mit den antiken Karawanenstädten Palmyra oder Petra und mit Mekka vergleichen kann. Siǧilmāsa, das mitten in den langgestreckten Palmenhainen des Tafilelt (Oued Ziz) liegt, war der Einsatz im Kampf zwischen den Rustemiden und den Fāṭimiden. Die Stadt hat ihren Höhepunkt im 10. Jahrhundert, damals entstand Audaghost, der große berberische Karawanenterminal des Südens, als ihre Kolonie. Die Zölle, die die Karawanen aus dem Sudan dem fāṭimidischen Souverän einbringen, betragen jährlich 400 000 Dinar. Allerdings wird Siǧilmāsa im 11. Jahrhundert von der Konkurrenz Nūl Lamṭas eingeholt. Von diesen beiden großen Endstationen des Nordens gehen drei Itinerare aus: Das erste folgt der Atlantikküste bis zum Senegal – Takrūr, Sillā, Gadiaro –, den man in zwei Monaten Marsch erreicht; die beiden anderen gabeln sich in Siǧilmāsa, ein Weg geht nach Alweir, der andere nach Taghāza, dann treffen sich beide erneut im Terminal des Südens, Audaghost. Audaghost, das mit dem Königreich Ghana Beziehungen unterhält, ist eine Doppelstadt: eine islamische Stadt mit Kaufleuten und Handwerkern und eine Stadt, die von Schwarzen vom Stamm der Soninke bewohnt wird, eine kaiserliche Stadt mit sagenhaftem Reichtum und zahlreichen Kriegern. Die beiden letzten Strecken sind zwar kürzer (eineinhalb Monate Marschweg), aber teurer.[17]

Das zweite Straßenbündel bilden die Itinerare, die von Tahert und Südalgerien ausgehen und die Verbindung mit dem Zentralmaghreb vermitteln. Die Routen beginnen in den charidschitischen Rückzugsgebieten, Wargla, Sedrata und dem Mzab, und führen dann entweder nach Taghāza und Audaghost oder nach Tādmakka (heute Essouk, von *as-Sūq,* ›der Markt‹) im Adrar [der Tuareg-Konföderation] der Ifogha und überdies weiter nach Kaukau (Gao), ebenfalls eine Doppelstadt nach dem Muster von Audaghost, in das Land der Songhai.

Das dritte Bündel bilden die Itinerare des Ostens, die in Ifrīqiya, Kairuan und Südtunesien beginnen. Ausgangspunkte sind hier das Gebiet des Dscherid – Tozeur, Nefta, Gabes –, das sowohl zum Mittelmeergebiet wie auch zur Sahara gehört, und Tripolitanien-Cyrenaika, ein Relais auf

17 Diese Itinerarien werden in einer neueren Publikation im einzelnen untersucht: Denise und Serge Robert und Jean Devisse, *Tegdaoust I. Recherches sur Aoudaghost.* Bd. I, Paris 1970.

der Route nach Ägypten. Von diesen Zentren aus führen die Itinerare einerseits über Ghadamès und Tādmakka zum Niger, andererseits über Fezzan und Kawār nach Kanem (Tschadsee).

Das sind die Wege, über die das Gold des Sudan nach dem Maghreb abgezogen wird, von wo aus es dann seinen Weg in die gesamte Islamische Welt findet. Die maghrebinischen Handelshäuser unterhalten in den Endstationen des Südens ein ganzes Netz von Korrespondenten und Kommissionären, die durch stummen Handel mit den goldwaschenden Stämmen der Schwarzen an den Rohstoff kommen. Ein Handel mit gigantischen Ausmaßen: Der Geograph Ibn Ḥauqal (10. Jh.) sah in Audaghost einen Kreditbrief über 40 000 Dinar, und auch mehrere andere Quellen erwähnen steinreiche Kaufleute, die sich dem Handel mit dem Sudan widmen.

Das große Geschäft ist Rohgold in geschmolzenen Fäden, *tibr.* Gegen Gold werden die verschiedensten Waren getauscht, einige landwirtschaftliche und industrielle Produkte des Maghreb und Ägyptens, aber auch Ramschwaren, wertlose Stücke, die speziell für den Handel mit den Schwarzen hergestellt werden, ganz wie später, im 17. bis 19. Jahrhundert, für die europäischen Kontore des westafrikanischen Handels. Im mittelalterlichen Ceuta gibt es einen Sūq, der auf die Fabrikation von Korallenketten, Glaswaren, Muschelobjekten und anderem Nippes spezialisiert ist. Nach Süden werden aber auch geliefert: Getreide, Datteln, kleine Stoffstücke, die dazu dienen, Schurze herzustellen, Kupferwaren – man vergleiche den Export von Kupfer- und Messingarbeiten im 16. Jahrhundert durch Antwerpen in Richtung Afrika –, Lederwaren (aus Zawīla, Ghadamès, dem Tafilelt und Aghmāt-Marrakesch), harzhaltiges Holz und Teer (der für die Abdichtung von Schläuchen sowie für die Pflege der Gallenkrankheit des Kamels benötigt wird), Takaut (Tamariskengalle, ein Gerbereiprodukt aus Südmarokko), schließlich Salz, das vor allen Dingen in Taghāza – der Saline von Taūdenī – geladen wird und an dem die Schwarze Welt, die kein Salz besitzt, ungeheuren Bedarf hat.

Alle diese Waren kosten an sich nicht viel, aber sie bekommen einen Wert durch den langen und beschwerlichen Marsch, der sie in die Länder bringt, die sie nicht besitzen. Ein Geograph sagt von den berberischen Händlern: »Sie exportieren Waren, die keinen Wert besitzen, und importieren Gold in ganzen Kamelladungen.« Die Südwestflanke hat also enorme Bedeutung für die monetäre Wirtschaft der Islamischen Welt; hier nimmt der Goldstrom seinen Anfang, der die Prägung der Dinare in großem Maßstab und ihre schnelle Zirkulation ermöglicht: Eine Münzstätte (*dār as-sikka,* daher das italienische Wort *zecca*) wird jeweils in Siǧilmāsa und Wargla eingerichtet, am Endpunkt der Straßen, die das sudanesische Gold heranbringen.

Die nordwestliche Flanke

Man muß hier drei Grenzgebiete unterscheiden: Byzanz, das Gebiet der russischen Ströme und das christliche Abendland.

Erstes Grenzgebiet: Byzanz. Auch nach dieser Seite ist die Handelsbilanz der Islamischen Welt positiv, mit dem Unterschied, daß das Gold nicht als Rohgold, sondern gemünzt eingeführt wurde, in der Form des byzantinischen Nomisma. Die Bedeutung des Handelsverkehrs beruht hier auf der günstigen Lage der Islamischen Welt, die das Byzantinische Reich im Osten und Süden einrahmt und ihm als unumgänglicher Vermittler der Luxusprodukte und wertvollen Rohstoffe dient, die für die byzantinische Luxusindustrie unersetzlich waren und alle aus Afrika und Asien kamen.

Die Kontakte zwischen der Islamischen Welt und Byzanz besitzen denselben Rang wie diejenigen, die sie mit China unterhält: Es sind Beziehungen zwischen zwei entwickelten und kultivierten Gebieten hoher Zivilisation.[18] Der Handel, der die beiden Reiche verbindet, wird durch Verträge geregelt, bestimmt und kontrolliert; es ist eine Art Prämerkantilismus. In Konstantinopel stützt sich dieser Handel auf Kolonien von syrischen Kaufleuten, die in ihrem Viertel, das der Kirche der Heiligen Irene in der Vorstadt benachbart ist, über eine Moschee verfügen; die Anordnung erinnert an das slawische Viertel von Sankt Mammas, das ebenfalls in den Vororten liegt. Aber auch Kolonien von Kaufleuten aus dem Irak, aus Persien, Armenien – vor allem in Trapezunt –, Bulgarien und Italien dienen dem Zwischenhandel.

Da der Handel von dauerhafter Natur ist, lassen sich besonders günstige Zeitabschnitte – zum Beispiel die Messen von Trapezunt – und wichtige Zentren der Begegnung unterscheiden; außer Konstantinopel muß man vor allem Lamos nennen, am gleichnamigen Fluß, der entlang der anatolischen Küste die Grenze zwischen der Provinz von Tarsus und dem byzantinischen Thema Seleukia bildet. Die Messen von Lamos wurden bei Gelegenheit des Austauschs von Kriegsgefangenen zwischen Muslimen und Byzantinern abgehalten. Halten wir noch fest, daß es auf byzantinischer Seite spezialisierte griechische Kaufleute gibt, die teils in Konstantinopel, teils in Trapezunt ihr Geschäft betreiben: die *metaxopratei* (Importeure von Rohseide), *prandiopratai* (Importeure von Seidenwaren) und *myrepsoi* (Importeure von Parfüm).

18 Vgl. Konstantin Prophyrogenetos (912–959), *De Ceremoniis aulae byzantinae libri II,* hrsg. und übers. von Albert Vogt, Paris 1967; *De administrando imperio,* hrsg. von Gyula Moravcsik, engl. Übers. von Romilly James Herald Jenkins, Budapest 1949–62, 2. Aufl. Washington 1967; *Le Livre du Préfet,* hrsg. von Nicole, Genf 1893, franz. Übers. Genf 1894.

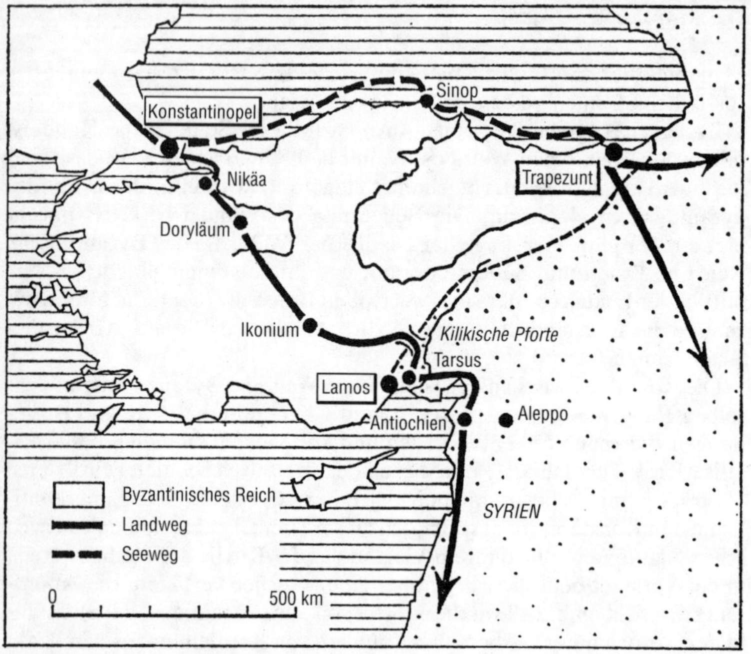

27. Byzantinisch-islamischer Handel: Hauptwege und Hauptumschlagplätze

Da der Handel reglementiert war, garantierte er beispielsweise den muslimischen Kaufleuten den Absatz aller ihrer Waren, gleichgültig welcher Qualität oder welcher Mengen. Wenn die Korporationen der byzantinischen Käufer einen Teil der Waren, die die muslimischen Kaufleute importiert hatten, nicht haben wollten, mußte der Präfekt diese Waren auf den Markt bringen und eine entsprechende Verwendung für sie finden. Der byzantinische Handel scheint also im eigenen Gebiet ziemlich passiv gewesen zu sein: Er spielte die Rolle eines Mittlers, der versucht, die Zahlungsbilanz in einem Gleichgewicht zu halten zwischen einem Gebiet, das im wesentlichen exportierte – der islamischen Seite –, und einem Gebiet, das im wesentlichen importierte – der Seite Venedigs und Amalfis. Konstantinopel spielt also zwischen Orient und Okzident die Rolle eines Transitgebiets, des Verteilers, auch des Produzenten, der für den Export arbeitet, wobei die Produkte mit Hilfe von Rohstoffen hergestellt werden, die man aus der Islamischen Welt importiert.

Die Waren, die den byzantinischen Handel interessieren und aus der Islamischen Welt kommen, sind: Seide, Seidenwaren, Edelsteine, Perlen, Elfenbein, Gewürze, Parfüms, Drogen, Ebenholz und Perlmutt; umgekehrt liefert Byzanz einige besonders teure Stoffe, deren Fabrikationsgeheimnis eifersüchtig gewahrt wird, wie beispielsweise Brokat mit changierenden Farben (*hypokalamon,* arab. *būqalamūn*). Halten wir noch das Leinen fest, das aus Thrazien und Mazedonien mit Hilfe der *othoniopratai* [Leinwandhändler] importiert wird, und Tiere aus dem byzantinischen Armenien, einem großen Tierzuchtland, das auf Großvieh und Schafe spezialisiert ist und Wolle und Fleisch nach Konstantinopel liefert, gleichzeitig aber nach dem islamischen Nordsyrien exportiert. Im ganzen drückt sich der Handel dieser Region in einem starken Abfluß von Nomismata nach der Islamischen Welt aus: ein Defizit der byzantinischen Handelsbilanz also, das noch verschlimmert wird durch die Tributsummen, die die Basileis an die Kalifen zu zahlen haben. Aber der Verlust an Zahlungsmitteln wird durch die Käufe kompensiert, die Italiener und Slawen auf dem byzantinischen Markt tätigen.

Zweite Grenze der nordwestlichen Flanke: das Gebiet der russischen Ströme, nach dem die iranischen Länder blicken, vom Aralsee bis zum Kaspischen Meer, von Choresmien, mit der Hauptstadt Urgentsch, bis Arrān (Transkaukasien), Barḏa'a und Derbend (*Bāb al-Abwāb,* ›Tor der Tore‹): Steppenregionen mit den großen nordischen Wäldern im Hintergrund, deren Säume in den erforschten Gebieten mehrere Terrassen erkennen lassen. Es ist das Gebiet der langen, träge fließenden Ströme, die sich sehr gut für die Schiffahrt eignen. Sie kommen aus dem Herzen der Waldzone und münden ins Kaspische und Schwarze Meer: Wolga, Don und Dnjepr; andere Wasserläufe, wie die Lowat, und Seen öffnen den Zugang zur Ostsee. Die Übergänge von einem Flußtal zum andern lassen sich mit Hilfe von *Wolok,* d. h. durch Tragen der Schiffe, leicht bewerkstelligen. Kaspisches Meer, Schwarzes Meer und Ostsee bedeuten ebenso viele Wegenetze, die sich durchdringen, und die Idrīsīkarte zeigt, wie sie durch Wasserläufe miteinander verbunden sind. Auf diesen Strömen gibt es eine bedeutende Schiffahrt, sei es, daß sie Boote benutzt, die aus einem einzigen Baum geschlagen sind, oder große Fahrzeuge wie die skandinavischen Schiffe, die die arabischen Quellen beschreiben. Auf diese Weise vollzieht sich die Verbindung zwischen dem skandinavisch-slawischen Handel und dem Handel der Islamischen Welt, den die alten, handeltreibenden iranischen oder iranisierten Völker tragen, die in Choresmien, Ǧurǧān (Hyrkanien) und Aserbeidschan (Atropatene) wohnen.

Ibn Churdadhbih beschreibt in der Mitte des 9. Jahrhunderts das Itinerar der Kaufleute der Rūs: »Die Rūs, die zu den Völkern der Ṣaqāliba

28. Die Handelswege im Gebiet der russischen Ströme

gehören, kommen aus den entferntesten Gebieten der Ṣaqlaba [des Slawenlandes] zum Römischen Meer [Mittelmeer] und verkaufen dort Biber- und Schwarzfuchsfelle, außerdem Schwerter. Der Fürst der Rūm erhebt von ihnen 10% auf ihre Waren ... Den Rückweg nehmen sie über das Meer nach Samachars, der Stadt der Juden [Phanagoreia am Schwarzen Meer], und von da aus kehren sie zurück ins Land der Slawen. Oder sie kommen den Tanais [Don] und den Fluß der Slawen [Wolga] herunter und passieren Chamlidsch [Itil], die Hauptstadt der Chasaren, wo der Herrscher des Landes 10% von ihnen erhebt. Hier schiffen sie sich auf dem Meer von Ǧurǧān ein [Kaspisches Meer] und fahren zu der Küste an denjenigen Ort, der sie interessiert. Von Ǧurǧān oder Rayy [das heutige Teheran] aus transportieren sie ihre Waren auf Kamelen bis Bagdad.

Dort sind die slawischen Eunuchen ihre Dolmetscher. Die Rūs behaupten, Christen zu sein, und zahlen wie diese die Kopfsteuer.«[19]

Damit ist belegt, daß russisch-skandinavische Kaufleute bis Bagdad kamen. Zahlreiche Quellen belegen aber auch, wenn man sie richtig interpretiert, die Anwesenheit muslimischer Händler längs der Itinerare, die die Islamische Welt mit dem Verkehrsnetz der russischen Ströme verbinden. Von Choresmien aus führt sie eine Route durch die Steppe nach Bulghār, das am Zusammenfluß von Kama und Wolga liegt, Hauptstadt des Großbulgarischen Reiches, ungefähr an der Stelle, wo später Kasan stehen wird. Bulghār beherbergt eine muslimische Kolonie mit eigener Moschee und eigener Münzstätte. Hier wird im 9. Jahrhundert Geld geprägt, das dem islamischen Typ entspricht und die Namen der abbassidischen Kalifen zeigt. Eine andere Route bringt die muslimischen Händler von Ǧurǧān, Aserbeidschan und Arrān aus über das Kaspische Meer oder über die Landroute, die über Barḏa'a und Derbend geht, zur chasarischen Hauptstadt Chamlidsch (Itil) an der Wolgamündung[20], einer Stadt, die ebenfalls ein Viertel mit Muslimen besitzt, die 30% der Stadtbevölkerung ausmachen. Von Itil aus kommt man nach Bulghār, indem man die Wolga hinauffährt; dann zieht man durch das Land der Burṭās, das am Zusammenfluß von Wolga und Oka liegt, im Gebiet des künftigen Nischni Nowgorod. Man kann aber auch von der unteren Wolga aus sich zum Don wenden und dann nach *Kūyāfa* (arab. für Kiew) ziehen und von dort aus entweder die Route nach Norden zur Ostsee nehmen oder die Südroute zum Schwarzen Meer und nach Byzanz, oder die Westroute, die längs der Karpaten führt, Prag passiert und schließlich über die Obere Donau im Rheinland endet, wo sāmānidische Münzen im 10. Jahrhundert erwähnt werden. Erinnern wir uns bei der Gelegenheit, daß diese letztere Route die der radhanitischen Juden ist, die, wie wir oben gezeigt haben, vom Rhein und von der Donau nach Prag kommen, dann über die Karpaten nach Kiew und schließlich ins Land der Chasaren ziehen, die am Ende des 8. Jahrhunderts zum Judentum konvertierten.

Alle diese Itinerare werden nicht nur von den Quellen beschrieben und von der Geographie selbst bestätigt, sie werden auch von zahlreichen

19 a. a. O., siehe S. 23, Anm. 2 u. S. 37

20 Die Lage von Itil wird häufig mit der des heutigen Astrachan gleichgesetzt, kein Überrest der chasarischen Hauptstadt wurde aber je gefunden. L. N. Gumilew hat kürzlich vorgeschlagen, diese Tatsache mit dem Ansteigen des Meeresspiegels zu erklären, das vom 9. Jahrhundert an eintrat, und mit den Überschwemmungen, die darauf folgten. Vgl. Simon Szyszman, *Découverte de la Khazarie.* In: Annales, Econ. Soc. Civil, 1970, S. 280 und die dort aufgeführte Bibliographie.

Funden islamischer Münzen aus dem 7. bis 11. Jahrhundert, vor allen Dingen sāmānidischer Münzen aus dem 10. Jahrhundert, förmlich nachgezeichnet. Es handelt sich hier fast ausschließlich um Silbergeld, Dirhems, die einen Monometallismus auf Silberbasis bezeugen. Gold ist nur durch einige wenige Stücke belegt, vor allem aber durch die literarischen Quellen. Es wurde meistens in Schmuck umgewandelt; einige Stücke davon sind in russischen und skandinavischen Museen erhalten oder wurden nach Konstantinopel reexportiert, um den Kauf von Produkten der byzantinischen Industrie zu finanzieren.

Vom *bilād aṣ-Ṣaqāliba* (Land der Slawen) gehen nach der Islamischen Welt Sklaven, die zu Eunuchen gemacht wurden, Pelze, Honig und Bienenwachs aus den nordischen Wäldern, Schwerter, die aus dem karolingischen Abendland in die slawischen Länder gelangen und dann von dort in den islamischen Orient exportiert werden, Pferde und Leder aus Bulghār. Alle diese Waren gelangen über Choresmien oder über Derbend in die Großstädte des Iran und Mesopotamiens. Im Gegengeschäft exportiert die Islamische Welt einige Produkte wie farbige Seide, allerlei Gebrauchsgegenstände und vor allem Silbermünzen, in sehr viel geringerem Umfang auch Goldmünzen. Die Krise des Silbers als Münzmetall, die in ganz Zentralasien und dem Iran im 11. Jahrhundert eintritt, erklärt sich nicht alleine durch die Expansion der seldschukischen Türken und der Polovzer, sondern noch viel eher durch den ständigen Abfluß, den der Handel mit dem Gebiet der russischen Ströme verursacht; hier ist die Handelsbilanz der Islamischen Welt eindeutig defizitär.

Drittes und letztes Grenzgebiet der nordwestlichen Flanke: das Abendland. Hier haben wir es mit Handelsbeziehungen zu tun, die jenseits von Byzanz verlaufen, dessen eigenes Handelsnetz dadurch gewissermaßen zwischen den großen Handelsströmen eingeklemmt ist, die aus der Islamischen Welt hervorgehen. Der Handel mit den Völkerschaften eines Europa, dessen wirtschaftliches Niveau noch zurückgeblieben ist, beruht damals auf der Nachfrage, die von den städtischen Zentren Spaniens und des Maghreb ausgeht. Die Waren aus den Waldzonen: Pelze, Schiffsbauholz, Sklaven, Metalle und Waffen, deren Export nach Osten wir gerade erwähnt haben – und zwar über die Routen Mitteleuropas, der Ostsee, der russischen Ströme, in Richtung der Metropolen des Orients, vor allem Bagdad –, diese Waren gehen auch nach Westen, über die Routen Germaniens, der Nordsee und des karolingischen Gallien, in die Großstädte des islamischen Okzidents, vor allen Dingen Cordoba. Für die europäischen Produkte liefert die Islamische Welt im Gegengeschäft Gold- oder Silbermünzen und einige Luxuswaren – besonders Stoffe –, die den byzantinischen Zwischenhandel umgehen. Auch nach dieser Seite hin haben wir es mit einer stark defizitären Flanke des islamischen Außenhandels zu tun.

Zwischenhändler sind hier zunächst die Juden, vor allem von Narbonne, deren bedeutende Gemeinde ein Glied der Kette bildet, die sich vom Rhein- und Moselland bis zum Rhônetal hinzieht. Die Juden von Narbonne gelangen über die Pyrenäenpässe oder über das Meer bis nach Tortosa, dann nach Nordafrika, von wo aus sie direkt die Häfen des östlichen Mittelmeers erreichen.

Neben ihnen spielen die Kaufleute der italienischen Seestädte eine immer größere Rolle, zum einen die Städte der Adria: Bari und vor allem Venedig, zum anderen die Städte des Tyrrhenischen Meers: Salerno, Neapel, Gaeta und vor allem Amalfi, deren Bewohner seit dem Ende des 10. Jahrhunderts an den verschiedenen Handelsplätzen des islamischen Mittelmeers erwähnt werden, so in Almeria, Tunis, Alexandria und Fusṭāṭ-Kairo, Antiochien und natürlich in Jerusalem, wo die großen Ströme der Händler und der Pilger einander treffen, was mit jährlichen Messen und bedeutenden Transaktionen verbunden ist. In Italien sind speziell die Messen von Pavia berühmt, die nicht nur von den Venezianern und anderen Italienern, sondern auch von Völkern von jenseits der Alpen besucht werden, besonders von den Angelsachsen, die über die Alpenpässe kommen, wo Zölle auf Sklaven, Schwerter und Zinn erhoben werden.

In umgekehrter Richtung fassen die Orientalen, vor allem Juden, in den italienischen Hafenstädten und in der südlichen Languedoc Fuß. Wir haben gesehen, daß Dschauhar, der Ägypten für die fāṭimidischen Kalifen eroberte, ein Jude aus Süditalien war; wir erfahren das aus der hebräischen Chronik des Rabbi Aḥima'aṣ von Oria, einer Stadt zwischen Brindisi und Tarent. Über diese Gemeinden von Orientalen vererben sich die kaufmännischen Methoden und auch bestimmte Fabrikationstechniken (Herstellung von Luxusstoffen, Färberei, Lederverarbeitung), die dann den Aufschwung des Handels und der Produktion in den italienischen Städten seit dem Ende des 11. Jahrhunderts ermöglichen. Diese Orientalen haben also die Rolle von Initiatoren gespielt, bevor sie von ihren christlichen Rivalen übertroffen wurden.

Die letzte Route, die wir erwähnen müssen, ist die Atlantikroute. Sie geht von dem aus, was die arabischen Texte mit *Bariṭāniyya* oder *Birṭāniyya* (Britannien) bezeichnen, worunter sie das angelsächsische England und die keltischen Länder verstehen. Von ›Britannien‹ aus gelangt man nach Armoricum, dem Golf von Biskaya und den islamischen Häfen des Ozeans, Lissabon und Alcacer do Sal, wo die angelsächsischen Sklaven ankommen und Zinn, Pelze und Schwerter entladen werden.

Die Untersuchung der verschiedenen Handelsstraßen zeigt also die Existenz von Bündeln von Straßen, die sich auf die Islamische Welt verteilen und bis in die Bewegungszentren der Wirtschaft, die großen Städte, vordringen, die untereinander durch ein ganzes Netz lebhafter Beziehungen verbunden sind.

Die Kraftlinie dieser Beziehungen ist die große Karawanenstraße, deren Hauptachse Zentralasien, über Samarkand, Buchara und Nischapur bis Rayy, über Bagdad, über den Nahr Īsā, den Euphrat und das Euphrat-Knie bis Aleppo, mit Antiochien und den Stapelplätzen Syriens verbindet. In südwestlicher Richtung führt eine Verzweigung nach Damaskus, Askalon, Pelusium [Faramā] und zum Nildelta, wendet sich nach Alexandria und Fusṭāṭ-Kairo, kommt dann über die Cyrenaika nach Kairuan, zu den Hochflächen des Maghreb und nach Fes, zu den ›Durchgangshäfen‹ der Meerenge von Gibraltar und zu den Städten Andalusiens, Sevilla und Cordoba. Von dieser Hauptachse zweigen wichtige Verbindungen ab, Land-, Fluß- und Meerverbindungen: die Strecke russische Ströme–Kaspisches Meer–Rayy; die Strecke Indischer Ozean–Persischer Golf–Basra–Bagdad; die Strecke Rotes Meer–'Aiḏāb oder Qulzum–Niltal–Kairo; die transsaharischen Strecken nach dem Maghreb; und die Strecken des christlichen Abendlandes nach Spanien und zu den Häfen des islamischen Mittelmeers.

Diese Routen wurden natürlich nicht alle von den Muslimen geschaffen. In der Mehrzahl der Fälle haben die islamischen Eroberungen nur Straßennetze oder Verkehrssysteme wiederentdeckt, die schon früher organisiert, aber durch die Invasionen der Barbaren gestört oder lahmgelegt worden waren. Die entstehende Islamische Welt hat die Handelsgebiete, die bis dahin mehr oder minder isoliert waren, miteinander verknüpft oder wiederverknüpft. Sie hat vor allem das Gebiet Sahara–Sudan, das durch die Südexpansion der Berber seit dem 4. Jahrhundert erschlossen worden war, mit den großen wirtschaftlichen Kreisläufen verbunden und ebenso das Gebiet der russischen Ströme, dessen Organisation slawische, finnische und skandinavische Elemente schon lange in Angriff genommen hatten. Andererseits hat die Nachfrage der großen Verbrauchszentren der Islamischen Welt die wirtschaftliche Aktivität des barbarischen Abendlands wiederaufleben lassen, dessen Handel, Geldzirkulation und städtische Bewegung unter diesem Nachfrageschub wieder zu pulsieren begannen.

Der islamische Augenblick der Weltgeschichte

Im Vorangehenden haben wir wiederholt die Islamische Welt so betrachtet, als würde sie in drei klar unterschiedene Bruchstücke zerfallen: das Gebiet der Isthmen (Landbrücken), Iran und Zentralasien und den islamischen Okzident. Diese Aufspaltung war notwendig für die Klarheit der Darstellung, es war aber auch eine sinnvolle Einteilung. Jedes der drei untersuchten Gebiete entspricht einem geographischen Rahmen, der immer präsent und wirksam ist, Zonen, die sich in einem bestimmten, unterschiedlichen Stadium der wirtschaftlichen Entwicklung befinden und in unterschiedlichem Maße von den Alten Kulturen geerbt haben. Wollten wir nun sozusagen als Fazit eine allgemeine Linie, ein Gesamtbild dessen ermitteln, dann würden wir sagen, daß die Islamische Welt vom 8. bis 11. Jahrhundert nicht nur der Ausgangspunkt einer langen Geschichte, nämlich derjenigen der islamischen Zivilisation, gewesen ist. Sie war auch Endpunkt – und bis auf den heutigen Tag Höhepunkt – einer noch längeren Geschichte: der Geschichte der städtischen Kulturen des Alten Orients, der ältesten bekannten Kulturen der Menschheit, die schon einmal für einen historischen Augenblick im Reich Alexanders des Großen zusammengehört hatten.

Kontaktzone im zeitlichen, aber auch im räumlichen Sinne: Dank ihrer Lage im Herzen der Alten Welt, dank ihrer Beherrschung der Region der Isthmen zwischen den beiden großen maritimen Gebieten – dem Indischen Ozean und dem Mittelmeer –, dank ihrer Herrschaft über die große kontinentale Route, die durch Steppen, Wüsten und Oasen von Zentralasien nach Westafrika führt, steht die Islamische Welt damals in direktem Kontakt mit anderen großen Zentren städtischer Kultur. Sie unterhält fruchtbare Beziehungen von gleich zu gleich mit Indien, China und Byzanz; sie hält aber auch direkten Kontakt mit den jungen Welten der Hirtennomaden oder der nordischen Wälder, Welten, die noch barbarisch oder barbarisiert sind: den türkischen Steppen, dem Gebiet der russischen Ströme, der Schwarzen Welt, dem christlichen Abendland. Auf alle diese Welten wirft sie ihre Strahlen, entzieht ihnen aber gleichzeitig Lebenskraft. Sie dient als Brücke zwischen peripheren Welten.

Daher die Bedeutung der Handelsstraßen. Sie führen vor Augen, wie

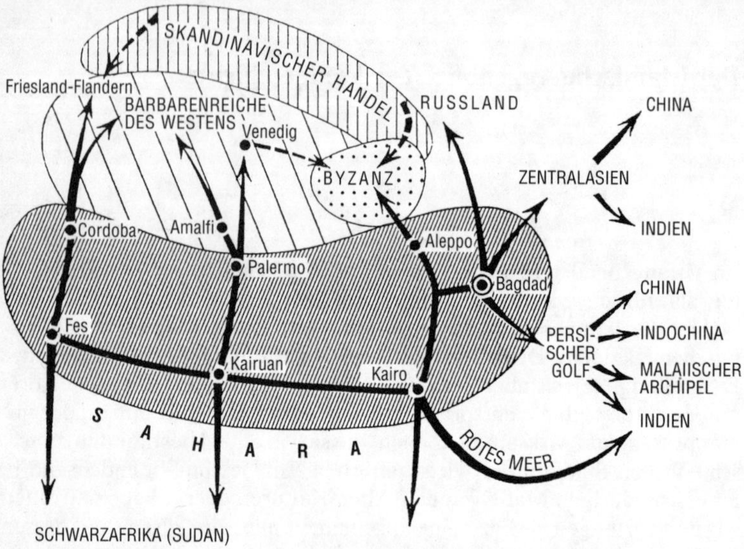

29. Schematische Darstellung der Handelsbeziehungen und des wirtschaftlichen Einflusses der Islamischen Welt (8.–11. Jh.)

schnell oder langsam, kontinuierlich oder sprunghaft sich Einflüsse in dieser privilegierten Vermittlungszone ausbreiteten, die die Islamische Welt bis zum 11. Jahrhundert darstellte. Nach Westen – dem islamischen Okzident und darüber hinaus – erfolgt die Weiterverbreitung dessen, was man von den alten Ländern des Orients übernommen hat, in veränderter und verbesserter Form, nachdem innerhalb des islamischen Raums selbst neue Einflüsse assimiliert wurden, die über die Straßen des Fernhandels aus Indien, Zentralasien und China gekommen waren.

Daher auch die Bedeutung des Netzes der Städte. Von Stadt zu Stadt spannen sich wirtschaftliche und kulturelle Beziehungen. Die Einflüsse, die von den Städten ausgehen, werden über die Handelsstraßen weitergeleitet. Das Netz der Hauptstädte bildet das Gerüst, das die Islamische Welt wirtschaftlich, sozial und kulturell zusammenhält. Vom 8. bis 11. Jahrhundert bezeugen die Knotenpunkte dieses Netzes – Bagdad, Damaskus, Kairo, Fes, Palermo, die großen Relaisstationen auf der Straße, die von Samarkand bis Cordoba reicht – die außerordentliche Einheit und Festigkeit einer synkretistischen Kultur, in der Menschen großzügig umherziehen, Waren gehandelt und Ideen verbreitet werden und die sich über dem alten, regionalen Fundament erhebt, ob es nun bäuerlich bestimmt ist oder nomadisch.

Daher schließlich die Bedeutung der Geldwirtschaft. Dinare werden im Überfluß geprägt, da neues Gold hereinströmt, und das Kreditgeschäft, das mit dem Warenhandel einhergeht, entwickelt sich sprunghaft. Im 9. Jahrhundert bemerkt Ibn Churdadhbih, daß Reichtum und Handelsgeschäfte einen solchen Umfang angenommen hätten, daß man selbst in den kleinsten Gemeinden, dort, wo bisher ausschließlich schlichter Tauschhandel praktiziert wurde, nun Geld kursieren sehen konnte. Daraus läßt sich schließen, daß die Erweiterung der zirkulierenden Geldmenge einem größeren Einfluß der Städte über das flache Land entspricht.

Dennoch ist die Dinar-Wirtschaft mit Stärken und Schwächen behaftet. Sie ist vom Handel abhängig. Sie ist darauf angewiesen, daß die Straßen freigehalten werden; sie muß das Netz der Fernverbindungen beherrschen, über die sich die Islamische Welt die Produkte besorgt, die sie nicht hat und die für ihre expandierende Wirtschaft und Zivilisation unerläßlich sind – Gold vor allem, Holz, Metall und Waffen, Sklaven –, einer Wirtschaft und Zivilisation, die daran gewöhnt sind, sich alles für Gold und von weither zu verschaffen. Sobald die Fernverbindungen dadurch geschwächt werden, daß die Straßen in andere Richtungen gelenkt oder mitunter sogar unterbrochen werden, sobald das Geld weniger regelmäßig eintrifft, wird die allgemeine Dynamik beeinträchtigt: Krisen treten in ununterbrochener Folge auf, es läßt sich eine Regression der Städte verzeichnen und von da an die Unfähigkeit, der Gier der Barbaren Widerstand zu leisten, die einhergeht mit dem Einschleusen von Barbaren als Söldner in die Armeen, der Nutzung der Handelsstraßen in umgekehrter Richtung seitens der Invasoren, was dazu führt, daß das ganze System lahmgelegt wird.

Und in der Tat stellen sich in der zweiten Hälfte des 11. Jahrhunderts Krisen, Unruhen und Invasionen ein, begleitet vom Abstieg der Städte und der Unterbrechung der Wirtschaftsströme. Ganze Stadtviertel von Bagdad und Kairo verfallen; Kairuan wird zugunsten Mahdiyyas verlassen, Qal'at Banī Ḥammād zugunsten von Bougie. Fes wird von den Almoraviden eingenommen; dem Kalifat von Cordoba, das sich auflöst, folgen die *Reyes de Taifas* (Kleinkönige). Der Unterbrechung der Straßen entspricht das Auseinanderbrechen der Islamischen Welt in einen türkischen, ägyptischen, maghrebinischen und spanischen Islam. Die latenten Partikularismen dringen wieder an die Oberfläche, und die alten Grundlagen, die schon vor der islamischen Eroberung existiert hatten, aber durch sie neu verschmolzen worden waren, geben jetzt die Fundamente für die von nun an verschiedenen islamischen Zivilisationen ab.

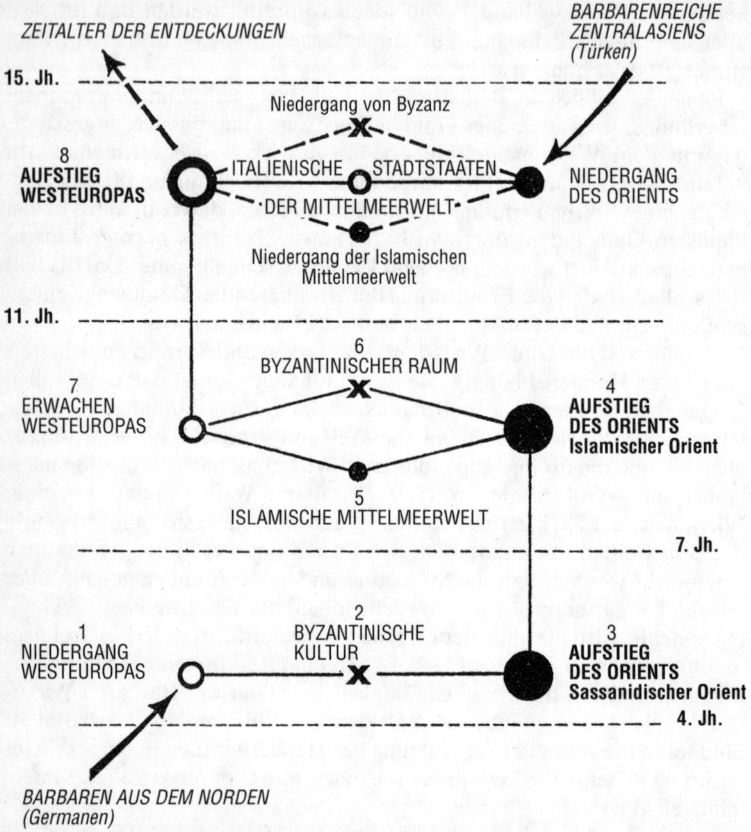

30. Schematische Darstellung der Veränderung der Kräfteverhältnisse in der Alten Welt vom 4. bis 15. Jahrhundert

Nach dem 11. Jahrhundert gerät das Gravitationszentrum der Alten Welt ins Wanken. Von nun an liegen die Bewegungs- und Ausstrahlungszentren einer Wirtschaft, die immer mehr expandiert, nicht länger im Orient, in den Großstädten der Islamischen Welt. Sie haben sich nach dem Abendland verlagert und setzen sich nun in den Handelsrepubliken Italiens und Flanderns fest und, auf halbem Wege der großem Handelsstraße, die sie miteinander verbindet, in den Messen der Champagne, wo der Austausch der Produkte der nordischen und der Mittelmeerländer stattfindet. Wirtschaftliche Macht, Kraft der materiellen Expansion und schöpferische Aktivität sind jetzt, mit ihrem Auf und Ab, ihrem Hin und Her, mit triumphalen Perioden und Augenblicken der Depression, für Jahrhunderte das Privileg Westeuropas.

Dennoch verbreitet die Islamische Welt selbst in der Zeit ihres wirtschaftlichen Verfalls noch lange ihren Glanz; ihre Wissenschaften, ihre Medizin und ihre Philosophie wirken intellektuell weiter. Auf medizinischem Gebiet besonders spielt sie eine bedeutende Rolle nicht nur in der Renaissance, sondern bis ins 19. Jahrhundert hinein. Die meisten großen Werke indes, die sich so eine vorrangige Stellung halten, stammen aus dem 8. bis 11. Jahrhundert.

Zwischen China, Indien, Byzanz und den barbarischen Welten des Mittelalters – ob sie türkisch, schwarzafrikanisch oder abendländisch waren – bildete die Islamische Kultur auf ihrer ersten Höhe, zwischen dem Ende der antiken Imperien und dem Erwachen der modernen Staaten, räumlich und zeitlich die Mitte. Sie war ein Gebiet vielfacher Überschneidungen, ein Land unermeßlicher Konjunktur, ein sagenhafter Ort der Begegnung.

Register

(Namen, Sachen, fremdsprachliche Begriffe)

Der arabische Artikel *al-* (und seine assimilierten Formen) wird bei der alphabetischen Einordnung nicht berücksichtigt. Das Register bringt alle Eigennamen in der vollständigen Schreibung, mit Artikel und Trennung der Genitivverbindungen. Im Text ist bisweilen eine vereinfachte Form gewählt, wie sie in der Fachliteratur gebräuchlich ist, also z. B.: 'Abdalmalik (Text) = 'Abd al-Malik (Register).

Abkürzungen, soweit sie nicht ohne weiteres verständlich sind:

abbas.	– abbassidisch	K.	– Karte
afr.	– afrikanisch	Kal.	– Kalif
aghlabid.	– aghlabidisch	kopt.	– koptisch
arab.	– arabisch	Ld.	– Land
aram.	– aramäisch	Ldsch.	– Landschaft
armen.	– armenisch	marokk.	– marokkanisch
Begr.	– Begründer	N	– Nord/en
berb.	– berberisch	NW	– Nordwest/en
Bg.	– Berg	O	– Ost/en
byz.	– byzantinisch	omay.	– omayyadisch
charidsch.	– charidschitisch	pers.	– persisch
chines.	– chinesisch	Prov.	– Provinz
dt.	– deutsch	reg.	– regierte
Dyn.	– Dynastie	S	– Süd/en
elam.	– elamitisch	sāmān.	– sāmānidisch
fāṭ.	– fāṭimidisch	sass.	– sassanidisch
Fl.	– Fluß	schiit.	– schiitisch
Geb.	– Gebirge	SO	– Südost/en
gest.	– gestorben	Spr.	– Sprache
Gouv.	– Gouverneur	St.	– Stadt
hebr.	– hebräisch	SW	– Südwest/en
ind.	– indisch	türk.	– türkisch
isl.	– islamisch	W	– West/en
jüd.	– jüdisch	yemenit.	– yemenitisch

Verzeichnis der Karten und schematischen Darstellungen

Mentalitäts- und Sozialgeschichte

Günter Barudio
Paris im Rausch
Die Revolution in
Frankreich 1789–1795
Band 10503

Dirk Blasius
Der verwaltete Wahnsinn
Eine Sozialgeschichte
des Irrenhauses
Band 6726
Ehescheidung in Deutschland im 19. und 20. Jahrhundert
Band 10406

Fernand Braudel,
Georges Duby,
Maurice Aymard
Die Welt des Mittelmeeres
Zur Geschichte und
Geographie kultureller Lebensformen
Band 4443

Roger Chartier
Die unvollendete Vergangenheit
Geschichte und
die Macht der
Weltauslegung
Band 10968

Pierre Chaunu
Europäische Kultur im Zeitalter des Barock
Band 7421

Alain Corbin
Pesthauch und Blütenduft
Eine Geschichte
des Geruchs
Band 4402

Robert Darnton
Literaten im Untergrund
Lesen, Schreiben
und Publizieren im
vorrevolutionären
Frankreich
Band 7412

Natalie Zemon Davis
Frauen und Gesellschaft am Beginn der Neuzeit
Studien über Familie,
Religion und die
Wandlungsfähigkeit
des sozialen Körpers
Band 4403
Humanismus, Narrenherrschaft und die Riten der Gewalt
Gesellschaft und
Kultur im frühneuzeitlichen Frankreich
Band 4369
Der Kopf in der Schlinge
Gnadengesuche
und ihre Erzähler
Band 10335
Die wahrhaftige Geschichte von der Wiederkehr des Martin Guerre
Band 4433

Fischer Taschenbuch Verlag

fi 1702 / 1 a

Mentalitäts- und Sozialgeschichte

Georges Duby
Der heilige Bernhard und die Kunst der Zisterzienser
Band 10727

Richard van Dülmen
Die Gesellschaft der Aufklärer
Studien zur bürgerlichen Emanzipation und aufklärerischen Kultur in Deutschland
Band 4323

Reformation als Revolution
Soziale Bewegung und religiöser Radikalismus in der deutschen Reformation
Band 4366

Frauen vor Gericht
Kindsmord in der frühen Neuzeit
Band 4431

Richard van Dülmen
Hexenwelten
Magie und Imagination vom 16.–20. Jahrhundert
Band 4375

Richard van Dülmen (Hg.)
Armut, Liebe, Ehre
Studien zur historischen Kulturforschung I (16.–20. Jahrhundert)
Band 4379

Arbeit, Frömmigkeit und Eigensinn
Studien zur historischen Kulturforschung II
Band 4430

Verbrechen, Strafen und soziale Kontrolle
Studien zur historischen Kulturforschung III
Band 10239

Richard van Dülmen
Norbert Schindler (Hg.)
Volkskultur
Zur Wiederentdeckung des vergessenen Alltags (16.–20. Jahrhundert)
Band 3460

Arlette Farge,
Jacques Revel
Logik des Aufruhrs
Die Kinderdeportationen in Paris 1750
Band 7419

Moses I. Finley
Die Sklaverei in der Antike
Geschichte und Probleme
Band 4352

François Furet,
Denis Richet
Die Französische Revolution
Band 7371

Fischer Taschenbuch Verlag

fi 1702 / 1 b

Mentalitäts- und Sozialgeschichte

Erna M. Johansen
Betrogene Kinder
Eine Sozialgeschichte der Kindheit
Band 6622

Jürgen Kocka
Klassengesellschaft im Krieg
Deutsche Sozialgeschichte 1914–1918
Band 4395

Eva Labouvie
Zauberei und Hexenwerk
Ländlicher Hexenglaube in der frühen Neuzeit
Band 10493

Peter Laslett
Verlorene Lebenswelten
Geschichte der vorindustriellen Gesellschaft
Band 10561

Maurice Lombard
Blütezeit des Islam
Eine Wirtschafts- und Kulturgeschichte 8.–11. Jahrhundert
Band 10773

Hans-Jürgen Lüsebrink, Rolf Reichardt
Die »Bastille«
Zur Symbolgeschichte von Herrschaft und Freiheit
Band 4419

Wolfgang J. Mommsen (Hg.)
Das Ende der Kolonialreiche
Dekolonisation und die Politik der Großmächte
Band 4439

Lutz Niethammer u.a.
Bürgerliche Gesellschaft in Deutschland
Historische Einblicke, Fragen, Perspektiven
Band 4387

Wilfried Nippel
Griechen, Barbaren und »Wilde«
Alte Geschichte und Sozialanthropologie
Band 4429

Wolfgang Reinhard (Hg.)
Imperialistische Kontinuität und nationale Ungeduld im 19. Jahrhundert
Band 10576

Norbert Schindler
Widerspenstige Leute
Studien zur Volkskultur in der frühen Neuzeit
Band 10658

Fischer Taschenbuch Verlag

fi 1702 / 2 c

Mentalitäts- und Sozialgeschichte

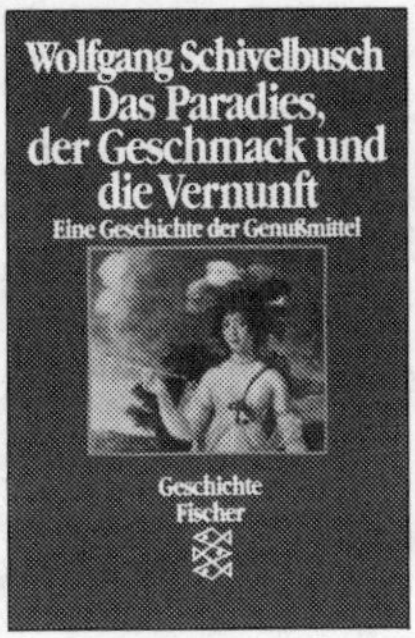

Wolfgang Schivelbusch
Geschichte der Eisenbahnreise
Zur Industrialisierung von Raum und Zeit im 19. Jahrhundert
Band 4414

Lichtblicke
Zur Geschichte der künstlichen Helligkeit im 19. Jahrhundert
Band 4341

Das Paradies, der Geschmack und die Vernunft
Eine Geschichte der Genußmittel
Band 4413

Hans Speier
Die Angestellten vor dem Nationalsozialismus
Ein Beitrag zum Verständnis der deutschen Sozialstruktur 1918–1933
Band 4407

Jean-Pierre Vernant
Tod in den Augen
Figuren des Anderen im griechischen Altertum: Artemis und Gorgo
Band 7401

Paul Veyne
Die Originalität des Unbekannten
Für eine andere Geschichtsschreibung
Band 7408

Michel Vovelle
Die Französische Revolution
Soziale Bewegung und Umbruch der Mentalitäten
Band 4340

Heinrich August Winkler
Zwischen Marx und Monopolen
Der deutsche Mittelstand vom Kaiserreich zur Bundesrepublik Deutschland
Band 10405

Fischer Taschenbuch Verlag

fi 1702 / 1 d

Kulturgeschichte

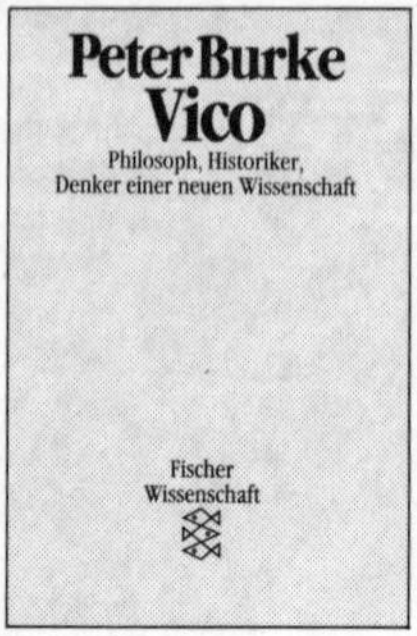

Philippe Ariès,
André Béjin,
Michel Foucault u. a.
Die Masken des Begehrens und die Metamorphosen der Sinnlichkeit
Zur Geschichte der Sexualität im Abendland
Band 7357

Peter Burke
Vico
Philosoph, Historiker, Denker einer neuen Wissenschaft
Band 10284

Gerrit Confurius
Sabbioneta oder Die schöne Kunst der Stadtgründung
Band 10532

Eduard Fuchs
Illustrierte Sittengeschichte
Sechs Bände in farbiger Schmuck-Kassette
Ausgewählt und eingeleitet von Thomas Huonker
Kassette: Bd. 4330
Die Bände sind auch einzeln erhältlich:

Band 1: Renaissance I
Band 4331

Band 2: Renaissance II
Band 4332

Band 3: Die galante Zeit I
Band 4333

Band 4: Die galante Zeit II
Band 4334

Band 5: Das bürgerliche Zeitalter I
Band 4335

Band 6: Das bürgerliche Zeitalter II
Band 4336

Peter Gay
Die Republik der Außenseiter
Geist und Kultur in der Weimarer Zeit 1918–1933
Band 4378

Carlo Ginzburg
Erkundungen über Piero
Piero della Francesca, ein Maler der frühen Renaissance
Mit einer Einleitung von Martin Warnke
Band 10334

Fischer Taschenbuch Verlag

fi 1703 / 1 a

Kulturgeschichte

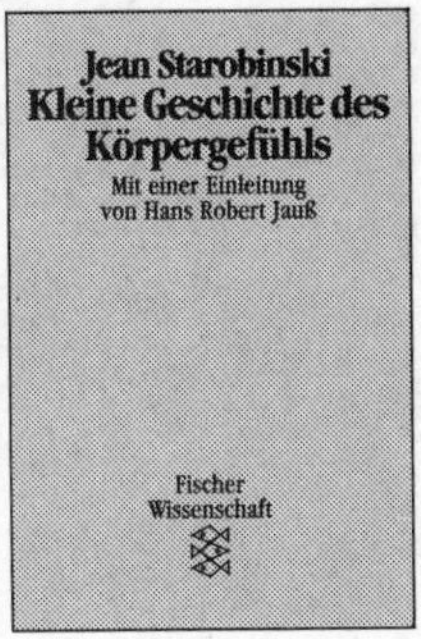

Hermann Glaser
Die Kulturgeschichte der Bundesrepublik Deutschland
Drei Bände in Kassette: Bd. 10530
Die Bände sind auch einzeln erhältlich:

Band 1: Zwischen Kapitulation und Währungsreform (1945–1948). Band 10527

Band 2: Zwischen Grundgesetz und Großer Koalition (1949–1967). Band 10528

Band 3: Zwischen Protest und Anpassung (1968–1989). Band 10529

Rebekka Habermas, Walter H. Pehle (Hg.)
Der Autor, der nicht schreibt
Über den Büchermacher und das Buch (Festschrift für Günther Busch). Band 4444

Jost Hermand
Grüne Utopien in Deutschland
Zur Geschichte des ökologischen Bewußtseins. Band 10395

Jost Hermand, Frank Trommler
Die Kultur der Weimarer Republik
Band 4397

Maurice Lombard
Blütezeit des Islams
Eine Wirtschafts- und Kulturgeschichte 8.–11. Jahrhundert
Band 10773

Herfried Münkler
Machiavelli
Die Begründung des politischen Denkens der Neuzeit aus der Krise der Republik Florenz. Band 7342

Wolfgang Schivelbusch
Geschichte der Eisenbahnreise
Zur Industrialisierung von Raum und Zeit im 19. Jahrhundert
Band 4414

Lichtblicke
Zur Geschichte der künstlichen Helligkeit im 19. Jahrhundert
Band 4341

Das Paradies, der Geschmack und die Vernunft
Eine Geschichte der Genußmittel
Band 4413

Jean Starobinski
Kleine Geschichte des Körpergefühls
Mit einer Einleitung von Hans Robert Jauß
Band 10523

Fischer Taschenbuch Verlag

fi 1703 / 2 b

Französische Geschichte

Lothar Baier
Französische Zustände
Band 4337

Günter Barudio
Paris im Rausch
Die Revolution in Frankreich 1789–1795
Band 10503

Fernand Braudel, Georges Duby, Maurice Aymard
Die Welt des Mittelmeeres
Zur Geschichte und Geographie kultureller Lebensformen
Band 4443

Roger Chartier
Die unvollendete Vergangenheit
Geschichte und die Macht der Weltauslegung
Band 10968

Alain Corbin
Pesthauch und Blütenduft
Eine Geschichte des Geruchs
Band 4402

Robert Darnton
Literaten im Untergrund
Lesen, Schreiben und Publizieren im vorrevolutionären Frankreich
Band 7412

Natalie Zemon Davis
Humanismus, Narrenherrschaft und die Riten der Gewalt
Gesellschaft und Kultur im frühneuzeitlichen Frankreich
Band 4369

Fischer Taschenbuch Verlag

fi 1706 / 1 a

Französische Geschichte

Natalie Zemon Davis
Die wahrhaftige Geschichte von der Wiederkehr des Martin Guerre
Band 4433

Arlette Farge,
Jacques Revel
Logik des Aufruhrs
Die Kinder-deportationen in Paris 1750
Band 7419

Lucien Febvre
Das Gewissen des Historikers
Ulrich Raulff (Hg.)
Band 10332

François Furet,
Denis Richet
Die Französische Revolution
Band 7371

Wilfried Loth
Geschichte Frankreichs im 20. Jahrhundert
Band 10860

Hans-Jürgen Lüsebrink,
Rolf Reichardt
Die »Bastille«
Zur Symbolgeschichte von Herrschaft und Freiheit
Band 4419

Konrad Engelbert Oelsner
Luzifer
oder Gereinigte Beiträge zur Geschichte der Französischen Revolution
Werner Greiling (Hg.)
Band 4381

Michel Vovelle
Die Französische Revolution
Soziale Bewegung und Umbruch der Mentalitäten
Band 4340

Fischer Taschenbuch Verlag

fi 1706 / 1 b

Geschichte der Bundesrepublik Deutschland

Wolfgang Benz
Von der Besatzungsherrschaft zur Bundesrepublik
Stationen einer Staatsgründung 1946–1949
Band 4311

Zwischen Hitler und Adenauer
Studien zur deutschen Nachkriegsgesellschaft
Band 10718

Wolfgang Benz (Hg.)
Die Geschichte der Bundesrepublik Deutschland
Aktualisierte, erweiterte und illustrierte Neuausgabe. Vier Bände in Kassette: Bd. 4424
Die Bände sind auch einzeln erhältlich:

Band 1: Politik
Band 4420

Band 2: Wirtschaft
Band 4421

Band 3: Gesellschaft
Band 4422

Band 4: Kultur
Band 4423

Wolfgang Benz (Hg.)
Die Vertreibung der Deutschen aus dem Osten
Ursachen, Ereignisse, Folgen
Band 4329

Rechtsextremismus in der Bundesrepublik
Band 4446

Fischer Taschenbuch Verlag

fi 1705 / 1 a

Geschichte der Bundesrepublik Deutschland

Deutsche Geschichte 1945–1961 Darstellung und Dokumente in zwei Bänden
Herausgegeben von Rolf Steininger
Band I: Bd. 4315
Band II: Bd. 4316

Deutsche Geschichte 1962–1983 Dokumente in zwei Bänden
Herausgegeben von Irmgard Wilharm
Band I: Bd. 4317
Band II: Bd. 4318

Hermann Glaser
Die Kulturgeschichte der Bundesrepublik Deutschland
Drei Bände in Kassette:
Band 10530
Die Bände sind auch einzeln erhältlich:
Band 1: Zwischen Kapitulation und Währungsreform (1945–1948)
Band 10527
Band 2: Zwischen Grundgesetz und Großer Koalition (1949–1967)
Band 10528
Band 3: Zwischen Protest und Anpassung (1968–1989)
Band 10529

Georg G. Iggers (Hg.)
Ein anderer historischer Blick
Beispiele ostdeutscher Sozialgeschichte
Band 10834

Wilhelm von Sternburg
Adenauer
Eine deutsche Legende
Band 10151

Wilhelm von Sternburg (Hg.)
Die deutschen Kanzler
Von Bismarck bis Schmidt
Band 4383

Fischer Taschenbuch Verlag

fi 1705 / 1 b

Historische Handbücher

Wolfgang Benz (Hg.)
Die Geschichte der Bundesrepublik Deutschland
Aktualisierte, erweiterte und illustrierte Neuausgabe. Vier Bände in Kassette: Bd. 4424
Die Bände sind auch einzeln erhältlich:

Band 1: Politik
Band 4420

Band 2: Wirtschaft
Band 4421

Band 3: Gesellschaft
Band 4422

Band 4: Kultur
Band 4423

Fischer Lexikon Geschichte
Herausgegeben von Richard van Dülmen
Band 4563

Hermann Glaser
Die Kulturgeschichte der Bundesrepublik Deutschland
Drei Bände in Kassette: Band 10530
Die Bände sind auch einzeln erhältlich:

Band 1: Zwischen Kapitulation und Währungsreform (1945–1948)
Band 10527

Band 2: Zwischen Grundgesetz und Großer Koalition (1949–1967)
Band 10528

Band 3: Zwischen Protest und Anpassung (1968–1989)
Band 10529

Hajo Holborn
Deutsche Geschichte in der Neuzeit
Band 1: Das Zeitalter der Reformation und des Absolutismus (bis 1790). Bd. 6414

Band 2: Reform und Restauration, Liberalismus und Nationalismus (1790–1871). Bd. 6415

Band 3: Das Zeitalter des Imperialismus (1871–1945). Bd. 6416

Wilhelm von Sternburg (Hg.)
Die deutschen Kanzler
Von Bismarck bis Schmidt. Band 4383

Robert Wistrich
Wer war wer im Dritten Reich?
Ein biographisches Lexikon. Band 4373

Fischer Taschenbuch Verlag

fi 1704 / 1